高中生心理减压

斐子桑 著

北京时代华文书局

图书在版编目（CIP）数据

高中生心理减压 / 斐子桑著. — 北京：北京时代华文书局，2021.7（2023.4重印）

ISBN 978-7-5699-4220-0

Ⅰ. ①高… Ⅱ. ①斐… Ⅲ. ①高中生－心理健康－健康教育 Ⅳ. ①G444

中国版本图书馆 CIP 数据核字（2021）第 104629 号

拼音书名 | GAOZHONGSHENG XINLI JIANYA

出 版 人 | 陈 涛
选题策划 | 王 生
责任编辑 | 邢秋玥
责任校对 | 凤宝莲
封面设计 | 乔景香
责任印制 | 刘 银

出版发行 | 北京时代华文书局 http://www.bjsdsj.com.cn
北京市东城区安定门外大街 138 号皇城国际大厦 A 座 8 层
邮编：100011 电话：010－64263661 64261528

印 刷 | 三河市京兰印务有限公司 电话：0316-3653362
（如发现印装质量问题，请与印刷厂联系调换）

开 本 | 710 mm×1000 mm 1/16 印 张 | 13.5 字 数 | 205 千字
版 次 | 2022 年 9 月第 1 版 印 次 | 2023 年 4 月第 2 次印刷
成品尺寸 | 165 mm×235 mm
定 价 | 68.00 元

目录
Contents

第 3 章 成功不是一朝一夕的事

第 4 章 与自己对话

第 5 章 高中的人际关系

第 6 章 正确认识自己

第7章 忙里偷闲的时光

第8章 你可真棒呀

第1章

找出压力形成的根源

学习总是跟不上

“我明明已经很努力学习了，付出的时间和精力是其他同学的几倍，为什么我还是跟不上其他人呢？”

在学习过程中，我们都会有这样的疑惑，看着身边的同学不断进步，成绩越来越好，自己却停在原地，甚至与其他人的差距越拉越大。付出的努力得不到回报让我们感到苦恼；有些人不需要努力就能考出特别好的成绩，更令我们愤愤不平；还有父母的“别人那么轻松就能学好，你学习跟不上一定是不够努力”之类的批评声音困扰着我们。

在这些负面情绪的笼罩下，我们会感到挫败，就像有一座大山堵在我们前进的路上。就像在盘山公路上绕圈，幸运的人找到了出口，加速通过，而找不到出口的人就会被无力感包围。在这种情形下，我们只有两种选择，一是挣扎着取得一个能力范围内最好的结果；二是就此停留，自暴自弃。

在以上三个结果中，我们最喜欢的肯定是找到出口，然后加速向前。那么，我们该如何摆脱“跟不上”这座大山呢？

我们可以回过头来，去找一找我们究竟是从哪一个环节开始跟不上进度的，夯实基础知识。很多同学认为，既然自己已经跟不上之前的学习进度了，就一定要把接下来的内容学好，哪怕起早贪黑，也要把新学的知识学懂、学透，这样才不至于被其他人越落越远。其实这种想法是错误的。高中的学习内容大多数都可以形成知识链，老师授课也是先从基础的知识开始，然后不断进阶、逐步提高知识难度。我们要想学好后续的内容，必然要先学好基础知识。这就像修建一座建筑物，如果地基不稳固，那么无论怎样加固上面的楼层，这座建筑依旧会倒塌。

我一个亲戚家的孩子小C就是这样。她每天都很努力，抓紧每一分钟用功学习，早上五点就起床，比其他人早起一个小时背书预习，晚上学到半夜十二点。除了做作业外，她还要做一些额外的练习题，甚至每一科都上补习班，时间安排得满满当当。然而，结果始终不如人意，不但成绩没有提升，她还因为睡眠不足导致上课打瞌睡，于是更加听不懂老师讲的新内容。

这样的努力不但没有效果，还使小C的身体出了问题——低血压、贫血接连困扰着小C，她的心脏也经常不舒服，去医院检查却查不出疾病。

由此可见，缺少休息，盲目努力，往往得不偿失。

除了补好基础知识，我们还要有足够的耐心和信心。好成绩并不是一蹴而就的，而是要经过一个漫长的积累过程。所以，我们只要跟着自己的节奏去努力就可以了。比如，这一次考试的总分比上一次考试多了二三十分，这就是一次进步，我们没有必要因为别人的分数也在增加而否认自己的努力。

在和小C的聊天中，我发现她是一个很有上进心的孩子，只是她选择的目标不对。小C有一个表姐，两人同龄同班，表姐比她早几天出生。她一直想超越这个表姐，想要在学习和生活中处处领先。

小C每次都想在这场两个人的较量中获得胜利，却一直失败。表姐是“天赋型选手”，只在上课和做作业的时候学习，将其他时间用在看课外书、看动漫、玩游戏、画画等课余活动上，这在小C看来就是“将时间全都浪费在玩乐上”。可表姐的成绩总是比她高，表姐偶尔还会在考试中超常发挥，拿下某一科的第一名。小C很不喜欢表姐，因为她是老师们眼里的“黑马”，总能带来惊喜，相比之下自己的努力看起来十分笨拙。逢年过节亲戚们还会把她们放在一起对比，小C的妈妈也一直让她以打败表姐为目标。夸赞是给表姐的，鼓励是给小C的，这令小C非常痛苦。

在这些“鼓励”的刺激下，小C盲目地去追求跟上表姐的脚步，一次次走进死胡同。

我问过小C一个问题：“你觉得你学习的真正意义是什么？”

当时小C没有回答我，她沉默了。一直以来，她都在被动地追赶着其他人的步伐，却从未认真思考过自己努力究竟是为了什么。

学习自始至终都是一个人的旅程，我们可以以其他人为目标，但是不要被这个目标困住。比如小C就被长期以来的挫败感困住了，她把目标设定得比较高，给自己施加了巨大的压力，导致她每一次考试都达不到自己想要的结果，从而陷入“习得性无助”的困境。

“习得性无助”是由美国心理学家塞利格曼提出的，指因为挫折和失败长期积累形成的一种对现实感到无望和无可奈何的行为与心理状态。在这种情况下，我们会产生一些消极的想法，比如，听天由命型——不管我怎么努力都没有用，那就不努力了，顺其自然吧；怨天尤人型——都说勤能补拙，凭什么我的努力没有回报；自怨自艾型——我就是一个做什么都不行的人，我是个废材。无论哪一种类型，对我们的学习都没有帮助，还会影响我们的心理状态。

小C的状态就很像走进了“怨天尤人型”的误区，她常常觉得命运不公，明明自己把所有的精力都放在学习上，放弃了所有的娱乐、休息，可还是得不到想要的成绩。她甚至觉得和表姐相比，自己努力学习的样子就像一个跳梁小丑，别人可以轻而易举地拿到好成绩，自己却总是徒劳无功，回到家里还要被妈妈嘲讽。

小C的妈妈总是把“不悦”写在脸上，她觉得小C学习比不过表姐令她很没有面子，不能让她在亲朋好友的“比孩子大战”中胜出。而小C表姐的妈妈总是能扬扬得意地炫耀，这令小C的妈妈非常妒忌。从小到大，小C总是被妈妈左一句右一句“你怎么比不过你姐”包围，被不断地打击着自信心。

“你这次多考了二十分，而别人比上次多考了三十分，你怎么总是跟不上别人？”当家长说出这样的话时，无疑是在把我们推向“习得性无助”的深渊。对此，我们不要全盘接受家长的“恨铁不成钢”式指责，应该说出自己的想法。每个人都在努力，我们在进步，别人也在进步，家长不能因为其他人的进步就否定我们的努力。

回到小C的烦恼，面对“跟不上”的困境，她应该要做的就是保持自己的步调，先找到自己跟不上的原因，再找到自己真正想要为之努力的目标。深思熟虑后，我陪她做了一个真正的“鼓励计划”。比如，每次小测试，只要她的成绩提升了一些，或者在班级里的名次上升了，她就可以给自己一点小奖励。这个奖励可以是休息一下午，出去散步、逛街，放松心情，也可以是不被打扰地好好睡一个午觉。

这些小小的奖励在紧张枯燥的学习之余给小C带来了一些安慰，她不再像机器人一样不停地学习，也终于有时间去关注学习之外的事物，比如看一部电影、和同学一起聚会、偶尔去公园散散心……这也让小C有了一个短期的奋斗目标，为了获得一个下午的放松，她会更认真地投入学习。这个小小的目标远比高喊着“超越某某某”更实际，并且是真正发自内心的目标。

这样一来，每次前进一小步，积少成多，到期末的时候，小C前进了一大步。小C和同学之间的关系也越来越好，她还结交了几个能互相倾诉烦恼的知心朋友。身心状态都调整好了，那些因为睡眠不足、焦虑引发的不适症状自然就消失了。

大多数同学的学习跟不上都是有原因可循的，可能是我们对父母为了面子一味地逼迫我们学习而感到不满；可能是某一位老师说话比较犀利，不经意间伤害了我们；可能是家里发生了什么事情，导致我们无心学习……这些不愉快的经历，有可能使我们在一段时间内的学习上处于落后的状况。而察觉到落后再想追上去的时候，我们难免手忙脚乱，像失明的小鸟一样乱飞乱撞，找不到方向，看不清未来。

若长此以往，我们的成绩有可能一落千丈。因此，找到学习跟不上的原因，打开困住自己内心的牢笼，扫清眼前的障碍，再付出努力，就会事半功倍！

我们需要的只是一些迎难而上的信心，就算所有人都认为我们是一块不可雕的朽木，我们也要自己鼓励自己。每一个自信且努力的人，都是一块璞玉，只要慢慢打磨自己，就会变成价值连城的宝玉！

考试让人“头秃”

“考考考，老师的法宝；分分分，学生的命根。”对于这句话，我们肯定不陌生。虽然我们从小到大参加的各种考试加起来有几百场，可到了考场，我们依旧会紧张，考试成绩公布的那一天，更是紧张得心怦怦跳。

每次考试前，同学们聚在一起等待进考场的时候，我们总会听见各种各样的考前经典台词：“完了完了，我这科没复习好，这次考试肯定要考砸了。”“昨天晚上还有几页复习资料没背完，马上就要考试了，我背完的也都快忘光了。”“怎么办？我的大脑一片空白，什么都想不起来。”说这些话的同学，可能是故作谦虚，最后考得比其他人都好，也可能是真的大脑一片空白，但归根结底，都是因为紧张。前者可能是因为怕被其他人赶超、达不到自己期望的目标而紧张，后者可能是因为考场环境不好、考试氛围压抑等各种因素引发紧张情绪，以至于想不起来任何知识。

严重一些的就会有“考试焦虑症”。比如有些同学一坐在考场的椅子上，不但大脑一片空白，想不起来任何的内容，只能对着卷子发呆，甚至会出现头晕、耳鸣、胸闷、口渴等生理症状。我们在考场上总是能看到有人频繁地喝水，其实他并非因为口渴才频繁地喝水，而是由于过度的紧张、焦虑，导致自主神经功能紊乱，身体的各个系统变得“混乱”。除了频繁地喝水以外，考试时频繁地想上厕所、心跳加速、脸红、冒汗……这些现象都是出于同样的原因。

考试前，适度的焦虑会对我们的复习起到积极的作用，不过一旦焦虑从复习阶段一直持续到考试，并且出现严重的生理症状，就会演变成我们应该慎重对待的“考试焦虑症”。这时，我们就需要及时调节自己的心理状态了。

克服考试焦虑其实并不难。首先，我们要认真复习，制订一个复习的计划。比如每天复习多少内容，每科复习多长时间，是文科、理科交叉着复习，还是复习一科休息半个小时……注意劳逸结合，不要想着“突击复习”，因为一两天内复习完六科的内容显然是不现实的。我们平时也要坚持练习各类题型，抽丝剥茧地厘清题目考察的知识内容。纵使题型千变万化，考察的内容也不会脱离所学的知识点，学会透过现象看本质，就能在面对各种考题时做到手到擒来，临场不乱。

其次，我们要保持良好的身体状态。无论我们复习到什么程度，一定不要为了温习知识而在考前熬夜。熬夜并不会使我们的成绩提高，只会使我们比平时更疲惫、困倦、头脑昏沉，在这样的状态下更容易发挥失常。

最后，也是最重要的一点——心态。产生考试焦虑的根本原因就是我们心底有一个声音一直在说“你不行”，父母的高度期待、同学间的排名竞争、考试失利的挫败感等，各种来自内部或外部的压力聚集起来，让我们总是质疑自己。有句话叫“自信即巅峰”，考试确实需要强大的自信，且不说我们能否做到超常发挥，就算是正常发挥，考出真实水平，也需要足够的自信，否则就会出现让我们非常后悔的情况。比如某道题的答案我们原本选了A，结果因为犹豫不决最终改了答案，等考完试老师讲题的时候发现正确答案就是A，这时我们就会懊悔不已。

我读高中的时候，身边就有一位这样的同学——疏疏，每次考完试看到正确答案，她都会非常后悔，尤其是遇到重要考试的时候，她总是会看错题目中的数字、英文单词、题目条件……平时她的学习态度非常认真，她学习每一门科目都有计划、有条理，一些有难度的练习题也能顺利解答，唯独考试的时候状况百出。

更令疏疏难过的是，老师找她谈心时，说她总看错题目是因为粗心大意，学习不认真，不重视考试。疏疏为此委屈得大哭，一边埋怨自己审题不仔细，一边觉得自己的认真努力好像竹篮打水一场空，什么也得不到，还会被老师责怪。

其实她之所以总是在审题上出错，恰恰是因为她对待考试太认真、太重视。高度紧张的情况下，谁都有可能出现审题审漏字、审错字的情况，也可能把考试的题误当成自己曾经做过的某道题，掉进出题人的陷阱。

在一次很重要的模拟考试中，有一道分值较大的数学题是从某本课外习题册里摘选的，试卷的出题老师只改了题目中的一个数字。那道题目很新颖，做过的同学对其印象都非常深刻，所以很多人都因为做过那本习题册而沾沾自喜。疏疏也觉得这次肯定是自己付出努力得到回报的时候了，因为她做每一道题都会不厌其烦地研究解题思路，所以每道题的答案她都记得。

然而，他们最终得到了出乎意料的结果——记得原题答案的同学全都没有拿到高分，因为他们看到熟悉的题目后，没有仔细审题就开始提笔写答案。疏疏也很委屈，她为了不出错，仔细地看了两三遍题目才敢下笔。尽管如此，她还是没有注意到那个被改动的数字，在她脑海里出现的始终都是改动前的题目。

疏疏的压力来自四面八方，有老师和家长的期盼，有作为好学生受到的各种赞誉，有同学间的排名竞争，还有升学压力。这些就像一块块大石头压在她的背上，令她面对考试时难以抑制地产生许多的焦虑情绪。后来，疏疏在高考中发挥失常，成绩也很不理想。

压力使人焦虑，这在我们每个人身上都有所体现。比如我们总能听到家长之间聊天时，讨论孩子的考试成绩，比不过他人的“差生”会感到悲伤、孤独，没有价值感。长期的挫败感会引发考试焦虑，可能会使人厌学、厌考，有些人一到考试当天就会感觉身体不舒服，这未必是他们借口装病逃避，可能就是由考试焦虑症引起的；而那些看似站在顶端的“优生”，同样也会被考试折磨，哪怕第一名和第二名的成绩只相差一分，在一些家长眼中，考取第二名的孩子就是不够优秀，甚至孩子本人也会自我否定，觉得自己不够努力。长期被否定的人就更渴望在考试中证明自己，在考试时就会更有压力，也更加焦虑。

我们无法避免考试焦虑，所以最好的办法就是坦然地接受它，减轻焦虑感。

我们要记得给自己积极的心理暗示。著名的“皮格马利翁效应”就证明了心理暗示的作用。在实验中，实验者随机列出一份学生名单，告诉教师这些学生将来一定是非常有前途的人，教师对此深信不疑，并且积极地培养他们。最后，几个孩子的成绩确实大有提高，变得非常优秀。这个效应又被称为“期待效应”，教师接受了实验者的心理暗示，相信这些孩子非常优秀，同时教师的鼓励和信任又会给孩子们心理暗示，使孩子们感受到来自他人的期待，于是努力学习，变得优秀。

“皮格马利翁效应”证明，如果我们非常期待一件事发生，我们的心理、行动都会向着实现它这个目标去努力，最终我们就更能达到所期待的结果。我们可以利用“皮格马利翁效应”暗示自己，比如出门前整理衣服的时候对着镜子鼓励自己，告诉自己“我能行”“我一定能学好”“今天也是充满活力的一天”。坚持给自己积极的自我暗示，能够很好地缓解焦虑，培养自信心。

缓解考试焦虑还有一个好办法——做放松练习。最简单的放松练习，就是我们常用的呼吸放松法。深呼吸可以帮助我们缓和情绪，在考场进行深呼吸放松，既不会打扰别人，又能平复紧张的心情。

如果紧张到连呼吸都平缓不了，那么我们可以暂时停下来，想一些快乐的、感兴趣的事情，把注意力暂时从焦虑的源头抽离出来，平复好情绪后再投入考试中。

还有很多同学喜欢在考试前在社交平台上转发一些图片祈求“锦鲤保佑”，图片内容可能是所考科目的开山鼻祖、专家学者，也可能是某个运气非常好的名人，或者是孔庙、金台寺、七彩云等具有吉祥好运寓意的建筑或风景。其实这也不失为缓解考试焦虑的好办法，把焦虑抛给“锦鲤”，自己一身轻快地应考，考好了就相信是自己努力的结果，考不好也不要灰心质疑自己。切忌把焦虑抛给“锦鲤”的同时，把努力也抛给“锦鲤”，“听天由命”可不会创造出奇迹。

总而言之，面对令我们“头秃”的考试，我们可以利用各种办法摆脱考试焦虑，但同时一定不能放弃努力。就算每天都给自己很高的期待，每天都舒心放松保持最好的状态，但如果毫不努力，好运也不会眷顾我们。

没有学习动力怎么办？

我们都有过这样的情况：在完成某一项重要的学习任务之后，精力就像被抽空了，知道自己应该继续背书做题，做起来却无精打采，整个人都陷入呆滞的状态，似乎在思考："我是谁？我在哪儿？我为什么要学习？"

学习动力是一个很主观的东西。以"十一"长假为例，有时我们干劲十足，在假期的第一天就下定决心完成所有作业，并且制订了详细的计划，精确到某个时间段写某一科作业。很快，学习的动力就开始衰减，如果我们没有按时完成计划表中的某一环节，计划至此也就停止了。最后，我们不断地拖延，一直到假期最后一天才写完作业。

学习动力也是很容易被激发的。比如为了得到学校颁发的奖状，为了得到父母承诺的某些奖励，为了自己的成绩超越某一个同学……

我们常说的"没有学习动力""感觉学习没有劲头"，多数都是因为两点：心理疲劳和空虚。

心理疲劳就像我们最开始说的情况，在投入巨大的精力完成一项任务之后，我们的内心感到异常疲惫。不同于进行体力劳动后的肌肉酸痛，心理疲劳会使我们反应迟钝、效率低下，做事情没有动力。

缓解心理疲劳并不难，我们要学会调节学习的节奏。平时不努力学习，等到考试前再进行高强度的复习，这就是一种错误的学习节奏。考试结束后，我们势必会进入心理疲劳状态。除了调整学习节奏，还要丰富我们的日常生活，合理安排学习时间，适当放松身心，保持积极的学习和生活态度。

没有学习动力的另一个原因，就是空虚。在这种状态下，我们仿佛无欲无求，总有怅然若失的感觉，觉得一切都不是自己想要的，父母用来激励我们的言语或物质奖励通通不起作用。

我有一个朋友，她的弟弟小宇最近就是处于这种状态。

小宇原本成绩非常优秀，在学校里成绩一直都是年级前十名。父母对他也很好，不会对他的学习过多地干预，而且很支持他培养各种各样的爱好，但是小宇总觉得在学校学习没有意义，不知道自己为什么学习。他觉得学习没有意义并不是因为他成绩好而骄傲，小宇很认真地与父母探讨过这个问题，他的父母被问得哑口无言。

他的原话大概是这样的："我努力学习是为了什么？为了考上好的大学，读一个热门的专业？可是等到我毕业了，热门的专业需要的人才也饱和了，我又要为了找一份好工作努力。找到工作后每天加班，最后累得颈椎、腰椎都出了问题，等到年纪大点，落下一身的职业病，然后我的孩子继续考个好大学、得职业病。这些有什么意义？"

朋友当时愣在一旁，前几天因为腰疼去医院做检查的她无言以对。她确实找不到学习的意义，也不知道该如何反驳，最后她只能用一句"以后你就懂了"结束话题。

关于"学习是为了什么"这个问题，每个人都有不同的看法。有人觉得学习是为了获取知识，知识就是力量，能让人生活得更好，赚更多的钱；有人觉得学习是为了在与人相处的时候侃侃而谈，能够用各种各样的方式表达自己，既能在工作中展现自己学识渊博、创意丰富，也能品鉴生活中的风花雪月、诗歌酒茶；也有人认为大家都这样努力，随波逐流未尝不是一件好事。

青春期的我们总是会有许多的迷茫和感悟，我高中的时候也认真思考过"学习的意义是什么"。当时我觉得如果只是为了更好地工作、生活、与人交往，那么早早进入社会磨炼也未尝不可，但是后来我发现这并不可行。

如果非要说学习是为了某个人，那么这个人一定是我们自己。知识和社会经验是我们在这个社会上立足的资本，单纯从书本上学到的知识是他人总结出的经验，而社会经验往往需要经过自己长期的积累总结才能得到。两者所耗费的时间、精力差别巨大，有获取经验的捷径不走，反而走曲折的路，实在算不上明智。

我们的学习动力之一就是知识和经验可以帮助自己少走一些弯路。并且可以帮助我们看得更高、更远。

小宇和父母争吵的时候，父母总是说“你就当作是为了我们学习”。年轻气盛的青春期少年对这种说法很厌恶，并且常常会做出一些很幼稚的事情来反抗父母。小宇不想为了父母学习，本就散漫的学习状态加上对父母的不满，导致他的成绩明显下降。

造成这样的结果正是因为他缺乏学习动力，没有把眼光放长远。学习可以实现梦想，可以遇见更多的朋友，如果暂时没有想要追求的东西，那么我们不妨先努力积攒实力。等找到心中所求，我们就能更顺利地去追求，而不是等到而立之年看着某份心动的工作，连连叹息：“如果我当初好好学习，我现在就能去做这份我喜欢的工作了。”

从少走弯路和眼光长远这两点来看，学习动力的重要性可见一斑。当我们认识到它的重要性时，就已经迈出了从没有学习动力到有学习动力的第一步。

第二步就是找到我们没有学习动力、感到空虚的原因。

小宇的父母对他的“不上进、不努力”的行为感到非常不解，但是他们也理解青春期的孩子想法总是很多，脾气也反复无常，所以并没有采取强迫的方式，而是主动向孩子讲起他们那代人的青春。他们描述了读书的时候条件有多艰苦，读书有多难得，以及他们这辈人因学习努力程度的差距所导致的如今各自生活水平的差距。

出乎意料的是，小宇对此无动于衷。小宇认为，时代不同，父母的这些经历并没有参考价值，他就是找不到学习动力，只想快点参加高考，随便考一所大学，然后开始得过且过的生活。他觉得，既然没有梦想，不如乖乖地做一条永不翻身的“咸鱼”。

小宇的父母并没有因此而气馁，他们又试图用物质奖励激励小宇，想让小宇用成绩提升来换取在长假里出国旅游、买新款的电子产品等奖励。“物质奖励法”依然没有奏效，小宇从小到大都不缺少这些东西，这些物质奖励完全无法吸引他。

抱有这样想法的小宇并不是个例，在现在的学生中，积极进取的人和彻底“破罐破摔”的人加起来并不占全部。很多人没有努力的动力，也不想彻底放弃自己，他们夹在中间，保持着“差不多就行”的状态。

这里确实有时代的原因，一方面生活变好了，人们即便不努力也不用担心基本的生存问题，所以上一辈的经验教育很难奏效，我们很难与父母辈的求学经历产生共情；另一方面也与“低欲望社会”这个概念有关，我们年轻的一代从出生起就拥有优越的物质条件，在家中几代人的共同呵护下长大，欲望很容易被满足，渴求也越来越少，满足于安逸的生活自然就会缺少前进的动力。

想要改变这种状态、找到学习动力也并不难，要懂得开阔视野，去看一看真实的社会，再眺望未来。比如我们在寒暑假做兼职（法定工作年龄最低要求是满16周岁），最好是服务员这类能接触许多人的兼职，目的不是了解服务业的辛苦，而是通过这个工作观察不同职业、不同经济水平、不同文化水平的人。一段时间后，我们可能就能确定自己想要变成什么样的人，找到自己的人生目标。有了明确的人生目标，我们就可以开始计划如何达到自己的目标。

当我们向着这个目标努力的时候，它就是我们的学习动力。

还有一种方法就是培养自己的兴趣，无论是文学艺术、运动竞技，还是养花种草、机械编程，只要是自己喜欢的就可以。在培养兴趣的过程中，我们会逐渐深入了解并且迷恋与之相关的职业，梦想中的未来也变得逐渐清晰起来。它会让我们发自内心地想要为之努力，从而产生强大的学习动力。

用怎样的方式激发学习动力并不重要，重要的是学习动力的源头应当是扎根于内心深处的，而不是简单的外部激励。

就如小宇，他后来迷恋上了计算机编程，从此彻底结束了他的“迷茫阶段”。他开始主动上网搜索计算机专业强的大学，查这些大学历年的录取分数线，并追着老师问各种各样的学习问题，努力提高自己的分数，最终如愿以偿地考进了自己理想的院校。

如果你没有学习动力，不妨试试这两种方法，找到心中真正想要追求的东西。无论实现梦想的旅途有多么遥远，热爱就是我们心中的“永动机”，它会永远充满动力，推动着我们向目标靠近。

又是“别人家的某某”

你的身边是否有这样一个人：他从小到大都非常优秀，从小学到中学一直是三好学生、年级前十名、学生代表，考了很多证书或在很多比赛中获奖；他有一技之长，常见的如书法、绘画、钢琴、声乐、围棋等，还有小众乐器、雕塑等；他不一定很努力学习，但是一定非常聪明，能兼顾好学习和特长，与人相处得也非常融洽；他读大学的时候一定是学生会的会长或部长，毕业找工作的时候一定有很多公司向他抛出橄榄枝。

如果你的学习成绩不好，家长会频繁地给你讲他的故事，希望你向他学习；如果你的学习成绩很好，家长还是会频繁地给你讲他的故事，希望你一直像他一样优秀，甚至超越他。

“他”是谁呢？

他可能是某位邻居哥哥或姐姐，可能是某个亲戚家的孩子，也可能是我们父母的朋友或同事的孩子，他与我们的关系各不相同，唯一的共同点就是我们“不喜欢”他。

前两年，我在老家认识了一位房东阿姨。老家房价不高，再加上她还有几套拆迁房，阿姨的收租生活很惬意。她很健谈，对待租客非常热情，还会送租客一些生活用品。我搬家的时候，她问我能不能与她另一位租客的孩子谈谈心，开导开导她，把我高中时的学习经验分享给她。

女孩叫小南，当时正在读高一，她在单亲家庭中长大，她的妈妈倾尽全力培养她，但母女俩总是矛盾不断。

与小南接触后，我发现母女两人的矛盾点就是“别人家的小孩”和“别人家的父母”。由于小南的中考成绩并不优异，她没有考上重点高中，只能按照学区就近被分配到一所升学率较低的高中，她的母亲对此很不满意，觉得自己的孩子从起跑线开始就比别人低了一等。但是木已成舟，小南的母亲为了让她追上别人的步伐，开始盲目地给她报名参加各种补习班。

从此以后，小南经常被妈妈这样说：“你看看补习班里的某某，人家上补习班的时间比你还要晚，成绩却提升得比你多，你在补习班有没有认真听课？”

小南觉得妈妈一个人照顾自己很不容易，自己不应该惹妈妈不愉快，所以每次被妈妈这样说都低着头不说话，但是愤懑的情绪始终在心底滋长。

小南的母亲对比完学校的成绩排名，就对比补习班的成绩排名。如果她觉得补习班没有效果，就会给小南换新的补习班。进入新的补习班就要重新适应新的环境，重新熟悉补习班的同学和老师。小南虽然明白妈妈做的这一切都是为了自己，可是这种做法让她觉得“喘不过气”。

很多家长总是习惯性地将自己的孩子和别人家的孩子作对比，试图通过这种方式激励孩子更努力地学习，结果总是适得其反。他们认为现在的孩子应该受点挫折，和其他孩子对比一下，让他们知道“人外有人，天外有天”。这样，孩子才不会在赞美声中变得骄傲自大。

事实上，我们听不到家长的赞美，也达不到他们心中关于完美孩子的标准。长此以往，只能使我们走向两个方向，一是变得沉默寡言、自卑内向，二是变得脾气暴躁、我行我素。

小南就是第一种情况，母亲在场的时候她不爱说话，但是等到母亲离开之后，她的话就逐渐多了起来。

小南向我抱怨说："我在这个学校已经很郁闷了，身边的同学都不喜欢学习，我看书的时候他们还会嘲笑我，放学回家以后，我妈还总是说我不如别人。"

她还对我说："其实刚开始我也不喜欢你，不想和你聊天，你也是我妈用来打击我的工具。"

从她的言语中，我能感觉到她心中积压了许多苦闷。人内心的空间总是有限的，她只能不断地压缩这些不愉快，每一次回想都让她更加郁闷。

而小南与她妈妈第一次发生口角，就是因为在一次训斥中，小南小声地念叨了一句"就知道把我和别人作对比，你自己怎么不和别人比"。

小南的妈妈心思敏感，她认为小南是在抱怨她无能，觉得她比不上其他的家长，不能让小南生活得更好。但小南的本意是想说"己所不欲，勿施于人"。

从此以后，母女二人总是会因为"不如别人"吵架，彼此间的隔阂越来越大。

关于"别人家的某某"之类的话语看似是"打击式鼓励"，实际上就是在重重地打击青春期孩子的自尊心。即便是家长，在听见孩子说"你怎么不如别人的爸爸妈妈"时也会勃然大怒，更不要说孩子了。

无论后面跟着多么美好的字眼，打击就是打击。所谓的"挫折教育"也是如此，挫折就是挫折，没必要和教育一词强行联系起来。

没有一个十五六岁的孩子愿意承认自己不如别人，我们更渴望得到的是对自己表现的认可，而不是当我们努力学习，比上一次考试多考了二十分时，家长却说"这次考试题简单，某某比上一次多考了五十分，你向她多请教请教，看看人家怎么学的”。这时，我们低下头，收起兴奋，敛起笑容，家长以为我们在为比不过别人而难过，认为我们一定是在心里暗自较劲，把学习目标设定得更高；他们并不知道我们难过的原因很简单，只是因为没有人肯定我们的努力。

难道不是第一名，不是成绩提升最多的人，不是某项特长八级、十级，我们就不值得被鼓励吗？面对“别人家的某某”，我们又该怎样做才能不被负面情绪影响呢？

这两个问题的答案其实很简单，解题的关键就是我们自己。与其傻傻地站在原地等一句别人的鼓励，不如向着自我鼓励出发。

近些年有一个很有趣的词，叫“小确幸”，我喜欢按照字面意思把它理解为“小小的、确定的幸福”。我在高中的时候就很喜欢这种“小确幸”奖励，比如某次考试做对了一道大多数人都答错了的题目，可能有人会对我说“某某都没有做出来这道题，你一定是侥幸猜对的”，或者“做对了难题又怎么样？那你也不是第一名”。我并不会在乎他们说什么，因为他们没有看见我为了学会那道题的知识点付出了多少努力，他们也看不到藏在我大脑里的解题思路，我要做的就是买一杯最喜欢的柠檬汁奖励自己。

在获得成就后给自己一点小小的奖励，就像流浪的小猫睡觉时，照在身上的一片阳光。哪怕自己蜷缩着的身子下面有一块名为“别人家的某某”的硌人的石头，我们只要向着阳光伸个懒腰，踢走石头，调整到舒服的睡姿，依然可以香甜地进入梦乡。

我给小南讲了我的“小确幸奖励法”。最懂我们的人就是我们自己，学会鼓励自己就可以暂时将那些打击的话语抛诸脑后，在小小的幸福中自我调节，远比愤怒时发生冲突更为明智。

关于“别人家的某某”，有些人会抱有“以其人之道，还治其人之身”的想法，认为既然父母总是说“你看看别人家的某某多优秀，琴棋书画样样精通”，我们就要反过来对父母说“你看看某某家的父母多优秀，给某某请家教，买最好的乐器”。

其实这种以牙还牙的方式往往会让亲子冲突更加激烈，父母在为自己的孩子比不过别人家的孩子感到焦虑时，也同样在为自己没能给孩子创造同样优越的条件感到焦虑。如果我们以“某某家的父母”来谴责他们，他们的心也会被刺痛，最后的结果就是一家人都受到了伤害，每个人的心里都扎着千万根刺。

我们可以选择和父母谈心，温和地向他们表达自己的不愉快，告诉他们：“我不喜欢被比较，我拒绝听‘别人家的某某有多优秀’。我有自己的学习目标，会努力学习。我不想听那些‘挫折教育’类的话语，我想要的是真正的鼓励。”

如果父母能够改掉比较孩子成绩的习惯，固然皆大欢喜；如果他们改不了这样的习惯，我们就要想办法避免被负面情绪影响，比如运用自己鼓励自己的“小确幸奖励法”；还可以离开影响情绪的地点，出门散步晒太阳；或者做一些自己喜欢的事情，看动漫、抚摸宠物、看书、做运动……

真正影响亲子关系的不是“别人家的某某”，而是我们面对这种挫折教育采取了怎样的态度。想要化解隔阂就要牢记：理解，沟通，遏制负面情绪。父母只是在期待自己的宝贝可以比“别人家的某某”更耀眼，我们也只是想获得父母的肯定，只要家长和孩子都能聆听彼此的心声，矛盾自然就消除了。

总觉得老师在讲“天书”

有很多同学都有这样的经历，自己明明很认真地听课了，仍听不懂老师讲的内容。当然，也有一部分同学是真的没有认真听讲。认真听课但仍听不懂的这种情况处理不好或者没有找到解决办法的话，时间久了，只会越来越严重，听不懂的内容会越来越多，甚至会让我们产生厌学、逃避的心理。

逃避并不是解决问题的办法，当我们出现这种情况时，应该第一时间就做出反应，积极地处理。相反，任由这种情况继续下去，只会让学习成绩直线下滑，也不利于我们长期保持好的学习心态。实际上，这个问题很好解决。

如果出现这种情况，不要着急，我们可以在上课前预习一遍学习内容，上课时，根据老师讲的思路做好笔记。即使听不懂也没关系，先做好笔记，课后再归纳总结自己不明白的地方，然后向老师请教；如果不想问老师，我们也可以问同学，或者学习成绩好的亲戚或朋友；我们还可以正确地利用网络来解决疑问。

尤为重要的一点，是我们上课一定要认真听讲。当然，课下复习也很重要，如果有不明白的问题，千万不要放着不管，一定要在第一时间就解决。多看几遍就能想明白的问题，就自己多看几遍；如果我们自己实在看不懂，再去寻求帮助。

当然，除了学习方法需要调整，上课精神不集中还与很多原因有关。比如没按时休息、睡眠不足，也很容易让你在上课时走神、听不进老师讲的内容，思维变得迟钝。所以，良好的作息习惯也是很重要的。

另外，多思考也一样重要。我们要把老师讲的内容在脑袋里过一遍，要思考、理解，将老师讲的知识点与课本内容结合起来，再去解决问题。勤于思考既有利于我们解决问题，也有利于培养我们的创造性思维，能帮助我们找到解题的新思路，从更多的角度综合地解决问题。

这些方法可以给我们提供外在的帮助，同时我们还应该找到引起自己“听天书”的心理原因。

我在一次摄影采风活动中结识了一个偏科的女孩——思思，她当时在读高二，学习成绩非常好。思思的摄影作品在一些比赛中还拿到了不错的名次，所以她的父母非常支持她发展爱好，也没有阻止她参加那次采风活动，只叮嘱她爬山拍照时注意安全。

一番交谈下来，“偏科学霸”就是我对她的第一印象。

她总是调侃说：“语言不通，实在是听不懂这一科。老师抱着书一进门，英语书就像在发光一样闪得我头疼。老师一开口就像魔法师的吟唱，我一句咒语都听不懂，睡着了才发现它是沉睡魔咒。”

我们很快成了好友，经常在网络上交流爱好、读书心得、生活趣事等各种话题。

有一次她发消息问我：“偏科怎么办？如果我的英语还不能及格，我妈说她就砸了我的相机。”

屏幕另一端的我愣住了，稳居年级前三四十名的思思让我早已忽略了她的偏科问题。不用她详细描述，我就已经感觉到她和家长之间剑拔弩张的关系。她的妈妈不惜用她最宝贝的相机来威胁她，这显然是升学压力之下不得已的做法。

偏科的学生总是会面临相似的“紧箍咒”——“你的其他科目可以学好，这门科目也一定可以。”“你把做其他事情时的努力用在表现差的科目上，不就能学好了吗？”“偏科时考出的成绩就已经很不错了，如果把所有科目都学得一样好，你将来高考肯定能考上最好的学校。”……思思显然被这些“紧箍咒”折磨得不轻。

我问她："你觉得英语和其他的科目有什么不一样吗？"

"不知道，我就是不喜欢它。我知道学习方法无非就是那些东西，只要勤学苦练，怎样都能学好，可我就是不想背单词，也不想学语法，录音更是听不进去，一听我就想睡觉。"

我又问她："那你在学英语的过程中，是不是发生过什么不愉快的经历？可能发生在你的小学、初中、高中，或者上课外补习班的时候。"

在思思的回忆里，我们找到了问题出现的原因：思思读小学的时候，小朋友们总是喜欢在英语书的单词表上写一些有趣的汉语，比如"thank you"写成"三克油"，思思小时候很调皮，不但写汉字，还喜欢在书上乱涂乱画。她的画恰巧被把自己当"小皇帝"的班长看见，班长把她的英语书在全班传阅，大家都笑话她。从此，思思就开始对英语心生厌恶。升入高中后，思思所在班级的英语水平偏低，英语老师说话声音低沉，思思根本不愿意听他讲课。就这样，思思对英语的厌恶和抗拒更深了，她不喜欢英语老师，也不喜欢英语，所以就通过睡觉等方式"消极抵抗"。时间一长，即使思思想认真听讲也听不懂了。

找到了原因，在解决"听天书"的问题上就迈出了一大步。一方面，要摆脱学英语的心理阴影；另一方面，要思考如何对待自己不喜欢的英语教师。

首先，要恢复对"天书"科目的兴趣。比如，自己在家中看有字幕的英语电影，用电影情节吸引自己，然后再看英文字幕。等到英语水平提高了，就可以看更多吸引人的无字幕电影。

其次，要恢复对"天书"科目的信心。比如，每个人在英语口语和写作上总会有一定程度上的偏重。思思的普通话很好，英语发音也比较标准，于是思思先在家中练习英语朗诵、演讲，积极参加比赛。开始时总是失败，不过随着水平的提高，有一次思思终于拿到了三等奖。这一次给了思思巨大的信心，除了提升了英语成绩，还抚平了小学时的心理创伤，让她更加开朗，更愿意在人前展现自己。

最后，我们要正确地面对讲“天书”的人。在学习中我们应该牢记一点——“只有知识是永远陪伴自己的”，无论你喜不喜欢某位教师，他都不会一直陪着你，爱憎最多持续三年，而学到的知识会永恒保留在大脑的知识库中。知识储备是否丰富对我们的未来影响巨大，因为一时的好恶影响一生显然是不明智的行为。能试着接纳就不要抗拒，如果真的无法听老师讲课，也可以找一些网络课程来学习，凡是可以提高成绩的正当方式，我们都可以多多尝试。

通过这些方法，思思的英语成绩得到了显著提升。

后来我们聊天的时候，思思说：“因为几个不相干的人，自己给自己造了一本‘天书’，回想起来觉得真是不值得，简直亏大了。”想来确实如此，可能是因为一次当众批评，可能是因为其他人对你某一科目成绩不经意间的一个嘲讽的表情，也可能是因为一次重要考试的失利，让我们给自己套上了重重枷锁。待几年后回首再看这些事情，虽然令自己不舒服，但也不值得自己放弃学习。

我们在学校学习就像小树苗吸收阳光雨露，如果因为某一天阳光没有落到自己身上就不再吸收阳光，受损失的只有我们自己。“天书”并不难读懂，难的是找到使那门科目变成“天书”的原因，走进自己的内心，抚平阻碍学习的伤口，再调整学习方式和作息习惯，就能轻而易举地将弱项变为强项了。

第2章

开启万能的学习“钥匙”

自我约束

“我控制不住我自己”，这句话你是不是觉得很熟悉？

在每一个熬夜玩手机的夜晚，在每一次看电视剧入迷的时候，在每一场游戏打得正酣之时，突然想起自己早上起床时定下的学习目标，我们就会变得焦虑不安。越是想完成这个学习目标，就越不想行动，不知不觉熬到了凌晨二三点，看完了五六集喜欢的影视剧，或者一次又一次地按下了“开始游戏”的按钮。

每次因为忍不住做某件事而没有学习的时候，我们都不禁长叹：“我控制不住我自己啊！”

看着身边那些自律的同学学习到晚上十一点左右就去睡觉，早上五六点起床继续学习，我们会感到惊讶、钦佩，但是反观自身，我们很难下定决心坚持这样的作息时间，总会被那些让我们感到更舒服的事情阻拦。不过，我们眼中的“学习劳模们”也不是只会学习的木头人，他们也留恋冬日里温暖的被窝，也有自己喜欢的偶像和游戏。我们在青春年华里的回忆各不相同，可是那份独属于少年的阳光气息是真切存在于你和我每一个人身上的。

为什么他们能约束自己，做到不沉迷于学习之外的事情呢？

这就不得不提到弗洛伊德提出的人格结构理论。弗洛伊德认为“自我、本我、超我”这三者组成了一个完整的人格结构，“本我”是我们本能的欲求，它的特点就是追求快乐。通俗地说，“本我”可以被理解为“为达到目的不择手段”，像一个顽皮的孩子；“超我”与“本我”相反，它的特点是追求道德，就像一个圣人；而“自我”就是这二者之间的调和者，它会调节本性与道德，追求现实原则。我们沉迷于玩乐的时候，“本我”那个顽皮的孩子就占了上风；而那些自我约束力很强的同学就可以很好地控制心里的“淘气小孩”。

我亲戚家的孩子小E就总是没有办法控制追求快乐的心。他喜欢玩游戏、看热血动漫。他能说出游戏和动漫中每个人物角色的故事，却记不住课本上的一首诗；他能在众多同样发色的动漫人物中精准地说出每个角色来自哪部动漫，却记不住一道老师讲了许多遍的数学题。

尤其是在2020年受新冠肺炎疫情影响，“全员上网课”的那段时间，小E更是变本加厉地“混日子”。网课给他带来了更大的便利——他把手机立在电脑摄像头旁边，然后用手机静音播放自己喜欢的动画片，老师看到他聚精会神地看着屏幕，还以为他在认真听课。

小E的父母被他的这种做法气得不轻，两人试过对他严厉训斥，也试过对他好言相劝，但是小E全都充耳不闻，依然我行我素。

我问他为什么不想学习，他说：“反正都已经无药可救了，还不如趁着没毕业好好享受。我也不是不想学习，可我一想到那些作业就着急，然后就想放松一下，打一局游戏，但之后就停不下来了。我一点都不想回到现实里，三更半夜补作业，写不完作业和不写作业的结果一样，都跟不上老师讲课的进度，还不如打完游戏早点睡觉。”

“人生苦短，及时行乐”似乎成了现在年轻人的人生信条，焦虑不悦的时候要及时行乐，生活平淡无味的时候也要及时行乐，人生得意的时候更要及时行乐。可人生不只是充满快乐的，即便我们将自己麻痹在各种各样的娱乐中，烦恼也不会消失。

小E经常与父母吵架，一家三口俨然分成了两个阵营，一方是快乐至上的小E，一方是恨铁不成钢的父母。

看着满脸写着“无所谓”的小E，我给他讲了我的一个朋友“吴所谓”的故事。

这位吴所谓在高二的时候也沉迷于电子游戏，起初是因为家人对他的关心太少。他的家人认为他是一个“省心”的孩子，所以在他的学习成绩开始下降的时候，父母还是一副很信任他的模样，并未斥责他，只告诉他再多努力一些。

之后，吴所谓就像突然参悟了大道理一样，他认为“学与不学都一样，没人关心我，那我还不如在游戏里生活，在游戏中寻找关心我的人”。此后，他的成绩就开始下滑，因为他上课时睡得天昏地暗，晚上一回到家就登录游戏。

他的父母看他如此消极，终于坐不住了，他们开始逼迫他学习。但是这个时候他已经养成了习惯，他虽然很想做出改变，却没有办法阻止自己上课睡觉，而且他一到晚上又非常清醒，根本无法入睡，像有什么东西在召唤他，让他习惯性地打开电脑玩游戏。他也试图在失眠时温故知新，打开笔记本却发现自己记的知识点零零散散，在上课睡觉的时候错过了许多重点的内容，打开教材也感到非常陌生。

“他后来有改变吗？”小E问我。

“没有。但是他很后悔，后悔他的梦想实现不了。”

“那反正也实现不了，他为什么不好好地吃喝玩乐？”小E又问。

这次我没有回答他。吴所谓先生可能是我们身边的任何一个人，也可能就是你我的过去、现在、未来，问题的答案或许就诞生在某一个辗转反侧的夜晚。

那次交谈后，小E连续两个月没有联系我。我看到他的游戏账号有时连续在线很多天，有时两三天不登录，他的个人主页写着“退游”两个字。这两个字频繁地被删掉又频繁地被改回来。我能看出来他在挣扎，这就像一场拔河比赛，有时偏向左边，有时又会因拉不住绳子而偏向右边。

直到高一学年结束后的暑假，他突然发消息问我，他是否来得及改变沉迷游戏的习惯。

这一次，他赢得了“拔河比赛”的胜利，成功约束住“本我”这个顽皮的孩子。

我们制订了一个循序渐进的改变计划：

第一步，依然是寻找造成这种状况的原因。

其实我对小E讲的故事就是以他为原型，吴所谓先生就是根据他父母的描述编造出来的一位朋友。他心底真正渴望的并不是虚幻的快乐，而是真实的关心。

比如小E在学校与某位同学发生冲突，学校要求双方的家长都到学校谈话，他的父母会给班主任打电话说自己很忙，没有时间过去。但是他们相信小E不会无缘无故地打人，如果对方有什么问题，他们可以赔偿全部的医药费。等到小E放学回家，他们也不会找小E“秋后算账”，仿佛一切都没有发生过，不问他为什么打人，也不问他有没有受伤。这个时候，游戏里的网友发来一句温暖的话，与他一起并肩作战打一场游戏，给予了他所渴望的关心与陪伴，小E自然更喜欢游戏的世界。

他的父母也并不是不关心他，他们觉得青春期的孩子叛逆、好斗、焦躁都是可以理解的。他们害怕给小E本就不稳定的情绪再添一把火，所以不敢去询问情况，也不想过多地干涉孩子。当这份关心通过沟通表露出来，问题也就解决了一半。

第二步，要想解决自我约束问题，可以学着做计划。

按照每一项学习任务的重要性与紧迫性划分出先后顺序，然后大致列出我们的计划清单，在任务的间隔留出空白的时间。比如我们还有两项任务等待完成，那么，在这两项任务的间隔中就该留出一段空白时间。如果第一项任务顺利完成，就利用空白时间休息；如果第一项任务还差一些收尾，那就用这段时间来结束第一项任务。总之，要留下能用来调整计划的时间，不要让任务积压到一起，积压太多的任务会让我们望而生畏，从而使计划半路夭折。

制订计划还有一个需要注意的事项，就是我们要把任务系统地分解，然后逐个击破。比如划分好做一件事的步骤，然后一步一步实现，或者把一件事中相似的准备任务放在一起完成，把难度高的部分单独放在一个计划框里。这样一来，我们的任务更加贴近实际，也更容易顺利完成。

经过一定时间的努力，以及循序渐进地调节作息时间，小E的学习与生活终于回到了正轨，喜欢赖床的小E忽然发现早睡早起也并不是什么难事，分配好学习与游戏的时间也并不难。只要将自我约束贯彻到底，坚持下来，后面的一切就会顺理成章。

柏拉图说："自律是一种秩序，一种对于快乐与欲望的控制。"我们控制追求快乐、欲望的自己，不只是为了让自己的行为更符合现实与道德，还是为了在自己的心中铸造一个秩序的钟表。当它的钟声敲响，我们就会知道自己应该做什么，才能在人生路上听着钟声走得更远。

拒绝“死学习”

“只要学不死，就往死里学。”

“天才就是重复次数最多的人。”

“不拼不搏一生白活，不苦不累高三无味。”

…………

对于诸如此类的高考励志标语，我们早已经耳熟能详，因为只要抬眼就能看到挂在黑板上方的红色横幅。在教学楼的大厅里、学校的布告栏上也都挂着此类励志口号，但是起早贪黑不断地重复练习真对我们成绩的提升有帮助吗？“往死里学”真的有效果吗？

在这些励志语录的激励下，把一道题抄几十遍、吃饭喝水时也要在心里反复默念某个知识点、错一道题就多做一张卷子……这些举动在校园里屡见不鲜，每个班主任开班会的时候都会以这样一位勤奋好学的学长或学姐为例激励学生。然而，只依靠死记硬背的学习方法，并不能锻炼我们的逻辑思维能力，我们面对新的题型时还是会感到一头雾水，死记硬背能够帮助基础差的同学提高成绩、走到中等成绩的学生梯队中，却造就不出能够冲击顶端的“黑马选手”。

“死学习”之所以得名，就是因为它的灵活性和应用性都非常差，大量机械性的重复练习会使人产生倦怠感。比如考试结束后惩罚自己把错题抄写二十遍，可当我们写完四五遍的时候就已经自动把这件事当成了一项“流水线任务”，虽然手在不停地抄写，大脑却早已经改变了思考内容，此时我们的状态就像古语说的“身在曹营心在汉”。同时，“死学习”的机械性练习自然就会导致它的高耗时性，它需要我们付出大量的时间，最终使人睡眠不足、精神不振。

或许有人觉得付出这么多精力换来一点成绩的提升也是不错的，起码对一部分人来说还是有帮助的，但是它对我们的未来会有许多的负面影响。

首先，能够靠“蛮力”学习总结出来的学习经验和方法非常少。高中时我们尚且可以死记硬背，为高考准备三年，等到读大学和参加工作的时候，没有人可以等待我们三年。在快节奏的学习和工作中，“死学习”这种方式必然会被淘汰。

其次，我们学习知识的最终目的是运用。如果将某个知识点背诵到极致以至于深深地刻在脑海里，却不会利用这个知识点去解决生活中的实际问题，那这份努力的有效期就只到高考结束。这就类似于我们将所有的急救知识都记在心里，努力通过了急救知识培训，但后来有一天，在野外摔倒，一条腿骨折了，却没有办法固定伤处。哪怕身边满地都是可以用来做简易固定装置的树枝，我们却在想没有带夹板该怎么固定自己的腿。

这个假设看起来很可笑，但是我们每个人在考场上都有过类似的经历。比如在英语考试中写作文的时候，我们忘记了某个单词怎样拼写。此时，我们可以把想写的句子换一种表达方法，避开那个单词把句子写出来，但是很多同学坚持要与那个记不起来的单词斗争到底，最后因为单词拼写错误而丢掉分数。这种失误不只会影响某一道题的得分，还会影响我们在整个考试过程中的心态，使我们在后续科目的考试中怀疑自己的记忆是否正确，在答题时犹犹豫豫。考试结果出来后，我们更是会不断谴责自己，久而久之，我们甚至会不由自主地发问：“努力学习也没有作用，我为什么还要这么努力？”

我认识一个叫小西的孩子，这个问题就是她问我的。

小西从步入高中校门的那一刻开始，就像音乐盒里上了发条的芭蕾舞者，从早上五点打开音乐盒拧上发条开始，一直跳到晚上十一点。她的课堂笔记从来没有落下过任何一个知识点，每一页都记录得工工整整。无论是几何图形还是地图轮廓，她都画得非常标准，几乎班级里的所有同学都找她借过笔记。

与那份优秀的笔记不相符的是小西中等的成绩排名。从小到大身边的所有人都知道她很努力，也都为她的努力感到惋惜。小西不喜欢听别人说她很努力，她认为这个词是在嘲笑她。努力似乎成了一个略带贬义的词，人们说“你很努力了”，似乎是在说“虽然你不聪明，考不了第一名，但是我知道你已经尽全力了，还是安慰下你吧”。

小西对这些“鼓励”的不满情绪在春节时爆发了。

每到春节期间家庭聚会的时候，家长们比较孩子的成绩变成了固定节目。除了比谁家孩子的成绩最好，还会比较哪个孩子在学习上最“用功”，随后人们会对那个成绩普通却“三更睡五更醒”的孩子报以同情又敬佩的目光。从小学三年级开始，小西每年都要接受来自各位叔叔阿姨的“鼓励”，以往她会躲到自己的房间里不出来，今年春节她却鬼使神差地顶撞了回去。

一位阿姨带着年货到小西家里拜年，寒暄道：“我给孩子买了点核桃补补脑，每天那么努力地学习太累了，营养要跟上。小西这孩子勤奋，再补补，高考一定能考好。”这话并没有讽刺的意味，言语间就是长辈对孩子的鼓励和关心，但是落在敏感的小西耳中就像在说：“你家的孩子太笨，应该多补补脑子。”

小西回了她一句：“不用了，您带回家，自己吃点核桃补补脑吧。”

之后小西的父母解释了一番后送走了那位阿姨，关上门后开始训斥小西。

小西对我讲这些事情的时候说：“我觉得我的努力一文不值，它只能证明我是个笨蛋。”

可是努力真的一文不值吗？

当然不是。如果我们拼尽全力还是做不成一件事情，就应该思考一下努力的方法是不是有问题，而不是怀疑努力究竟有没有意义。就像我们抨击“死学习”的学习方式，那些不死不休、牺牲睡眠时间来做题背书的“刻苦”行为，必然是错误的，它只能让我们吃苦受累，变得疲惫不堪。所谓刻苦就像把“苦”刻在我们脸上，让我们白天更困倦、学习效率更低下，然后晚上再刻苦一番把白天落下的内容补完，如此循环往复只会让健康的身体状态离我们越来越远。

如何摆脱“死学习”，让学习“活”起来，就是我们要重点探究的内容。

爱迪生有一句经典名言：“天才是99%的汗水加1%的灵感，但有时那1%的灵感比那99%的汗水还要重要。”勤奋努力就是那99%的汗水，而1%的灵感比较复杂，它的成分多种多样，不仅包括天赋，还有方法、态度、信心等元素。

以小西最不擅长的数学为例，面对一道难题，她会反复抄写，直到能够顺利默写整个解题步骤。等到下次考试遇见类似的题目，就把之前的做法带入其中，一点一点地摸索着做完题目，答案的正确与否取决于新题目与旧题目是否是同一题型。这种机械化的学习方式对真正掌握知识帮助甚微。

我们要想纠正学习方法，就要明确什么是有效努力。根据心理学研究，重复抄写属于心理学认知策略中的复述策略，其中有一个概念叫“过度学习”，过度学习的限度是150%。也就是说，如果我们背一首诗需要抄写四遍，那么抄写六遍就可以让我们背得十分牢固，这六遍就是有效努力；如果强行让我们抄写十遍，多出来的那四遍就是浪费时间，对我们的背诵任务毫无增益。但也因人而异，比如有的人擅长记古诗文，那么他记忆时需要的次数就会少一些；有的人不擅长记英语单词，那么他记单词时需要的重复次数就多一些。具体如何做还是要从我们自身出发。

除了复述策略，我们还可以利用组织策略与精加工策略。组织策略很常见的例子就是思维导图。我们可以列提纲，通过划分不同的部分来记忆知识，这种方法更适合记一些文科内容。比如政治学科的知识，我们可以先从头到尾厘清每个章节的主题是什么，再分析每个主题下面有哪些小主题，然后逐个背诵每个小主题下的内容，再利用大主题把全书的知识点串联起来，形成知识网络。这样就画出了一张优秀的思维导图，更便于我们记忆学科内容。而精加工策略，比如总结和记笔记，是让我们对知识进行深入的分析加工。不过，在这里有一个误区，很多人记笔记倾向于照搬照抄老师写在黑板上的全部内容，这种方法其实就是复述，并不是真正地做笔记。我们可以利用不同的符号让自己看得更清晰，或者在不懂的地方加上一些自己的理解、标注等记笔记的好方法。我们可以尝试一下这些学习方法，或许比单纯的抄写更适合自己！

我们还要合理分配时间，每个时段适合做什么我们就去做什么。晚上早睡一些，尽量达到高中生的健康睡眠标准——七至八小时。从晚上十点或十一点开始睡觉，到早晨六点起床，我们就可以拥有充足的睡眠。睡眠充足了，我们听课的效率自然就会得到提高。学习的黄金时间就是老师讲课的时候，如果我们既能在课堂上听懂，又能在课后复习好，考个好成绩就是手到擒来的事情。如果在课堂上落下了某个知识点，下课后一定要及时找老师提问，老师讲解一个知识点可能只需要五分钟，但是如果我们不去询问，私下钻研可能最少需要五十分钟才能看懂。那些学习好又有很多娱乐时间的同学未必比我们聪明，但一定比我们更会利用时间。

小西参照我列举的这些方法逐渐调整学习状态，成绩一点点提升，人也变得开朗自信。

事实上，学习并不是只有枯燥乏味，只要找对了方法，它也可以变成一款“打怪升级”的趣味游戏。

制订短期计划

计划就像一张建筑图纸，我们竭尽全力把它画得精美，在执行的时候却总会发现有些部分画得不合理。想要建一幢梦幻的城堡，得到的却是一间简陋的草屋。我们总是强调学习要有计划、有条理，大家或多或少地也都为某项任务或在某段时间做过计划，那么，我们的计划究竟是在哪一步出了问题，才会使结果与愿望相差甚远呢？

小蓓就是这样一个“计划女孩”，无论是考试还是假期旅行，她都会制订一份面面俱到的计划。她有一本厚厚的计划册，专门用来制订计划，比如“学期计划”“期末冲刺计划”“假期旅行计划”……

计划虽然多，但是实际执行、完成的却少之又少。

小蓓的妈妈总是这么评价她：“纸上写着想要走十万八千里，脚下却连家门都没走出去。”

我们也都有过类似的经历，远大的目标在头脑中仿佛唾手可得，现实里却与目标相隔千万里。造成这种现象的原因有很多，比如我们有时是不切实际的“大梦想家”，设定的目标太过脱离现实，虽然制订出的计划详细且完备，可是受我们现有的能力水平和实际情况的制约无法实施；再如目标与计划都比较贴近现实，可由于计划周期太长，我们没有耐心坚持下去；还有一种情况是计划过于精细，让我们失去了乐趣和自由，我们会厌恶、抗拒，自然就不会去实现它。

这时就不得不提到合理地制订短期计划的妙处，一个贴近实际的短期计划具有周期短和灵活性强两大特征。第一，计划周期短不会过度消耗我们的耐心，每一天都有相应的任务，这样我们就不会认为“前路遥遥无期”，更不会像执行长期计划时一样拖延，抱有“偷懒一天也不会影响什么”的想法；第二，短期计划能很明确地让我们看到每天的任务完成度，从而灵活地调整计划。

如果你也是一个“计划男孩”或“计划女孩”，那么不妨试一下，从实际出发制订短期计划，或许这一次你能够获得意想不到的成功。

而在讨论如何制订短期计划之前，我们还要做一项准备工作：给自己无法实行计划的原因进行明确的分类，是因为计划本身不切实际，还是自身缺乏耐心，或者是厌恶被计划束缚，还是有其他的心理原因。找到根源，我们才能更好地制订计划。

比如小蓓，她的原因比较特殊。她以前并不喜欢做计划，小蓓认为只要清楚记得自己的最终目标，心里有一个大概的步骤，一步步地去做就可以了，没有必要把计划写下来贴在眼前。所以她妈妈总是说小蓓做事情没有条理，觉得她做事太散漫。

小蓓上高中以后，每天都被逼着做一个“有计划”的学生。妈妈每天都要待在小蓓的房间里陪着她一起先做完作业再做学习计划，美其名曰“怕她不知道怎么学习”。小蓓觉得妈妈的行为令她感到窒息，就像她是一个什么都做不好的三岁小孩，需要被妈妈监视才能学习一样，这使她非常反感。

想要不继续被妈妈严密监督，小蓓只能按照妈妈的要求来做。为了让妈妈相信自己可以好好学习，小蓓的计划表做得越来越细致，从最初几分钟做一份简略的计划，逐渐发展到用一小时做一张详细的计划表。

后来小蓓的妈妈忙于工作没有时间陪着她学习，小蓓却习惯了做计划表。她把大量的时间用来制订计划，执行的时间却变得很少，计划也就不可避免地走向失败。

从表面看，小蓓的问题是由错误的计划方式导致的，她没有分清制订计划与执行计划哪个更重要。但究其根源，不外乎两方面。小蓓的妈妈在小蓓刚升入高中时过度焦虑，她的“教育焦虑症”使她害怕女儿学习跟不上，担心女儿盲目学习，没有轻重缓急，所以她才会强制要求小蓓制订学习计划；而小蓓很抗拒母亲的做法，为了摆脱监督，就开始盲目地制订计划。

想要解决这个问题，关键就是让小蓓正确认识到自己为什么要做计划，让她明白计划是为了帮助自己学习，而不是计划优先于学习。就像一句谚语所说的——“要做事，但不要做事务的奴隶”，我们制订计划是为了帮助我们达成目标，而不是为了将大部分的时间都浪费在制订计划上。

做完了这项准备工作，我们就可以根据自身情况制订合理的短期计划了。

第一，短期计划要有可行性。一个学习计划如果建在“云端之上”，也就没有了执行的可能。

比如我要准备期末考试，我的计划是一个月复习完、半个月复习完，还是一周复习完？如果我原有的知识基础非常好，那么空出一周的时间用于复习，绰绰有余；如果我上课走神、睡觉、在书上给老师画肖像，知识基础非常差，那么用一个月复习也未必能准备好。假设后者计划在一周内复习完所有知识，那么这个计划的可行性就非常低，我就更不想执行计划，因为我知道“反正也做不到，还不如吃好喝好等着考试”。

简而言之，可行性就是说这个计划一定要在我们的能力范围内，是我们通过努力可以做到的。

第二，计划不求够详细，只求够明确。

明确的计划是指，比如我在双休日要做六科的作业，每科都有一张卷子，从时间上划分，我可以上午、下午、晚上各做一张卷子，周六周日两天刚好可以做完六张。这时，在我的计划中，就可以将不同类型的科目试卷穿插着做，比如在两门理科卷子中间穿插做一张语文或英语卷子，周六的计划为上午物理、下午语文、晚上化学，周日的计划为上午数学、下午英语、晚上生物。我们能够明确地知道自己在某个时间段应该做什么就可以了。

而过度详细的计划看似面面俱到，实际上除了浪费时间以外毫无意义。因为如果我们要制订非常严密的计划，就要将时间精确到分钟，比如周日上午八点到八点一刻做半面数学卷子，然后接下来的十五分钟做半面英语卷子，再之后的十五分钟做半面生物卷子，如此循环往复。对照着钟表，在计划表中标注从某时某分至某时某分，做某科目试卷的第某某题至第某某题，就像小蓓一样，用一小时做一张计划表，不仅浪费了太多时间，还会因为计划太过精细严密而使人不愿意去执行。就像蜘蛛结网的目的是捕食，但是在一个捕捉不到食物的角落里把网编织得再大、再精美，又有什么用处呢？

第三，注意短期计划的灵活性，留出一小部分调整的时间。

假设我们完成两页练习题需要一个半小时，那么最好留出两个小时做练习题，多出来的半个小时可以使我们不被其他事件打乱计划。比如吃晚餐、家里来了客人叫我们过去聊天、父母让我们帮忙做某件事情……半个小时足够弥补做这些事情所花费的时间。如果没有其他事情打扰，那么多出来的这半个小时就可以奖励自己用来休息或娱乐。

第四，在制定短期计划的过程中要分清轻重缓急，而不是完全根据任务的难易情况或个人喜好安排先后顺序。

比如我们在三天小长假中要完成很多学习任务，有一张试卷的题目很难，并且我们不喜欢那个科目，有一张试卷的题目简单，并且是我们喜欢的科目，你会怎么安排这两张试卷的顺序呢？是按照难易程度排序，还是按照喜好排序呢？

其实都不对，我们应该做的是明确哪一张试卷的优先级更高。比如老师在假期结束后第一天就要讲的试卷一定要放在前面做，几天后再讲解的习题就可以排在后面做。这样一来，万一我们假期作业差几道题没有完成，也可以在开学后找时间补上，而不会影响我们听课。

最后，给自己制定一个奖惩制度。如果计划完成得好就不要吝啬对自己的奖励，可以送自己一些喜欢的小礼物。反之，如果自己在一个合理可行的短期计划中半途而废或者完成度低、收效甚微，我们就要思考一下自己在哪一个环节出了问题，然后给自己一些惩罚。

不过要切记，惩罚并不等于体罚，绝对不要用损害身体健康的方法来惩罚自己。比如你不喜欢吃胡萝卜但并不对它过敏，就可以让你的妈妈在你计划失败的时候为你做一整天的“胡萝卜宴”，不但记忆深刻，还可能会在“惩罚”中发现胡萝卜的美味，进而爱上胡萝卜，改掉挑食的习惯。

短期计划不仅对我们的学习有帮助，锻炼身体、练习特长、外出旅行等也可以制订短期计划。完成一个高效的计划，我们就向美好的目标终点迈进了一大步，让我们一起为学习和生活做计划吧！

学会给自己减压

压力无处不在，甚至可以说，压力是我们生活的伴生品。既能让我们在困难面前保持紧绷的状态，全力迎接挑战，也能让我们在高压之下手足无措。

我们常常听大人说：“小孩能有什么压力，做学生多舒服啊，吃穿不愁，每天除了学习就是玩。”事实上，学生的压力并不会比参加工作的成年人小，我们除了要面对繁重的学业压力和激烈的高考竞争，还要肩负一个家庭的希望。

父母把一切都押在我们身上，我们退无可退，但前进又很难达到他们的期望。在这进退两难的过程中，我们面对的压力或许比一场大型考试带来的压力更大，情绪也会变得非常不稳定。

学业压力对我们的影响同样不可小觑，考试压力、复习压力、升学压力、竞争压力等时时刻刻围绕在我们身边。考试阶段更是我们压力的爆发式增长阶段，考试前我们担心自己的复习效果不好，考试过程中会紧张到发挥失常、看错题目，考试后又要担心成绩排名等问题，这些压力不但会作用于我们的情绪，还会影响我们的健康。

在心理学定义中，压力是心理压力源和心理压力反应共同构成的一种认知和行为体验过程。一句话、一个承诺、一次考试都可能成为我们的压力源，而我们面对压力的反应往往决定了压力会对我们造成怎样的影响。

正在读高三的乐乐就一直被压力的负面影响折磨着。每次吃完晚饭回到学校上晚课或晚自习的时候，乐乐就会肚子痛，浑身冒冷汗、面色惨白地趴在课桌上，有几次还把老师吓得不轻。但是这痛苦来也匆匆去也匆匆，只要乐乐请假去一趟卫生间，腹泻后再喝点热水，他的肚子痛就不治而愈了。

起初，大家并没有重视腹泻这种小事。学校门口有一条小吃街，来不及回家吃饭的同学就会在小吃街买晚饭，有的同学吃饭时冷热交替，一口热面一口冷饮；有的同学觉得不在家吃晚饭就可以按自己的喜好吃东西，在晚饭里添加许多辣椒…… 由这些不良的饮食习惯引发的腹泻早已不是什么新鲜事。乐乐自己也觉得是吃坏了东西才腹痛、腹泻，没有必要去医院检查。

后来尴尬的事情发生了，除了腹泻以外，乐乐的肚子还总是咕噜叫。在课堂上，肚子发出的声音会被老师讲课的声音掩盖，但是在安静的自习课上，肚子突然发出响声，使乐乐顿时无地自容。乐乐心里非常清楚，肚子叫绝对不是因为饥饿，即使他在课间刚吃完零食，肚子还是会发出咕噜声，但是自己趁着双休日在家里放松的时候，即使只吃一顿饭，肚子也不会发出响声。

面对这奇怪的肚子响声，乐乐心里充满了问号。

乐乐的腹痛、腹泻可能是由不良的饮食习惯与压力的共同作用引起的，而“肚子咕噜叫”这一现象叫作腹部鸣响，腹部鸣响通常是压力的产物。在高三繁重的学习任务之下，压力就像一张大渔网将我们这些小鲤鱼紧紧缠绕：有的鲤鱼焦躁不安，想要撞个鱼死网破；有的鲤鱼放弃思考，在鱼群中随波逐流；也有一些鲤鱼还没想好怎么做就被渔网割得满身伤痕。

除了胃部的反应，我们身体的其他器官也会被“压力渔网”割伤。从外部看，皮肤病、黑眼圈、皱纹等都会在压力大的时候找上我们，如果你原本就有这些症状，压力会使它们变得更加严重。我们的头发也与压力关系密切，如果长期处于高压环境中，头发会变得干枯、暗淡，同时压力会影响头发的生长周期，使掉发更加严重。此外，长期生活在巨大的压力之下还会引发头痛、焦虑、惶恐等症状，严重影响我们的身心健康。

那么，乐乐的这一系列身体症状由何引发，他的压力源是什么呢？

观察后我发现，乐乐的压力源非常多，并不是如他父母想象的那般，只是因为高考。学习和升学竞争带来的压力最多占据他全部压力的一半，另一半则来自家庭和学校。

他的父母经常关上他的卧室门吵架。妈妈前一刻还端着水果和牛奶走进他的房间，关心他的学习，转身关上门就开始家庭大战，可是人在怒气正盛的时候会不自觉地拔高音量，关门也隔绝不了声音。父母的吵架内容乐乐都听得一清二楚，每次他们吵架都会提到乐乐，有时妈妈会斥责爸爸不够关心孩子的学习，有时他们吵得激烈还会说：“如果没有乐乐，我早就和你离婚了。”乐乐性格内向，心思也很敏感，他知道父母的争吵大多数都与自己没有关系，但是依然会把导致父母吵架的原因归咎于自己。

另外，父母在他身上寄予了很高的期望，如果他高考失利，一直以他为骄傲的父母就会失望。父母还经常在亲友面前夸赞乐乐，乐乐一路走来享受着各种掌声，如果他失败了，父母就会“折面子”，亲友肯定也会以他为谈资，认为他是因为太骄傲而发挥失常。乐乐不知道该怎样面对这可能发生的一切，这些来自父母、亲友的压力加重了他的高考压力，让他在未知的高考面前手足无措。

学校里也处处透着紧张的氛围，各种各样的宣传标语、老师焦急的督促、同学之间的竞争都压得他喘不过气来。乐乐有一位关系要好的朋友，这位朋友的学习成绩与乐乐相差无几，两人都名列前茅，但是乐乐偶然看见他把刚买的习题册的封皮撕掉了，乐乐问他买的是什么，他说那是别人送的本子，封皮有些破损所以就撕掉了。乐乐没有再追问下去，觉得撕掉习题册的封皮是别人的事情，自己不应该管，但是朋友想方设法地瞒着他，还是令他感到非常不舒服。

种种原因累积在一起，令乐乐感到非常痛苦。

总结下来，我们在高中阶段的压力源大致可以分为六大类：

一是来自学习的持续性压力。它伴随我们整个高中阶段，适度的学习压力可以使我们高度集中注意力，保持专注的学习状态，但是过度的压力则会让我们焦虑、烦躁，导致学习状态不佳。压力就像一块未知的晶体，可能是蜜糖，也可能是毒药。

二是竞争压力。人们把高考比作“千军万马过独木桥”，足以看出高考的竞争有多么激烈。乐乐的朋友撕掉习题册封皮这一举动，或许就是激烈的高考竞争压力促使的。

三是家庭压力。父母对我们情绪的影响远比我们想象的更大。早晨我们迎着阳光从家中出发，晚上结束一天忙碌的学习回到家，可以说与父母的相处时间是我们一天的起点和终点。如果吃早餐时与父母发生口角，那么接下来的一天，无论我们是气愤还是懊悔，都会心不在焉；如果放学后在家中和父母发生冲突，就会影响我们的睡眠状态，晚睡、失眠、通宵都会使我们第二天精神不振。

四是挫折。我们会因为重要考试的失利而精神萎靡，当我们为下一次考试复习的时候，就会感到压力倍增，担心自己再一次失败。此外，他人对我们的否定也会使我们压力增大，令我们怀疑自己，认为自己一无是处。

五是过度追求某种东西造成的压力。比如有些人为了学习废寝忘食，甚至一天只睡两三个小时。他们付出了比常人多几倍的努力，会更担心失败，面对的压力也是常人的很多倍。

六是面对不可抗因素的压力。比如意外、疾病、天灾，我们无法控制它们，但是它们会对我们的生活造成难以估量的伤害，由此产生的无力感就像一块大石头压在我们的心上。

面对各种各样的压力源，我们该如何应对呢？

首先是宣泄。把自己正在烦恼的事情说给信任的人听，如果害怕别人不能保守秘密，我们可以在纸上写下来，然后存放好或者定时销毁；找一个空旷无人的地方大喊也是不错的选择。

其次是不要被“坏话”和“坏事情”绑架。面对讨厌的人或事，我们可以适当地“以自我为中心”。生活是自己的，他人的评论不过是过眼云烟，我们何必被云雾遮挡眼睛、影响心情呢？每个人都会经历好事情和坏事情，如果今天很糟糕，明天或许就是一个幸运日；如果我们这一次考试失利，只要不放弃努力，下一次或许就会“考的都会，蒙的都对”。

我们可以把注意力放在那些“坏日子”中的“小幸运”上。比如今天我的考试成绩出来了，但是我的成绩非常不理想，这时我的好朋友过来安慰我，我的一天就是很幸运的；或者虽然我的朋友没有安慰我，但是我在放学回家的路上看见了一朵七彩的云，尽管它只是一个偶然的物理现象，但我能够遇到它，欣赏它的美，我就是一个很幸运的人。

如果你的压力让你感到喘不过气来，那你就暂时忘掉它，做点自己感兴趣的事情。看一场期待已久的电影，开始一场说走就走的短期旅行，或者干脆什么都不做，躺在床上好好睡一觉，也许你就是下一个在梦中发现苯分子结构的凯库勒。

关于减压还有很多种方法，如运动减压法、购物减压法、幽默减压法等。如果你感到压力巨大，那就去做一些喜欢的、能让你感到快乐的事情吧，生活终将会被一阵名为“快乐”的风吹得云开雾散、雨过天晴。

人生路上充满压力，愿你能拥有源源不断的活力，飞得更高、更远，活得更快乐！

不要养成拖延的习惯

每到寒暑假，制订好学习计划却又没有按时完成的你，是不是每天晚上都会对自己说一句“明天一定完成目标”？结果日子拖着拖着就临近开学日期。我们本想在长假的前半个月就写完作业，结果迫不得已要在开学的前几天拼命写作业才能按时交上去。

可惜追悔莫及，熬夜写作业的我们不禁长叹一句：“时间都去哪儿了？”

时间似乎有生命一般，它看着我们整日沉迷于打游戏、看视频、吃美食、睡觉，只能默默叹息着离去。快乐的时光总是短暂的，快乐过后我们往往要付出更多的精力，不眠不休地写作业来支付快乐的代价。

我们悔恨、自责，下定决心痛改前非，但在下一个长假时依旧改不了拖延的毛病，一次次地重复“痛并快乐着”的感受。

看到这里，你有没有想起开学前的某天夜里，有一个少年坐在书桌前：胳膊肘撑在桌子上，手托着脑袋，一歪头就失去支撑，从瞌睡中惊醒。醒来低头一看桌上的作业本，上面的文字有的团在一起，似一团乱麻；有的笔画分离，像满天星斗；更有部分笔触像弯弯曲曲的绳子，时而打结画个圈，时而“斗折蛇行”，在纸上流畅地划过。

第二天清晨，疲惫的少年洗漱完毕，对着镜子做了一个搞怪的表情。镜子里的你回以同样的表情动作，定睛一看，昨晚那个可怜的赶作业的少年就是你自己。

小林就是这样一个“拖延症男孩”，从上小学开始，他就从来没有

按计划完成过假期作业，总是要拖到开学前才写完，有时甚至要拖延到开学后一周左右才能补齐。

拖延成瘾的小林并不是一个成绩不好的学生，他的学习成绩排名一直游走在班级里中等偏上的位置。面对平时的作业和学习任务，小林总是用最快的速度完成。在生活中，每次父母叫他帮忙做些事情，小林也能完成得又快又好。他的拖延症似乎专门针对寒暑假作业，每到放长假时，他就会不自觉地忘掉自己的决心，丢弃“不写完不能玩”的誓言。

小林为此很苦恼，看着其他同学开学前抓紧时间打球、聚会，他的心早已经飞到了篮球场，人却只能被关在房间里整日写作业。

像小林这样的“拖延症患者”在人群中非常普遍，尤其在高中生群体中更为常见。我们或多或少地都会有这样的困扰，往往压力越大，我们的拖延症就越严重。

我们对推迟计划的后果心知肚明，知道这样做会使我们陷入困境，一个又一个麻烦会接踵而至，但是我们没办法调整自己的行动，仍然将要做的事情不断延期。

这里有一个误区，拖延症和“最后一刻完成任务”的习惯总是很容易混淆。如果你能够按计划在最后一刻完成任务，那就不是拖延症。这种情况下，我们可以很好地进行自我调节，只是不想完成得太快。拖延症则是自我调节失败，会不断地超出计划时间，比如小林，在超出写完作业的计划日期后，他还会继续拖延到开学，最后拖延至开学一周后，老师要求交作业时他才勉强写完。更直观的差别就是拖延症会影响我们后续的学习计划，而“最后一刻完成任务”的习惯则不会影响我们之后的计划安排。

我们可以根据这些区别来分析自己究竟是不是真正的“拖延症少年”。

如果你符合拖延症的特点，并且像小林一样深受其害，不妨和我一起走近拖延症，探索拖延症的秘密。

导致拖延症的原因有很多，大体可以分为两种：个人性格与恐惧。

我们都觉得那些总是拖延的人非常懒惰，实际上，确实有一部分人的拖延症源于懒惰的性格。他们总是“懒得做”，日复一日，懒惰使他们的任务不断延期，并且他们常常处于一种“躺着焦虑”的状态，即越懒惰越不做事，越不做事就越焦虑。他们在焦虑情绪的影响下变得心烦意乱，只想躺下休息。

第二类原因就是恐惧，每个人恐惧的东西都不相同，大致可以分为四类：恐惧失败、恐惧成功、恐惧不完美、恐惧未知的事物。

恐惧失败的拖延者会认为：“如果我拖延下去，那么我做出来的结果就是仓促而就的，没有发挥出我的全部实力，我实际的能力远比我表现出来的更强，所以我就是非常不错的潜力股。”这很像鲁迅先生笔下的阿Q精神，不断地自我陶醉、自我安慰。

恐惧成功的拖延者则会认为：“如果我这一次把任务完成得非常好，那我下一次可能就无法达到这样的成功，下一次不成功的话，我的名声就会受损，并且其他人看见我的成功可能会嫉妒我、排挤我、孤立我。”在这种情况下，这一类拖延者不只会拖延，还会焦虑，甚至会产生被害妄想。

恐惧不完美的拖延者是因为过度追求完美主义，他们会担心事情做得不够好，总想准备得更好、更全后再去做，或者等一等再做，想把事情做得尽善尽美。但是越追求完美，需要做的事情就会越多，任务量逐渐增加，从而需要更多的时间完成任务，他们不得已就开始拖延了。

最后一种类型是恐惧未知的事物的拖延者，比如我们在做一项很重要的调查时，突然遇到了麻烦，因为害怕无法掌控接下来发生的各种意料之外的状况，我们就会拖延，不想再继续这项调查。

造成拖延症的原因很复杂，除了这两大类型之外，还有很多特殊原因。比如享受拖延，喜欢在延期后的短时间内迅速完成任务带来的快感与成就感；再比如不喜欢被别人安排任务，讨厌被人支配的感觉等。一个人做事拖延的原因可能有一种或几种，想要改变拖延的习惯就要对具体情况进行具体分析。

以小林的“寒暑假作业拖延症”为例。首先，作业量太大令他望而却步；

其次，因为个人的懒惰，沉迷玩乐的小林总是会在应该做作业的时候出去和朋友们打篮球；最后，也有恐惧的因素，小林越是担心自己无法按计划完成作业，就会越拖延，一边玩一边焦虑，有做作业的想法，却没有做作业的行动。

拖延看似不可怕，毕竟迟迟完不成任务并不会伤害他人或伤害自己，看起来比较安全，可是我们不能被拖延的外表所蒙蔽，与拖延相伴而行的往往是焦虑和抑郁。重度的拖延症往往会伴随严重的焦虑，这对我们的身心健康与安全是非常不利的，我们一定要保持警惕！

那么如何摆脱令人痛恨不已的拖延症呢？

第一，我们要有克服拖延的信心。

很多同学都会在长假第一天醒来时信心满满，在心底暗暗发誓“这次我一定能迅速在十几天内完成作业”。可是，当我们从书包里拿出一本又一本的习题册，看着书桌上堆成小山的作业，信心瞬间就丧失了一大半。等到晚上，看到自己努力了一天却只完成了一点点内容的时候，信心所剩无几，大脑中仅剩一句“我写不完了”。这时我们最好换个角度思考一下，假设我们努力了一天，完成了5%的作业量，我们就不要把注意力集中于还没有做完的95%，而是要鼓励自己，还有十九天就可以完成全部的作业了。

为了增强信心，我们可以按照“低目标，高行动”的方式逐步进行改变。比如我们每天在正常状态下可以完成4%的作业量，那么就可以把标准线定在每天完成3%的作业量。这样一来，不出意外，我们每天都可以超额完成任务，这将给予我们成功的满足感。之后再逐渐提高标准线，满足感可以使我们满怀信心地前行，冲击更高的标准线，也可以帮助我们在面对其他的困难任务时，不会因为任务太多、太难而中途放弃。

第二，我们要接受任务，接受那些令我们恐惧的事物。

成功或失败、完美或欠缺、简单或困难，这些都是我们生活中一定会面对的，我们无须在意他人的褒贬，更不必对自己处处挑剔，使自己缩手缩脚，不愿、不敢行动。生活是自己的，学习任务也是自己的，无论是老师、父母逼着我们做题，还是我们自己心甘情愿地学习，任务本身没有对错。我们不断拖延，最后学不到知识时，我们就会发现被坑害的人只有自己。

第三，约束自己，强化完成任务的动机。

我们每个人都是自己的知己，比任何人都清楚该如何控制自己享乐的欲望，既然我们能控制自己拖延时间不去学习，那么，为什么不能控制自己不去打球、不玩游戏呢？自我约束最简单的办法就是设定奖励目标，只要我们能完成任务、不拖延，就可以去做自己喜欢的事情。比如，小林和父母约定“保质保量地完成学习任务就可以出去打球，而不是去上不喜欢又没有效果的补习班”。那么，小林完成任务、不拖延的学习动力就会得到强化，拖延习惯也就可以得到改善了。

总而言之，适度地放松可以让我们调整状态，但是过度放松、整日拖延则对我们百害而无一利。如果你在学习中也有拖延的问题，就赶快行动起来，制订一个改造计划吧！

找到适合自己的学习方法

无论你的学校位于南方还是北方，无论你的学校规矩繁多还是崇尚自由，你都会参加“表彰大会”“总结大会”“动员大会”等各种各样的大会。接下来的这句话你或许也很熟悉：“下面，我们有请在本次大联考中取得全市第一名的某某同学，分享他的学习经验！”

此时，台下一个个昏昏欲睡的同学顿时恢复了青春活力，有的人开始打起精神，聚精会神地听第一名的同学分享学习经验，有的人一边听一边思考自己的学习方法和第一名的有哪些差别，也有一些人为终于进行到大会最后一个项目、马上就可以散会而欣喜若狂。

第一名的学习经验就像宝藏一般吸引着我们，但如果这些不属于我们的“珍宝”被我们直接拿来套在身上，可能就变成了无用的废弃品。我们相信那些成功经验，却忘记了与自己的实际情况相结合，一味地套用不适合自己的学习方法，往往会适得其反，比如下面这位晨晨同学。

晨晨很喜欢在网络上收集各种各样的学习经验分享帖，她会对收集到的学习方法进行整理，然后汇总到一张纸上，作为自己的学习方法。这些方法看似汇总得科学又合理，晨晨的学习成绩却在缓慢地下降。

“我找的明明是那些考上一流名校的学生分享的经验，为什么这些对我的学习没有帮助呢？”晨晨对此困惑不已。

其实，她正是走进了盲目套用学习方法的误区。学习方法的作用各不相同，有些是为了巩固基础，有些是为了锻炼解决难题的能力，有些是为了锻炼运算能力，有些是为了锻炼逻辑能力……每一种方法都有其适合的学科和学习阶段。晨晨把各种学习方法叠加起来，不但没有利用好它们的精髓，反而把自己的学习计划打乱了。

这种情况主要是源于一种“安全心理”，我们会不自觉地相信权威人士，觉得按照他们的方法做事会更加保险。比如有一位考上清华大学的学长回母校分享自己的学习经验，与一位精心钻研各种学习方法却来自普通大学的学长相比，我们显然更愿意相信前者，哪怕是盲目地照抄照搬，我们也坚信这些方法一定会对自己的学习有帮助。

事实上，学习方法没有绝对的好坏。比如为了背单词把一个词抄写三十遍，对于记忆力好、背单词快的同学而言，这个方法就很浪费时间，但是对于背东西较慢的同学来讲，反复抄写则是非常有助于记忆的一种方法。

简而言之，我们判断一种学习方法是对是错的唯一标准，就是看它是否适合某些人，是否有助于他们的学业。

我们判断自己的学习方法好坏的标准也一样，思考一下它究竟是否适合自己、能否帮助自己学好课程，如果无法满足这两点，哪怕是专家学者亲自为你制订的学习方法也是无用的、糟糕的。

后来，我发现晨晨有很严重的偏科情况，便与她一起按照她的成绩情况和知识基础调整了各科目的学习方法。在这里我以英语、历史、数学这三门比较典型的科目为例，接下来就让我们一起体会如何制订一个适合自己的学习方法。

首先，从晨晨最擅长的英语开始。晨晨的词汇积累非常好，她每次英语考试都是一百三四十分的好成绩，失分点主要在作文题与阅读理解题上，所以英语的学习方法就是：每天做两道高考模拟试卷中的阅读理解题，做完题注意归类，分成主旨大意类、故事细节类、根据文章简单推理类等几个大的类别，定期对做完的题目进行总结反思，揣摩出题者的考察意图。词汇积累主要依靠学习阅读题中的生单词就足够了，作文题也无须刻意地练习，可以在阅读题中积累好的词组、句式，在考试中灵活应用。

其次是历史，如果将擅长程度比喻成六级台阶的楼梯，那么历史就不偏不倚地居于晨晨科目楼梯中的第三与第四级阶梯的交界处，像是天平的支点一般停在擅长与不擅长中间。高中历史可以按照2×2×3分为“古、今×中、外×经济、政治、文化”共十二个部分，在这十二个部分中，我们难免会主观地把它们分为有趣的部分和无聊的部分。晨晨喜欢我国古代繁华且开放的开元贞观、四海来朝的永乐盛世，也喜欢西方古希腊的神话、中世纪的魔法传说，所以她学古代史部分时上课兴致勃勃，学习近现代史时却总是打瞌睡。

针对这个问题，我们主要的任务就是培养兴趣，改掉上课打瞌睡的坏毛病。

如今有许多优秀作品让历史走出了书本，使历史变得更加生动，比如纪录片《大国崛起》《中国近现代史影像纪实》，这两部纪录片对我们学习历史都是十分有益的。如果觉得纪录片比较平淡，那么不妨看一些优秀的、讲述正确历史的影视或动漫作品。当我们在屏幕上看着在巴黎和会据理力争的外交官，看着1937年躺在死人堆里大哭的婴儿下一秒就停止了呼吸，看着十二三岁被灌输法西斯思想的德国少年抱着枪永远沉睡在异国他乡的战场上……观看时眼角滑落的泪水会令我们在上历史课时变得无比清醒。

最后是排在晨晨科目楼梯最底端的数学。数学似乎是所有擅长学文科的同学最惧怕的科目，晨晨总觉得数学老师像极了催眠师，黑板上的几何图形、坐标系、数学符号就像有魔力一样带领她一次又一次地进入梦乡，而长期上课睡觉使她的数学成绩非常不乐观，一直稳定在满分的三分之一。

晨晨总是自嘲地说，她的数学成绩好像是命中注定的。每次父母指着成绩单问她什么时候可以像第一名一样数学考一百五十分，她就会笑着对父母说:“可以啊，满分四百五十分的时候，我差不多就可以考一百五十分了，运气好的话还能比一百五十分高出一两分呢。”虽然口中说着自嘲的话，晨晨心中却是五味杂陈：如果能学好，谁又会故意考低分呢?

面对基础最薄弱的数学，我们制订了特殊的“抄笔记”计划，就像高考复习一样分成三轮来进行。

第一轮是抄自己课堂上记的笔记。如果我们课上记的笔记不全，就借其他人的笔记来查漏补缺。做这个笔记的侧重点是详细、基础、通透易懂，一边抄写一边查资料或询问老师，解决自己的疑问，再把课堂上的典型题目记下来，便于理解。

第二轮是抄自己详细的课堂笔记。这一轮在学期末或者高考复习刚开始的时候进行，把详细的笔记简化，去掉那些自己烂熟于心的基础知识部分，先按章节厘清笔记的框架，然后结合自己还不熟悉的内容，与一些更难的题目一起，填充进第二轮的笔记中。

第三轮可以在做完第二轮笔记后立即开始，这一次我们打破原有的笔记结构，按照知识的连续性分成几个大的板块做笔记。比如函数、方程、导数就可以组成一个大板块。从基础函数一直记到导数结束，一些零散的知识可以被归类到一起，专门记录与之相关的小题或二选一的题目。这一步抄笔记可以让我们将知识更好地串联起来，即便面对未知的题目也可以从容选择用哪一部分的知识解答。

调整学习方法后，晨晨的学习成绩有了明显的提高。

其实，找到适合自己的学习方法很简单，只需要注意四点：

一是从自身的学习基础出发，不能好高骛远。

二是要注重培养兴趣。兴趣是最好的老师，可以帮助我们打开心扉、接受知识。同时，培养兴趣的过程往往也是我们劳逸结合、寓教于乐的过程，利用好这个过程会使我们获益良多。

三是在学习过程中发挥自己的优势。学科之间其实是相通的，语文和数学看似毫无关联，实际上二者都需要我们运用一定的逻辑思维能力。如果你可以把作文写得精彩生动、环环相扣，就一定可以拨开数学题中的迷雾，抽丝剥茧，计算出问题的答案。你不擅长的科目成绩不好，或许只是因为你还没找到将其与擅长的方面相连接的办法。

四是找到自己的“最佳时间”。我们总是在各种各样的报道中读到“某时是人最清醒的时候，是背诵知识的黄金时间”，但是我们没有必要严格按照所谓的最佳时间来安排自己的学习。我们可以在早上、午休、课间、放学后或任何时间学习，自己觉得什么时段学习效率最高，就在什么时间学习。还有一些同学总是会听信传言“某某年纪是锻炼某科目思维的最佳时间，错过就难以学好了”，虽然说人脑确实有最佳的发育时期，但是我们在那个特定的年龄未必没有进行相关的锻炼，比如帮妈妈买瓶酱油，老板给我们找零的时候，我们也锻炼了计算能力。总之，不要被各种各样的广告影响自己学习的信心，只要有强烈的学习愿望，那个当下就是学习的最佳时间。

如果你还没有明确的学习方法，不妨现在就动手为自己制订一套各科的学习方法吧！

第3章

成功不是一朝一夕的事

做时间的主人

你是否会在夜晚入睡前，在脑海里做总结，罗列自己在一天里做完了哪些事情？

我们可以在此基础上做一个小测试：事先在枕边放好纸笔，睡觉前按顺序回忆自己从早上起床到夜晚回到床上这一时间段内都做了哪些事情，想到什么就在纸上记下来，并标注该事件从开始到完成的时间，回忆并记录的过程不要超过十分钟，写完就放下纸笔睡觉，不要因此影响睡眠。

当我们再次醒来，仔细探究纸上的内容就会发现：我们的一天看似忙忙碌碌，除去三餐琐事，实际上完成的任务却很少，而且有一些事情第二天再回想就已经没有什么印象了。

我们每个人每天都有二十四个小时可以支配，有的人跟着时间走得不慌不忙，有的人却追着时间跑得手忙脚乱。早晨，我们睡眼惺忪地洗漱完毕，吹着晨风赶到学校，为了多睡十分钟连吃早餐的时间都没有。当我们走进教室，教室里已经稀稀拉拉地坐着十几名正在做题的同学，他们头发梳得工整，校服整洁干净，做题时聚精会神，与匆忙跑进教室的我们形成鲜明对比。

我们在有限的时间里像只陀螺一样，一刻不停地旋转，转到最后却晕头转向，记不清自己做了些什么，或者记得做过的事，但又不是什么重要的事情，于是第二天就忘记了。

我们羡慕那些高效率的同学，也渴望变成优秀的时间管理者。那么我们的时间究竟该怎样安排，才能做到高效且有条不紊呢？

去年“十一”假期的时候，我在一个交流平台上看到这样一个问题：控制不住自己熬夜怎么办，我是不是有什么心理问题？

提问者是一个叫可可的女孩，她熬夜的情况已经持续了半年，每天过了凌晨一点才能入睡。最初是因为作业太多，做完作业以后还有很多额外的练习题要做，时间紧，任务重，可可无法完成如此大的任务量，只能压缩睡眠时间，用更多的时间来完成任务，从此就养成了熬夜的习惯。

上学期间，可可每天凌晨一点钟收拾好书包，之后洗漱关灯，躺在床上还要胡思乱想半个多小时才能入睡。第二天早晨六点就要起床，四个小时左右的睡眠让她的精神状态变得非常糟糕，上课打瞌睡、注意力不集中、思维迟钝等各种各样的问题全都找上门来。她的学习成绩几乎是直线下降，从班级中等滑到了倒数。

因为上课状态不佳和成绩下降，老师经常找她谈话，父母也总是与可可吵架。他们认为一直以来都是“乖乖女”的可可没有理由无端地变成一个学习不好的学生，怀疑她是因为早恋影响了学习。寻找早恋对象无果后，他们又怀疑可可是在网恋，为此父母总是偷偷地检查可可的手机。

可可知道父母在监视自己，但是她没有解释，觉得让父母就这样怀疑下去也不错，总比告诉父母自己是个从早学到晚也学不好的笨蛋要好。

但是熬夜造成的影响远不止于学习方面，它还严重地影响了可可的生活。暑假的时候，由于劳累的假期旅行和大量的暑假作业，可可每天依旧是凌晨入睡，并没有在意作息时间的问题。到了“十一”假期的时候，可可突然意识到了问题的严重性，想趁着假期补觉，大脑却像上了发条的倒计时钟表，无论她怎样辗转反侧、数绵羊，不到凌晨一两点钟就是睡不着。

当熬夜成为习惯，生物钟一旦形成就很难更改，可可的一切烦恼究其根源都指向四个字——没有时间。

因为没有时间做题，熬夜就成了家常便饭；因为熬夜导致精神不振，学习成绩就开始下降；因为成绩下降，她就要做更多的题。时间有限，要做的题越多，睡觉的时间就越少……这一系列的因果循环让可可饱受折磨。

我们每个人每天拥有的时间都是同样多的，为什么有的人可以快速完成学习任务，有的人却完不成任务呢？

我们可以回想一下自己学习时的状态，回答以下三个问题：面对堆成小山的作业，你先做哪一科目的哪一项作业？完成它是否会带给你成就感？这项作业中的题目，老师会在什么时候讲解，是否紧急？

如果你觉得自己的时间不够宽裕，那么，你通常会在做作业时先选择简单的、擅长的科目做。因为这些科目不仅做起来得心应手，还能够让你在很短的时间内完成，带给你很大的成就感，但是这项作业往往是不紧急的。

很多时候我们知道要分清学习任务的轻重缓急，做起来却是另一回事。写作业主次先后分明固然重要，但是先做简单的，一条一条地划掉作业清单上的任务，显然更让人愉悦。哪怕十项作业中剩下的两项比已完成的那八项加起来还要多，我们也更愿意先做完清单上“看起来更多”的那部分。

我们可以尝试利用某些时间管理法则来应对这一问题，比如“帕累托法则”和优先工作制。

所谓“帕累托法则”，又名“二八定律”，即在一组事物中，重要的部分只占据20%，其他的部分虽然占比有80%，却还是处于次要地位。比如我们的作业清单上有十项作业，两项最重要的任务占据了整个学习任务的80%，余下的八项任务并不重要，并且只占据了任务量的20%。而我们总是把目光放在看似多的一方上，实际上却看错了方向，我们真正应该集中精力优先处理的是看似少、实则更重要的两项任务。

除了“帕累托法则”，先做重要的任务也是优先工作制的精髓所在。这一方法要求我们将每天要做的事排序，按照由最重要到次重要的顺序从1排序到

6，排序完毕后，从事件1开始逐个完成。这样一来，我们就不会本末倒置地优先做那些不重要的事情。当然，在实际学习与生活中，我们不必严格按照1至6的排序，我们可以根据学习任务的数量与自身实际情况对事件清单进行增减。

我们利用这些法则可以更合理地安排学习任务，高效地利用每一分钟。

可可的熬夜状况也可以通过这些方法改善，她的误区主要在于超负荷学习、生物钟改变、学习计划不明确。很多同学都有相同的困扰，熬夜就像黏人的孩子，今天你熬夜到午夜十二点，明天这个“孩子”就想让你再多陪他一会儿、再晚一点入睡。我们的学习与生活就在晚一点、再晚一点中变得越来越糟糕。

首先，我们应该将目标单一化，依据时间管理法则将自己的学习任务按照顺序执行，每一个时间段该做什么就认真去完成。在完成某项学习任务的过程中，不需要思考还剩下多少项没有完成，更没有必要因此而分心。我们总是一边做事，一边为还没有完成的任务而担心，这种焦虑的状态不但会降低我们的学习效率，还会影响我们思考题目，阻碍学习进程。

其次，我们要学会灵活地面对学习任务。我们可以在做计划的时候，留一部分休息时间，这段时间可以用来调整计划，也可以用来应对计划之外的状况。比如在做题时，我们突然发现这道题需要查很多资料，但是我们的计划中并没有查资料的时间，那么这道题就可以在休息时间完成。此外，如果我们感到疲惫，就可以在休息时间做一些伸展运动，离开书桌站一会儿或者躺下放松，张弛有度的学习也能提高学习效率，能够消除久坐学习带来的疲惫。

最后就是量力而行，无论时间是否充足，身体健康永远是最重要的。如果学习任务已经超出了我们的负荷，就不要强求在一天之内完成。我们可以适当地对学习任务进行调整，但是不要轻易改变自己的生物钟。假设某一科目的老师说，作业上有几页练习题下周要讲，让我们尽快做完，我们就可以把这几页习题平均分摊到这周余下的几天里，先做完明天、后天要讲解的题目，而不是像可可那样，为了一天内完成所有任务而牺牲睡眠时间。

我们总是信奉一些励志名言，比如鲁迅先生的名言：“时间就像海绵里的水，只要愿意挤，总还是有的。”但是鲁迅先生还说过一句：“凡事总需研究，才能明白。”我们总是盲目地听信广为流传的第一句名言，傻傻地踩在海绵上挤时间，仿佛熬夜挤出来的时间才更像是听从我们号令的仆人，表面上看代价是睡眠，实际上是我们的健康。看上去是我们在支配时间，然而在每一个辗转反侧的夜晚，我们就会发现自己才是时间的奴隶。

一味地挤时间显然是错误的，想要做时间的主人还需要自己亲身研究，才能掌握支配它的方法。

调整心态往前冲

我们总是在考试后抱怨，如“题目太难了，做题做到心态爆炸”，但是你对自己的“心态”究竟了解多少呢？

我们每个人的心理承受能力都不同，面对同样一件事会有不同的反应。比如当我们考试失利被老师当众批评时，有的同学从此对老师怀恨在心，无论老师做什么都觉得他是在针对自己；有的同学则会感到非常难堪，从此害怕被老师点名，每次站在大家面前就会紧张；也有一部分同学会理解老师的做法，觉得老师当众批评自己是因为他“恨铁不成钢”。

这些不同的反应对应着不同的心态，乐观或悲观、友善或敌对、直面或逃避……

心态的差异往往还会导致事件结果的差异，好的心态就会把事情向好的发展方向想。向好的方向努力自然就很可能得到想要的结果，反之得到的就是坏的结果。

小雅就是一个心态较差的女孩，每次发生什么事情都认为是他人在针对自己，或者觉得是即将发生坏结局的预兆。

比如在课间休息时，课代表抱着一摞试卷走进来，其他同学讨论的是：“前两天刚考完试，为什么今天还要考？”小雅想的则是：“前两天考完试，复习的内容已经忘记了好多，今天我没有复习，不是最好的状态，肯定要考砸了。为什么他们看到卷子还能有说有笑的，肯定都是有备而来，可能他们早就知道了要考试的消息，我该怎么办呀！”

后来小雅在突击考试中取得了不错的成绩，被老师点名表扬，同学们为她鼓掌，周围的几名同学更是对她投去羡慕、赞叹的目光。面对这些小雅会感到高兴、有成就感，同时她也会思考很多问题：“他们夸奖我是发自内心的吗？会不会私下里说我考试前的紧张焦虑是伪装出来的？万一我下一次考砸了怎么办？他们会不会瞧不起我，说我骄傲自满？”

这些假想出来的“坏事情”令小雅烦恼不已，她总是纠结于此，上课的状态也受到了影响，她甚至还会因此失眠。

这些不良心态的根源就藏在小雅的性格中。她是一个很内向的女孩，有些自卑，脾气又有些暴躁。这三个词看起来似乎难以联系到一起，但从小雅的经历来看，这些特点之间并不冲突。小雅的家庭关系很不和谐，在她小时候，父母就经常吵架，随着时间的推移，父母的矛盾日渐升级，他们甚至会毫不避讳地在小雅面前扭打在一起。小雅在这样的环境中长大，脾气自然变得暴躁，父母吵架的时候她会感到愤怒、烦躁，甚至摔东西泄愤。而小时候父母吵架给她带来的无助和恐惧感又使她封闭自己，越来越不愿意与他人交流，变得内向且自卑。

不良的心态不只影响她的学习与睡眠，还使小雅对自己要求过于苛刻，不断地责怪自己。

比如某一次大型考试公布了成绩，小雅的成绩非常不错，只有数学这一科目发挥失常，成绩很不理想。本是其他同学羡慕的成绩和名次，小雅却还是责怪自己考得不好。数学老师在讲试卷时说了一句：“我们班这次数学成绩都不太理想，高分的不高，低分的又太低，平均分被其他班落下了一大截。”小雅听得如坐针毡，她觉得是由于自己发挥失常拉低了班级的数学平均分，给老师带来了烦恼，她因为这件事焦虑了很长时间。

小雅还逼迫自己做更多的练习题提高成绩，有时做着做着就如同走进了迷宫一般找不到思路，她就会愤怒地摔书、扔笔。

小雅认为自己的做法并没有什么问题，她觉得那些所谓的“心态好的人”是在为做不好事情找理由推脱，是懒惰与无能的代言人。

我们用不同的心态面对事件时，自然就会产生不同的想法，我们的学习、社交、家庭生活等各个方面都会受这些想法的影响。正因如此，小雅从小到大没有结交一个好朋友，有的同学觉得她太过孤僻，想要接近她、帮助她，但是小雅的古怪脾气和行为让他们不得不远离小雅。在同学们眼里，她是一个特立独行、生人勿近的女孩，偶尔还有些高傲；在父母眼里，她又是一个孤僻、冷漠、脾气暴躁的叛逆女儿。她就像长满了尖刺的仙人掌，将接近自己的人扎得遍体鳞伤，也令她在夜深人静时因那些难过或失意无人诉说而感到孤独与无助。

小雅也想和他人好好相处，但是她很难做到，她总是感到烦躁、焦虑，觉得别人在嘲笑、辱骂自己，并且还很悲观。面对考试或者与他人争吵时，小雅最先想到的就是最坏的结果，比如考试失利被同学嘲笑、被老师批评，或者与人争吵时矛盾激化就此绝交。

看着小雅烦恼不已，我给她讲了另一个故事。

我读高中的时候班级里也有这样一个女孩，她叫小贝。小贝脾气暴躁、敏感易怒、心态悲观，还常常顶撞其他人，或者总是说些揭人伤疤的事情。班级里大多数同学都不喜欢她，后来还有些女孩孤立她。

在这样的环境下，她的心理状态非常差，她有时会情绪失控，趴在课桌上号啕大哭，还总是说一些悲观厌世的话。但是她很幸运，或者说小贝和另一个孤僻的女孩很幸运，她们逐渐熟悉起来。她们一个和同学难以相处，一个和家人矛盾尖锐，两个人互相倾听彼此的烦心事，心态渐渐改变，那些悲观厌世的想法也消失得无影无踪。

其实这就是一个调整心态的好办法——倾诉与倾听。

倾诉对象可以是专业人士，比如学校的心理老师；也可以是你信赖的人，比如亲友师长。就像英国的谚语所说的：“分享快乐，快乐就会变成双倍的；分享悲伤，悲伤会减半。”我们把不开心的事情用语言描述出来，这个过程就是一种宣泄。如果我们的倾诉对象也有着类似的困扰，两个人互相分享、互相倾听，就能从彼此的经历中收获更多的思考，或许两个人就能互相扶持着走出阴霾。

如果没有找到合适的人做倾诉对象也不必担心，我们在这个过程中最需要的是宣泄与陪伴，一盆绿植、一个毛绒熊玩具、一只小动物同样可以倾听我们的烦恼，陪伴我们度过孤单的时刻。

小雅在身边找不到可以信赖的人，她没有关系好的朋友，更不喜欢和老师、父母谈心，后来她去流浪动物救助站领养了一只奶牛猫。有了小猫的陪伴，小雅脸上的笑容逐渐多了起来。

小雅说：“我难过的时候它会蹭我的腿，乖乖地陪着我，那一刻我觉得这个世界也没有我想象得那么糟糕。”当我们能够发现世界的美好时，就意味着我们在生活中也拥有了美好。

想要拥有并保持良好的心态，除了要发现美好，还需要自我疏导。遇到那些令我们愤怒、暴躁的事情时，先做几个深呼吸，冷静一下。带着不良的情绪去处理事情或者面对他人，只会让我们一时冲动做出后悔的事情。

当我们开始有糟糕的想法时，比如觉得他人在窃窃私语、嘲讽自己，我们可以想想其他的原因。或许他们只是因为讲自己的秘密才低声私语，或许他们是在讨论其他的人或事，又或许他们确实是在讨论你，内容却是说你特别优秀、令人羡慕。我们不能囿于最坏的结果，所以最好接受那个中性的结果，告诉自己他们说的不是自己，他们在讲其他的事情，与我们无关，然后幻想着事实是那个最好的结果。这样一来，围绕我们的就是一些“不好不坏的事情”和“好事情”，心态自然就会变好。

那么，面对已知的“坏事情”，我们又该怎么做呢？

假设你已经知道有一个同学在散播谣言，说你考试作弊。如果你的心态很差，你就会受到严重的打击，讨厌他、讨厌学校，无心学习，迫不及待地想和每个同学解释自己没有作弊。结果下一次考试考得很差，这个同学又开始造谣说：“我没说错吧，他不作弊就只能考成这样。”长此以往，你的成绩越来越差，心理状态也很糟糕，甚至可能因此抑郁。但是不要忘了事实，我们没有做不好的事情，为什么要被造谣的人影响心态呢？在下一次考试中证明自己的清白，在所有人的注视下考个好成绩，谣言岂不是不攻自破？

想要做到后者，就需要一点自信加持，它能让我们成为孔夫子口中的君子，达到“人不知而不愠”的境界，使我们的心态更加乐观。

就让我们在宣泄、倾诉、寻找美好、自我疏导与自信中成长，做个内心强大的少年吧。

凡事量力而行

有时候我们很想拒绝某项无法完成的任务，但是看着他人期望的目光，那一句“我不想做，我做不到”就像卡在了喉咙里，说不出来；有时候我们会面对一项极具诱惑力的任务，只要完成它，我们就能获得荣誉、利益和他人的羡慕、赞叹，我们很清楚以自己的能力水平并不足以完成它，但是为了得到那些诱人的回报，我们还是选择“拼一拼、搏一搏”，抱着侥幸心理，希望自己能够超常发挥。

这些“不拒绝”与“强行拼搏”的想法本身没有对错，我们很难拒绝一个自己并不讨厌的人发来的求助，尤其当对方是我们尊敬的人、关系好的人，或者我们对对方感到亏欠时，我们答应他请求的可能性接近百分之百。

假如班级里有一个同学曾经在下雨天借伞给你，你又很想和他做朋友。有一天，老师给你们学习小组的五六个同学布置了小组作业，而那个同学说自己很忙，没时间做小组学习任务，请求你帮他完成他的那部分任务。面对他祈求的目光，你会不会答应他？

显然，我们不会拒绝他，并且会回复一句：“没问题，小意思。”我们本可以在放学后尽快完成自己的学习任务，然后早点睡觉，结果却不得不为了做好这份额外的任务熬夜到凌晨一二点。

再如，学校要举办某项比赛，班级里没有人愿意参加。老师将希望寄托在你的身上，鼓励你参加，你知道自己没有办法赢得比赛，但是你依然会应承下来。

这些例子属于开篇提到的第一种类型——“不量力而行”——无法拒绝别

人，但又难以完成好任务，长此以往，我们就会产生强烈的无力感。而当我们的任务完成得不够优秀时，我们还有可能被人责怪，比如“你以前的小组任务完成得都很优秀，为什么帮我做任务时就这么敷衍”，或者“你以前是很棒的呀，怎么偏偏这一次比赛失利了呢？你要是不想参加，当初可以直接告诉我呀”，这些话语会令我们深深地自责或产生不满情绪。这些情绪叠加起来，就对我们的信心造成了很大的伤害，还会打击我们帮助他人的积极性。

第二种类型，就是要从我们自身找原因的“不自量力型”，也就是我们开始所说的“侥幸搏一搏”。“量力”要衡量两种“力”，一种是完成任务所需要的能力，另一种是自己的心理承受能力。

千方百计地抓住机会并不可耻，每个人都有追求更高目标的权利，站上更大、更好的平台才能更好地锻炼自己，我们的能力才会有一个质的飞跃。但如果自身能力太过薄弱，我们尚且没有达到量的积累，又怎么可能让这个能力产生质的飞跃呢？在决定是否参与某项任务的时候，我们应该先问问自己——努力一把是否有成功的机会？如果我们在这一场比赛中失败的概率非常大，那就证明我们连参加比赛需要的基础能力都很薄弱，强行参加、占用名额实属不自量力。

而这种不自量力带给我们的远不止是失败。我们努力争取来的任务或比赛却没有做好，他人难免会有微词，这些流言蜚语对我们造成的打击比失败本身更严重。我们未来哪怕在面对一项自己能够完成的任务或比赛时，也会回想起这些糟糕的经历，它造成的心理阴影会让我们犹豫、迟疑，甚至是自暴自弃。

我一个亲戚家的孩子叫陶陶，他从高一开始就是班长，组织班级活动、装饰班级、誊写小测验的成绩单等大大小小的事情，他都要亲力亲为。高一的时候，学习任务还不是太紧张，陶陶处理这些事情还游刃有余，但是从高二开始，他就逐渐力不从心了，常常为了做完某些任务熬夜到凌晨。陶陶的妈妈为此总是和他争吵，千方百计地劝他推掉班长的职位，好好休息。

其实任务本身并不多，陶陶工作的核心就是充当好指挥者的角色，将任务安排给各个班干部就可以了。问题的根源就在于陶陶的“亲力亲为”，各种大大小小的活动他都要全程参与，那些本应由文娱委员、课代表们负责的部分，统统被他代劳。他自己辛辛苦苦地做了许多事情，其他的班委却并不领情，反而私下抱怨：“陶陶管得太宽，什么都要掺和，千方百计地在老师面前表现。”

这些负面的声音让陶陶烦躁、愤怒、郁闷，但是他又不想辞去班长的职务。

有时候我们做了很多事情，结果却并不圆满。事实上，我们不可能使所有人满意，人们抱有不同的目的就会提出不同的要求。比如被陶陶夺走班委任务的那些同学，他们也需要老师的赞扬，也想要为班级贡献力量，获得价值感，陶陶的做法在他们眼中就是表现欲过强；而陶陶的妈妈只希望他能专心学习，陶陶为了班级事务熬夜，这在她眼中就是“不务正业”；老师们眼中的陶陶则是负责任的好班长，觉得他事事尽心尽力。

其实想要摆脱负面评价和熬夜带来的烦恼也很容易，陶陶只要做到一点——回归自己的本职，做好组织协调工作，分配清楚任务。

陶陶听完我的建议后，问了一个很有趣的问题：“如果我只负责组织工作，不就变成了只说话不做事的甩手掌柜吗？”

很多做班长的同学或许都有相同的困扰，自己做的事情多了会被大家抱怨表现欲强；将任务指派给同学们，又会被抱怨“只说不做”。在这两种情况之间，我们可以找到一条中庸之道，比如帮助老师取书、分发试卷、记录成绩等属于课代表的事情，我们就交给课代表来做，班长只要起到提醒的作用就可以了；如果是大扫除这种工作，我们分配完每个人的任务后，可以帮助不擅长打扫卫生的同学，教他们如何做，而不是分配好任务就搬着椅子到讲台上坐下。应该指挥的时候指挥，需要大家一起完成任务的时候，我们就一起行动，在自己的能力范围内做到问心无愧就可以了，他人的评价并没有想象中的那么重要。

“可有些任务是别人求我帮忙我才做的，如果不是我的本职工作我就不帮忙，那也太不近人情了吧！”陶陶又抛给我一个问题。

这或许是贯穿我们一生的难题，无论是学生还是从事各种职业的成年人，都会被这个问题困扰。人是社会性动物，我们不可能远离尘世喧嚣的生活，更不可能解除所有人际关系，就算是奇幻故事中避世独居的神怪，也有几个偶然来求助的朋友，我们自然也无法避免被人求助的情况发生。乐于助人自古以来就是美德，但是切记在自己的能力范围内帮助他人，并且要分辨对方是否真正需要帮助。有的人只是因为懒惰才请别人帮他做，我们为了帮他而早起晚睡，他自己却在玩游戏、睡懒觉。这种情况下，我们显然是不应当帮忙的。

我一直很欣赏一句话——“帮你是情分，不帮你是本分”。如果我们还有余力并且愿意帮助他人，这自然皆大欢喜；如果我们完成了一天的任务后，疲惫不堪，那我们就应该休息。

我们之所以要量力而行，就是因为超出我们能力范围的那部分任务，我们不可能保质保量地完成。如果我们先做完自己的学习任务，再做其他人让我们帮忙完成的任务，那这部分任务的质量就会很差，很容易被求助者抱怨。如果我们先做完其他人求助的内容，再完成自己的学习任务，那么，自己的学习任务就做不好，还会影响我们后续的听课效率。明知不可答应而应之，对我们百害而无一利。

无论是求助、比赛，还是学习、运动，“量力而行”这四个字我们都应该时刻谨记。今天我们可以为了完成某项活动透支身体，熬夜到凌晨，未来某一天就有可能为了完成更多任务而通宵达旦；今天我们跑了两公里，觉得锻炼有益于身体健康，某一天觉得自己跑得很快，就赶时间跑了四公里、八公里。这些“不自量力”的行为造成的影响，最终都会反应在我们的身体上，身体器官超负荷运转不会令时间加速、使我们一夜间成为成熟的大人，它只会带给我们各种各样的健康问题，让年纪轻轻的我们身体先一步老化。

最后一点就是，量力而行的前提是“量身体状况而行”。在如今快节奏的生活方式之下，“过劳死”这个词我们在各大媒体的报道中早已司空见惯，各行各业、各个年龄段的人突然离世让我们扼腕叹息，但是我们叹息过后，更应该警醒：如果没有健康的身体，再强大的能力也无处发挥。充足的休息对我们的健康至关重要，熬夜的你也要量力而行，改变自己的生活方式哦！

懂得循序渐进

当你去老师的办公室问问题时，无意中看到老师的办公桌上放了一本《某某科目讲义》，你会不会迅速记下它的模样，等放学后直奔书店找一本同款讲义？或者当你看到成绩排在年级前几名的同学买了什么习题册时，你是不是也很想买一本一样的？

他们用的习题讲义确实非常好，对提高成绩有很大的帮助，可是我们千方百计地买到之后，发现它对我们的帮助甚微。我们总是认为老师和成绩优异的同学们所用的习题就是最好的，迫不及待地想从他们身上找到掌握高难度知识的方法，却忽略了那些基础的、需要下苦功夫练习的知识。在基础还不扎实的情况下，我们去做那些“拔高题”，就像小孩还没学会爬就想跑一样，不是我们脑子笨做不到，而是客观条件不允许。

世界上各种各样的事情都有它们各自的发展规律，我们不可能越过某一个环节直达终点，更不能心急。所谓“心急吃不了热豆腐”，就像《孟子・公孙丑上》中揠苗助长的故事一样：宋国有一位农夫，因为心急，动手将自己的禾苗拔高，结果他儿子去田地里查看时，发现禾苗都已经死了。如果我们基础不扎实就盲目地追求做难题，最后得到的结果大概也如这位农夫一般，本以为自己跳过了某个阶段，更接近成功，实际上是一场空欢喜，甚至我们连原有的知识水平都达不到了。

蔓蔓是一个典型的“急性子”，虽然名字的谐音是“慢慢”，但她做事时刻都要求一个“快”字。

比如在高三复习阶段，老师习惯讲到哪里就要求学生把习题册做到哪里。蔓蔓对自己的要求，是她做题的进度至少要比老师超前两节课，这样她就不会有太多的作业压力。但是蔓蔓的基础很差，她做题的正确率非常低，老师带领大家捋顺知识点时，她总是在心里惊呼："哎呀，这个内容我记错了，作业选错答案了！"或者："这两个公式我怎么记混了呀，那道题一开始就代错公式了，太粗心了！"但是她做错题的根本原因并不是记错和记混，而是太急躁，难以沉下心来认真跟紧老师的进度。

老师讲题的时候，蔓蔓也懒得修改，任由自己的答案一直错下去。

我们总是探讨努力的过程和努力的结果哪个更重要，如果单从学习的层面来回答这个问题，答案应该是过程。蔓蔓在复习阶段出现问题，就是因为她太注重结果，早完成作业是她想要的结果，而做题的过程是否认真严谨，这些知识点是否在脑海中形成知识网络供她随用随取，这些过程中的问题都不是她考虑的内容。她的复习只能说是聊胜于无，虽然没能提高成绩，但是比起什么题目都不做稍好一点。

学习过程总是被我们忽略，可这个循序渐进的过程正是我们学习的精髓所在。蔓蔓这种想要越过学习过程一步到位、达成目的的想法有很多弊端，最大的问题就在于她忽视了老师安排作业的初衷。预习、听课、复习、做作业等都是学习过程中的环节，我们强调先预习再听课、听完课及时复习、复习后还有总复习。布置作业的目的就是在每一个环节之后巩固所学知识。这些步骤环环相扣才能提高知识水平和学习成绩，顺序是不可逆的。蔓蔓提前做作业就缺少了课后巩固的环节，先巩固知识，再仔细听讲、串联知识，显然是本末倒置。

正确的学习过程不仅能帮我们巩固知识，还能帮助我们搭建知识网络，让我们活学活用，在需要的时候准确提取所需要的知识，知识点之间的关系也在脑海里清晰可辨。

“可是为什么有的人拿到题就直接做，他们的成绩却能提高呢？”蔓蔓对循序渐进的学习方法仍然抱有怀疑态度。她坚持认为循序渐进地学习既浪费时间，又不能立刻看到结果，这样的学习方法只会让她丧失耐心。

蔓蔓的想法也可以理解，我们每个人都有赶超他人的想法，不想被其他同学落下，觉得他们能做到，自己一定也可以。这种不服输的精神是很有益的，它能激励我们勇往直前，但是我们有时会被冲昏头脑，与其他同学攀比学习。盲目比较，不考虑自身基础，不考虑与他人的原有差距，不考虑自己适合怎样的学习方法。最终，我们就会像蔓蔓一样发出疑问：有的同学这样做对学习有帮助，为什么我这样做成绩就没有起色？

答案就是那位同学早就完成了夯实基础的环节，所以才能直接做题，再听老师串联知识，查漏补缺。而蔓蔓的基础本来就差，她的基础知识薄弱得使她就像穿了一件满是破洞的衣服，对方穿的则是潜水服，他们一起在题海里浮沉。那位同学穿着潜水服来去自如，蔓蔓则被海草、鲨鱼等纠缠、折磨着，衣服上的破洞越来越多。

“其他人早已经夯实了基础，开始做难题训练，我还在打基础。这就像告诉所有人，我是个笨蛋！高三刚开始复习就比别人慢，我的成绩怎么提上来？”蔓蔓再一次提出了疑问。

这也是我们经常担心的问题，“打基础”这一步骤总是不太受欢迎，好像别人做难题我们打基础，就证明我们不如别人聪明。事实上，我们无须担心，任何一位学习好的同学都要经过打基础的过程，这是由我们认识事物的规律决定的。由简单到困难，由牢记基础知识到灵活应用，这种循序渐进的过程是我们每个人都必须经历的，我们无须因此觉得自己不如他人。

我们常常感觉有些同学学习时毫不费力，好像他们天生就适合学习，不但能紧跟老师讲课的思路，还能对一些题目提出新的解题思路。但新思路也是对基础知识的活学活用，他们只是比我们多付出了一点思考。

有一个成语叫“笨鸟先飞”，其实先飞还是后飞差别并不大，重要的是，我们的羽翼必须丰满才能飞得起来。这就像那些找到做题新思路的同学，他们先有了羽翼，然后才能飞到空中，之后才能在空中找到新的飞行路线，也就是灵活解题的新思路。基础知识的积累是一个量变的过程，当我们的知识储备量累积到了一定的程度，并且知识都被记得很牢固时，想做到活学活用只需要一个质变的契机，我们只要做到勤练习、多观察、多思考，那么找到解难题的窍门指日可待。

我们搞明白了基础与灵活应用的关系，“巩固基础会被做拔高题的同学落下”这一说法就不攻自破了。

我高中的时候，有一个同学的数学基础不太好。高二的时候，她的数学成绩还非常差，徘徊在六十分左右，最低的时候甚至只有二十几分。但是到高三的时候，她的数学成绩出人意料地飞速提高，从开学考试的八十多分，到模拟联考时的一百二十多分，她这匹黑马让所有人都大吃一惊。

她提高成绩的方法并不是很特别，就是单纯地巩固基础——在不耽误听课和做作业的情况下，一遍又一遍地抄课堂笔记，每一遍笔记都略有不同，逐渐丢掉那些已经理解的内容，笔记越抄越薄，抄完三四遍之后，基础知识和各种公式她都熟记在心。有了牢固的基础，她就开始买参考书，看答案解析，钻研不同的解题思路和出题方式。很多同学都说她抄笔记和买了参考资料却不做题是在做无用功，最终她得到的成绩却让大家目瞪口呆。

每个人适合的学习方法各有不同，以这位同学为例，并不是说我们每个人都要按照这种方法来学习，而是我们应该像她一样找到适合自己的方法。打好基础，循序渐进地学习，其他人的看法不过是过眼云烟，不值得我们在意。

其实我们不仅在学习上应该循序渐进，与人交往、体育锻炼、规划未来等各种各样的事情都需要我们做到循序渐进，不疾不徐，一步一个脚印地走下去，才能让我们走得越来越远。

一棵果树要想结出甜美的果实，就必须经历漫长的生长过程。我们也一样，只有遵循循序渐进的自然规律，才能变得越来越优秀，结出最大、最甜的人生之果。

制订合理的学习计划

计划就像是陪伴在我们身边的指挥家，我们的学习与生活能奏出怎样的曲调，取决于这位指挥家手中的指挥棒如何挥舞。如果我们能严格执行计划，奏响的就是慷慨激昂的进行曲；但如果这位指挥家胡乱地舞动他的指挥棒，或者我们拒不执行制订好的计划，那么我们就只能断断续续地弹出刺耳的音符，想要停下，又舍不得让制订好的计划变成一纸空谈，继续下去也只能听到这嘲哳破碎的声音。

我们总是兴致勃勃地做计划，又总是被“不可能做到的计划”劝退。

假设我要做一个高考计划，在四个月内逆袭，从排名倒数的名次一跃成为第一名：第一个月，我只学英语，每天背一百五十个单词，除了背单词还要做阅读题；第二个月，我只学数学，做各种模拟卷，归纳题型，反复练习各个考点；第三个月，我只学语文，不停地背各种名言警句、社会热点素材、哲理故事，再背阅读题的解答模板；第四个月，我只学文综或理综，背文科考点或练理科题型。

这个计划，我们能做到吗？

理论上是可以的。以学英语为例，每天背一百五十个单词的情况在某些托福雅思速成培训机构里很常见，甚至有些机构对学生每日单词记忆量要求更高。如果你认为培训机构是利用了某种方法，我们自学达不到那么高的指标，那么我们可以做一个简单的计算，哪怕一小时背十个单词，十五个小时就可以背完所有单词，还有九个小时可以让我们吃饭、睡觉、做一些琐事。

但是这个计划绝对不会被实现。只要按部就班地上学，我们就很难专心学习某一科目，也不可能在高考前请四个月长假执行这个计划。而且父母绝不允许这种情况出现，就算我们有执行计划的条件，我们也不能保证每天都完成计划内的所有任务。在备考的高压力之下，脱离了群体，我们还会被许多负面情绪包围，不利于心理健康。

看似可行的计划，实际上充满了漏洞，就像有一句名言说的："每一个人都因某些他们明知不大可能实行的计划而自娱，正因其不大可能实行，他们可以决心实行而又不必冒检验这些计划的风险。"我们费尽心思地做出一份计划书，制订计划的时候心如磐石，执行的时候又觉得它是天方夜谭，我们无法实现它，然后我们就可以心安理得地继续玩乐。

人们把无法兑现的诺言比喻为"空头支票"，那么，许下这些无法兑现的诺言的人，我们或许就可以称之为"空头计划者"。

小轩就是一名不折不扣的"空头计划者"。

他的想象力非常丰富，面对问题总能想出与众不同的解决方式，也正是因为这个特点，小轩制订出的计划总有些天马行空。比如在做某项学习任务的时候，小轩会很认真细致地制订计划。他深谙"计划赶不上变化"的道理，所以他会做两份计划表，A计划按他竭尽全力时的做事效率制订，B计划则按照他能力范围内的、不需要很努力就可以实现每一步的做事效率来制订。

按照常理，小轩学习任务的完成时间应该大于A计划所需时间，小于或等于B计划所用的时间。实际结果却与想象相差较大，小轩确实无法完成A计划，但是他连时间充裕的B计划也同样没有完成。

我在一个读书分享的网络群组中认识了小轩，他总是对自己的读书计划感到焦虑，有时小轩会与我分享他的焦虑。

从高一开始，小轩就制订了读书计划。小轩有一份长长的书单，上面写满了各类中西方著作的书名。他觉得高中时期应该多读书，既可以增强语文素养，也可以透过书中人物的经历得到触动心灵的感悟，于是他就制订了如下计划：高一、高二、高三每个阶段每多少天读完一本书，每学期至少要读完书单中的第几至第几本书。

每当小轩完不成自己的周计划或者月计划时，他就会变得焦虑。读书本应该是他的爱好，在他的计划中却变了味道。小轩的读书计划最不合理之处，就在于他将课外阅读看成了一个必须完成的硬性指标。同时，学校里的学习任务也比较繁重，课外书籍应是他在闲暇时间陶冶情操的读物，现在却在计划与现实的冲突中变成了小轩的焦虑源。

前面我们已经讨论过如何制订短期计划，现在我们再来详细地探讨下如何制订一份合理的计划。如果能将这些方法整合在一起合理利用，相信你制订出的计划一定会非常优秀。

我们先从小轩的问题入手，小轩的困扰正对应了制订合理计划的最重要的一点——综合统筹。我们可以制订各种各样的计划，比如背单词计划、写作计划、阅读计划等，它们能否发挥自己的作用，取决于我们在做这些计划时有没有考虑周全。比如把早晨起床洗漱完毕后的三十分钟划分给背单词，每天背多少单词、多久复习一遍单词、多久抽查自己的单词记忆效果等，一系列计划中的项目都要在这三十分钟内进行；我们再按照同样的方法把周一至周日中的某几天晚上分配给写作计划，余下的几个夜晚分配给阅读计划。这样一来，各个计划基本就可以做到不冲突，如果我们某一天没有如期完成某项计划，也不应当占用其他计划的时间，只能在它的计划时间里或者利用空闲时间调整。

这一方法总结下来就是：当我们检查一个计划是否合理的时候，不仅要看它本身的可行性，还要看将它放在全局中时，能否与其他计划相协调。

小轩按照这种方法进行修改，他的读书计划就不再与学习计划相矛盾了。

制订合理的学习计划第二个要点，就是从自身出发。我们可以参考其他人的计划表，但是一定不要直接照搬过来，套用在自己身上。第一，我们的学习基础都是有差异的。就算两个人都是优等生，对方可能更擅长数学，他的计划表里针对数学做的是提高训练。而你更擅长语文，你需要的是对数学基础的巩固，直接照搬对方的学习计划就像在修建没有地基的空中楼阁，我们不但无法取得好成绩，还有可能导致知识体系的混乱。第二，每个人的学习习惯也各不相同，他人的计划表必然是他人按照自己的学习习惯来决定什么时候背诵、什么时候做题。一份与自己毫不契合的计划表反而会降低我们的学习效率，使我们疲惫不堪。

除此之外，我们还要注意搭配。就像饮食要荤素搭配、营养均衡一样，做学习计划也要注意文理搭配、喜欢的学习任务与不喜欢的学习任务搭配等，还要张弛有度，我们要在学习时间中穿插休息时间。进行这些搭配有许多妙处，比如文理搭配，我们可以先做完数学再做语文，两门科目之间差异大，大脑会受到新的刺激，可以有效减轻学习过程中的倦怠感；再如，我们的课间休息时间、课间操时间的安排等，其中都是蕴含科学道理的，张弛有度地学习，可以让我们缓解疲劳，以更饱满的精神面对新的学习任务。

有了合理的学习计划，我们就要坚持不懈地努力。毕竟，再精美的建筑图纸也不可能凭空变成现实，它需要工人夜以继日地辛勤付出。

做计划难，执行计划更难。在快节奏的现代社会里，我们有一个通病，就是难以持久地付出努力去做一件回报周期很长的事情，因此我们的学习计划常常“半路夭折”。为了让学习计划“平安长大”，我们可以采用最常见的奖励法来“诱惑”自己努力学习。这个奖励可以是任何你想拥有的事物，可以是物质奖励，比如一个可爱的小玩偶、一支喜欢的钢笔、一件喜欢的衣服或者一双鞋子；也可以是无形的奖励，比如奖励自己在一个不被打扰的午后安静地读书，或者在阳光明媚的日子里和朋友们打球等。

不过，这个奖励一定要有限度，想要得到它就要完成相应的阶段计划。执行一周、一个月、一学期所能得到的奖励级别一定是呈阶梯状上升的，坚持得越久就越能得到自己更期待的奖励。完成一项困难的小任务也可以有奖励，这个奖励一定是很小但能够“吊胃口”的，比如做完一张练习试卷，我们可以看半集喜欢的动漫或影视剧，余下的半集等再写完一张卷子才可以看。但是这样的奖励往往要在家长的监督下才能产生效果。否则我们很难控制住自己那颗想要对剧情一探究竟的心，最终一边看喜欢的动漫剧集，一边懊悔计划没有完成，我们费尽心思制订的计划很可能就此终止。

在某种意义上，我们高中三年的学习生涯就像《西游记》里的唐僧取经，在他取经的路上有九九八十一难，而在我们高考的路上，每天也会有不同的困难与诱惑等着我们，品美食、玩游戏、睡懒觉等“妖魔鬼怪”每天都会盛情邀请我们去做客；我们和唐僧的区别，就在于他的心中有目标，每天都在向前行进，就算被妖怪抓走也会历经磨难后逃离魔爪，我们却总是想躲在吃、玩、睡的怀抱里不想走出来。而小轩躲过了这三种诱惑，却掉进了学习计划与读书计划相冲突的陷阱里。

那么，你有没有可能做出一份近乎完美的学习计划？你的学习计划在执行过程中又会被什么因素影响呢？我们来制订一份学习计划，一探究竟吧！

养成良好的学习习惯

看到那些学习成绩优异又有很多空闲时间的同学，你会不会心生羡慕？

有些人好像做什么都比别人快，他们甚至在老师还没有布置学习任务的时候就已经完成了相应的学习内容。我们总以为这些优秀的同学每时每刻都坐在书桌前奋笔疾书，实际上，他们娱乐休闲的时间并不少，打篮球、玩游戏、关注热点事件、追星等也是他们的日常爱好。

造成如此巨大差异的原因就是每个人的学习习惯不同。同样是在课后，学习习惯好的同学会及时进行知识巩固，把相对应的练习题做完；大部分的同学则是被动地等待老师的指令，老师让做题时再做，把所有的任务都积压到放学后去做。有时之前布置的练习题没有讲完，老师可能不会布置新的作业，而等到老师布置了新作业之后，我们在那节课上学到的知识也忘得所剩无几了，需要我们用大量的时间思考如何去做，做题不仅慢还总是出错。

课后及时做题这样一个小小的习惯，就对我们的学习生活造成了如此巨大的影响，足以看出养成良好的学习习惯有多么重要。

我们总能看到各种各样的励志演讲，讨论“一个习惯改变一生”这一话题，还有许多机构打着“21天训练法，帮你养成好习惯”的口号吸引学生、家长们报名。其实我们不必过分看重并依赖各种各样的习惯培训，我们自己就可以轻易地养成好的学习习惯。习惯是在我们一点一滴的行动中逐渐培养出来的，关键在于我们的毅力和决心，如果我们主观上不想努力，即便再高明的专家、再巧妙的方法也难以改变我们。

小文是一个很文静的女孩，在学习上付出了很多努力，可是收效甚微。

小文的妈妈看她学到凌晨才去睡觉，既心疼又担忧，心疼女儿熬夜学习，总是一副疲惫的模样，又担忧孩子才上高一，作业就要写这么久，等到高三的时候，那岂不是连睡觉的时间都没有了。为此，小文的妈妈还去学校找老师反映，认为老师布置的学习任务太多，影响孩子休息。但是很多同学都能很轻松地完成，老师也不可能单独为小文“减负”，只好让她尽力而为，能写多少就写多少。

妈妈和老师的沟通让小文感到难堪，老师上课时还会说：“大家尽量跟上我们的讲课进度做作业，如果真的觉得作业太难，写不完，也不用逼着自己熬夜写。毕竟身体是革命的本钱，大家健健康康地生活比什么都好。”小文听着这些话，总觉得老师在嘲讽自己。

事实上，无论是妈妈，还是老师，他们并没有恶意，都是为了孩子的学习和身体着想。而大部分同学都能够完成作业，证明了作业量并不是很多，自然也不是小文无法完成作业的原因。

小文每天晚上做作业用时很久，主要是因为她的“神秘抽屉”。小文的妈妈会收走她的手机，只在放假时才还给她。小文在没有手机的时候就以玩小积木、小人偶、小动物雕像为乐。她收集这些小东西，并且会用积木给它们建造房屋，这个“小小世界”就藏在她的抽屉里。小文做作业的时候总是忍不住想和它们玩，但是钟表指针一分一秒都不会为她的快乐停留，等时间无情地走到零点，小文才开始认认真真地赶作业。

此外，小文在学习习惯上也存在很多误区。

她也有在自习课上做作业的习惯，但总是做那些简单的、很快就可以完成的内容，而不是巩固刚学到的知识。而等到放学回家做这部分的习题时，还要翻开书本再熟悉一下内容，学习效率就降低了许多。

想要改变这些习惯，小文就需要改掉懒惰的毛病。我们总是更喜欢做简单的任务，因为这样不需要付出太多精力，看起来又像完成了许多任务，既偷了懒又获得了满足感，一举两得。事实上，我们应该优先做的，是那些巩固练习的作业，刚学完就抓紧时间做题巩固知识点，才更有利于学习进步，也能大幅度提高学习效率。

我们除了要养成及时做巩固练习的习惯，正确的预习和复习习惯也是必不可少的。

在课前预习书本上的内容时，我们不能草草了事，一定要给那些让我们感到困惑、难懂的部分做好标记。我们的注意力很难集中四十五分钟，而这些标记就可以告诉我们，什么时候可以稍微放松一下，什么时候应该聚精会神听讲，而不是在前半节课老师讲基础内容的时候，我们精神百倍，到后半节课老师讲难点的时候，我们昏昏欲睡。

复习可以分为两种，一是课后复习，二是阶段复习。课后抓紧时间做巩固练习就是一种课后复习的好习惯，除此之外我们也可以尝试着在课后对感兴趣的知识内容做一些延伸练习，既能“温故”，又能“知新”，对我们开阔视野、激发创造力也大有裨益。而阶段复习，比如我们在周末、月末、章节学习结束时，对这段时间内或这一章节所学的内容进行复习，经常进行阶段复习可以减轻我们面对“突击考试”的焦虑，无论面对多么困难的考试，我们都可以从容应对。阶段复习，不仅可以巩固所学的知识，还能够大大提高我们的学习效率，逐渐改变像小文那样做几道题就要查课堂笔记的习惯。

提到课堂笔记，也有很多做笔记的习惯问题需要注意。小文之所以做作业做到很晚，还有一部分原因就是她找不到笔记上的知识点在哪里。她的各个科目的笔记都很潦草，有时会因为上课打瞌睡，笔记像画圈一样，让人看不清字；有时她干脆睡着了，某道题只记了一半就没了下文。我们做题遇到困难时总是会先翻翻笔记，笔记记得不好，做题自然就困难重重。

小文做笔记的习惯急需改变。她的字迹并不难看，但是她画图、做表格的时候不使用工具，图画得歪歪扭扭，有时还会出现一条直线直接穿进文字里的情况。做笔记的第一个要点就是干净整齐，如果笔记记得非常混乱，我们自己也没有看下去的欲望。第二个要点就是老师说了什么我们就记什么是不可取的，照搬照抄来的东西不叫笔记，应该叫“课堂记录”，适当地加一些自己的理解性标注，对老师说的内容进行整理，才算是在做自己的课堂笔记。纯粹的记录和有思考、有选择、详略得当的笔记相比，后者能让我们将知识记忆得更牢固。最后一点就是，我们可以给笔记做一个目录，将章节与页数一一对应。我们在做笔记的时候多写一个标题和数字，就可以节省大量的翻找时间，何乐而不为？

培养这些好习惯也不难，我们可以进行“90天习惯训练”，既包括“21天训练法”，又包括一段稳定期的练习。

“21天训练法”可以分成两个阶段，1至7天和8至21天。在我们培养习惯的前七天，会感到很别扭，以右利手为例，这种感觉就像我们习惯了用右手写字，突然间却要练习用左手写字一样不习惯。因此，这便需要我们时刻提醒自己做这件事情。到了第二个阶段，我们开始接受这件事情，不再感到不适，我们通过练习逐渐可以用左手把汉字写得横平竖直，但是如果让我们写字，我们还是会自然地用右手拿起笔，这时，我们仍需要提醒自己要做什么。

度过三周之后，我们就进入了“习惯的稳定期”。从第四周至第十三周左右，这七十天里，我们的行为既自然又不需要被刻意地提醒。坚持完第十三周，我们就可以形成稳定的思维和行为的动力定型，形成自动化行为，也就是稳定的习惯。

二十一天可以帮助我们养成学习习惯，但是想要拥有稳定的学习习惯，还需要更长久的坚持。很多人坚持过二十一天后就不再坚持，只想等待着习惯驱使自己行动，这显然是痴人说梦。有一个好的开始固然重要，但是稳定期也不可掉以轻心，否则我们的计划很可能功亏一篑。

掌握方法很简单，坚持做却是一个大挑战。如果你也想要做出改变，培养好的学习习惯，就不要犹豫了，从今天开始吧！

第4章

与自己对话

学会倾诉

你有知心的朋友吗？

你们是否无话不谈，从不需要担心自己的秘密被对方说出去？

我们生活在一个被信息包围的时代，各种各样的新闻、影视作品让我们在增长见闻的同时，也使我们变得越来越“早熟”。在高中这个小社会里，我们会担心自己的好朋友背叛自己，害怕对信任的人分享完自己痛苦的经历之后，对方转身就把我们的伤疤当作笑话告诉其他人。因此，很多人都会把悲伤的、烦恼的事情积压在心底，遇到什么难题都习惯一个人面对。

但是我们的承受能力是有限度的，就像一个仓库，货物只进不出，仓库必然有一天会被装满。如果它已经满了，我们仍然强行塞进更多的负面情绪，仓库最终会倒塌。

学会倾诉可以说是我们的人生必修课。感到学习压力大时，与同学、好友之间产生矛盾时，因父母、师长的高期待而烦恼时……当我们感受到一切不舒心的时候，都需要将情绪宣泄出来。倾诉本身并不只是为了表达自己的情绪和对一个人或一件事的喜恶，更重要的目的是将它们“吐露”出来，维持我们“心灵仓库”的平衡。

但是，这种聊天方式对我们而言是最简单，也是最难的。简单来说，倾诉就是“说心里话”，难的是我们习惯了保护自己，不愿将自己毫无防备的一面展示给他人，甚至很多时候我们只是在与人聊天而非谈心。由于害怕得不到对方的支持和理解，我们便不敢说出真正的烦恼。

我认识一个叫小汐的女孩，她总是把自己的烦恼埋藏在心底，不愿意对任何人说。

小汐的父母很担心她，小汐回到家就关上房间门，与他们的日常交流就是讨论吃什么、换季买衣服等琐事。他们不知道孩子有没有不开心、有没有在学校受委屈，害怕小汐在学校独来独往，被其他同学欺凌。小汐的妈妈为了让孩子变得更开朗，总是想方设法地带她去人多的地方玩，但是小汐喜欢安静，不想出门，两人经常因为出不出门吵起来，每次吵架都以小汐跑回房间、锁上门告终。

小汐小的时候总是被父母评价过于内向，见了长辈也不热情，只会问好，问完好就跑开。等到小汐读小学时，小汐的妈妈去学校门口偷偷观察她是否适应校园生活，却发现小汐在课间不与其他的小朋友玩，一个人孤零零地在学校的小花园旁边徘徊。小汐放学后被妈妈拉着手问了许多问题，比如“为什么不和其他孩子玩啊？”“他们是不是孤立你了？”“你多和他们说说话，一起玩游戏不好吗？”……

后来，小汐为了不再被妈妈追问，开始在放学时和别的同学一起三五成群地手拉手走出校门。直到小汐读初中，小汐妈妈还总是站在阳台上，看女儿放学后有没有和顺路的同学一起回家。

长时间被妈妈“监视”的感觉令小汐感到非常不舒服。她越来越不喜欢和别人谈心，不想对任何人倾诉烦恼，认为说太多就会把自己的内心暴露在别人眼前，就像自己的心也在被他人“监视”。

高二的时候，她的烦恼逐渐超出负荷。十五六岁正是自尊心极强的年纪，我们每个人在这个阶段都希望父母平等地看待自己，像对一个独立的成年人一样尊重自己。但是小汐的妈妈依然有很强的控制欲，不断地向小汐传达“我希望你怎样做”的指令。小汐与妈妈的矛盾不可避免地激化，母女俩之间的交流越来越少。小汐总是在夜晚躲在被子里哭，睡眠质量非常差，她的学习成绩也逐渐下降。

哭泣也是宣泄情绪的一种方式，但是我们在哭泣的时候往往会反复在脑海里想那些不开心的事，一遍又一遍地想那些令自己感到难过的场景，很可能会“越哭越伤心”。倾诉则不同，说出自己的烦恼既能达到宣泄的目的，又能达到疏导情绪的目的。我们的情绪不只是在被倾诉对象的肢体动作和安慰语中得到疏导，我们在讲述自己经历的时候还会仔细回忆事件经过和细节，通过组织语言把不开心的事情说出来，也可以改善我们的情绪。

倾诉对象可以是人，如朋友、老师，也可以是小猫小狗、花花草草、玩具摆件等任何被寄予情感的对象。这个倾诉对象最好能给予我们积极的支持与鼓励，或者对方没有回应，只是安静地倾听我们讲话。比如与朋友互相倾诉烦恼，彼此给予安慰的同时，从彼此的经历中找到一条解决烦恼的路；或者对着最喜欢的事物倾诉心声，在它的陪伴下调节情绪。

而那些会给予我们负面回应的倾诉对象，我们要看情况进行选择。

对于伤心的事情，我们尽量不要选择一个给我们负面回应的人倾诉。比如你与朋友吵架了，去找一个人倾诉，寻找和好的办法，但是他对你说：“我早就觉得这个人不值得交朋友，你还非要和他一起玩。你看我的眼光多准，我和我的朋友某某某就玩得很好，从不吵架。”虽然我们更喜欢说话直接的人，但是这种“我早就觉得……你看我……”的回应会让我们从心底感到抗拒。我们本就处在情绪低谷，心思敏感，会把一句话联想出更多含义，可能觉得他在贬斥我们，并且炫耀他自己的生活有多好，我们难免会心生芥蒂。

我们在遇到自己犹豫不决的，或者一些让我们感到烦躁、无所适从的事情时，就可以找一个给我们负面回应的、“说话不好听”的朋友倾诉。比如我们想要参加某科目的竞赛，如果在这次竞赛中拿到名次，我们有很大的概率能够获得学校的保送名额，步入心仪的大学。但是这次竞赛竞争非常激烈，有来自全国各地的优秀参赛者，我们获得名次的概率很小。可我们有一门薄弱科目，如果为了竞赛去专门训练，我们就会跟不上这门科目的复习进度，导致成绩下降，想再追上大家就更困难。如果赢不了比赛、不能被保送，而且成绩下降，对我们无疑是致命的打击。我们既想要拼一拼，争取那可能性很小的保送机会，又不希望自己的薄弱科目受到影响，我们在二者都不想放弃的时候，就需要有人帮助我们。我们向一位喜欢处处挑问题的朋友倾诉，他就能站在旁观者的角度帮我们更清楚地看到两种选择各自的缺点。在朋友找出两种选择各自缺点的过程中，我们就会更清楚自己想要的是什么，或者在与他讨论某个选项时，我们争辩时的立场就已经帮助我们做出了选择。

小汐犹豫着要不要与妈妈和解的时候，就是通过对她从小到大唯一的朋友“提问”，做出了选择。小汐很信赖这个女孩，女孩和她不在同一个城市读高中。高二的寒假，两人一见面便无话不谈，小汐迫不及待地对她倾诉自己的烦恼，想要寻求对方的安慰。

对方却反问她：“你对我讲得这么清楚，为什么不和阿姨好好谈谈呢？”

小汐也尝试过和妈妈谈心，但妈妈的说教总是让她退却，说到一半她就会感到很烦躁。为了避免再说下去矛盾更大，她只能停止谈话，跑回自己的房间。

在我们难以平静地对一个人倾诉内心的时候，无须强迫自己和对方面对面地谈心。我们可以尝试一下不见面的方法，比如打电话、通过社交软件给对方发语音消息等。如果仅仅是语言交流也会令自己情绪激动，我们可以试试用写信的方式。

小汐不善言谈，选择了最后一种方法，她编辑了一条很长的信息发给妈妈，将她这些年来的烦恼全都写了出来。小汐的妈妈看完之后消化了很久，等到自己的情绪平静下来，才找小汐谈心，母女二人终于冰释前嫌。

其实小汐的烦恼本应该在很早之前就可以解决了，在小学、初中时，她就可以勇敢地向妈妈表达自己被过度关心的不满。两人的矛盾之所以积压到高中，一方面是因为小汐不愿对妈妈倾诉，另一方面也是因为小汐妈妈的掌控欲过强。我们在学习如何倾诉的同时，也要思考如何更好地做一个倾听者。如今我们学着对亲密的人倾诉烦恼，若干年后或许我们就是孩子眼里值得倾诉心事的家长。

倾诉不但在家庭关系中很重要，在我们未来的生活中也很重要。太多的烦恼我们无法自我消化，能够恰当地将自己的烦恼倾诉出来，对我们的身心健康都非常有益，而能够找到一个值得信赖的、适合倾诉的对象，更是我们莫大的幸运。

言语倾诉是最好的宣泄方式之一，尤其是在我们压力大或者情绪低落的时候。这时，就会“多说有益”，并且益处颇多，比如提高睡眠质量、缓解焦虑、缓和与他人的关系等。

那么，你在烦恼时第一个想到的可以寻求帮助的倾诉对象是谁呢？如果你的身边已经有这样一个人，就好好珍惜吧！如果你的身边还缺少一个信赖的对象，你也不必着急，静静地等待这位好朋友的出现吧！

直面内心的恐惧

你有很恐惧的事情吗？

它常常出现在我们身边，令我们感到害怕、焦虑、无所适从。

比如多数人都有的社交恐惧，面对未知的人，我们与之交谈是一件很困难的事情。我们会担心给对方的第一印象不好，会担心自己用来做开场白的话题对方并不喜欢，会担心对方冷淡处理我们的搭讪令我们感到尴尬……各种各样的担忧、恐惧围绕着我们，甚至在与对方攀谈前，我们已经在脑海里预演了千万种可能出现的状况。想到那些窘迫的场面，我们就开始紧张、心跳加速，最终，话哽在喉咙里，没有勇气说出来。

有的同学害怕当众演讲，总是觉得台下观众的目光像刀子一般扎向自己，自己站在空旷的台上就像个模型一般接受他们目光的剖析。我们每个人在初次当众演讲的时候都会紧张，感觉观众在打量自己，但是为什么有的人会从此恐惧演讲，有的人则变成了优秀的演讲者呢？

答案就藏在我们某一次演讲的过程中。我们对某些事物的恐惧并不是天生的，而是后天习得的。比如我们第一次演讲的时候处于一种轻松、舒适的环境，就可以有效地缓解演讲的紧张感，让我们感受到这件事是美好的、愉快的，以后也不会恐惧演讲；但是如果我们某一次演讲的环境非常严肃、安静，观众一边听一边指指点点、评头论足，或者做出嘲讽、轻蔑、不耐烦的表情，不但会加剧我们的紧张感，还会让我们留下心理阴影，使我们从此恐惧演讲这件事，甚至恐惧面对人群。

这种后天获得的恐惧，会对我们的生活造成各种程度的影响。以人群恐惧为例，我们不可能永远躲在家里、不与人接触，一旦走出家门参加社交活动，我们就必然要与人交流，恐惧将会严重影响我们的沟通能力。

除此之外，还有各种各样令我们恐惧的事物，比如有的人恐惧毛毛虫，有的人害怕毛茸茸的小动物，有的人恐惧黑暗幽闭的空间……每一种恐惧的背后往往都有一段令我们感到非常不愉快的经历。当它给我们留下的心理阴影再次浮现在脑海里，我们又该如何面对自己的恐惧呢？

我认识一个叫宁宁的女孩，她很胆大，也喜欢冒险，无论是毛毛虫还是其他长相不讨喜的昆虫，她都不害怕；在朋友受欺负的时候，她也总是挺身而出，与欺负人的同学讲道理。这样一个热心、开朗、大胆的女孩，我们很难想象她有什么恐惧的东西，但事实就是，她不但有恐惧的事物，还深受其困扰。她所恐惧的事物听起来有些不可思议，那就是老师的提问。

宁宁读小学的时候很喜欢表现自己，老师提问的时候，她总会把手举得高高的，期待老师叫自己回答问题。每次答对问题，宁宁就会很开心，甚至有一点骄傲。

这样的状况一直持续到了宁宁读初中二年级的时候，宁宁急着表现自己，在语文老师提问某一本名著中的主人公具有哪些品质时盲目举手。然而，她并没有读过那本书，由于书的名字是以主人公的名字命名的，宁宁便主观臆断，觉得他一定是一个正面人物，于是她回答老师："表现了主人公在当时的时代背景下坚持自我、正直处世、帮助他人的精神，我们应该向他学习。"可惜，这道题目中的主人公恰巧是一个反面角色。

宁宁一直记得这件事，正确答案是什么她已经记不清了，但是她说出答案时，老师、同学们的表情深深地刻在了她的脑海里——那天老师看她的眼神似乎很失望，同学们好像一边听老师讲正确答案，一边在窃窃私语地嘲笑她。

从那以后，宁宁再也不主动回答问题了。升到高中之后，宁宁在课堂上更加沉默，老师提问的时候，她会不由自主地感到紧张、焦虑、心跳加速。

可能有些人会对此心生疑问："为什么要害怕老师提问呢？从高中开始算起，我们读书的时间还有七年左右，等毕业了，我们就不会再被老师提问了，恐惧自然就没有了。"宁宁的朋友也用类似的话劝慰她，认为等到大学毕业后，一切都会变好，只要再坚持几年，恐惧就会得到缓解。

但是我们仔细思考一下就会发现，"提问"这件事，我们不可能彻底摆脱它。在做学生的时候，我们恐惧老师的提问；在未来工作后，我们也会恐惧老板的提问；等若干年后，我们年纪大了，小孩子们向我们提出某些问题时，我们总不能看着孩子天真无邪的眼睛支支吾吾地回答问题吧。

将"提问"这件事作为恐惧源，我们或许会觉得无足轻重，但是我们可以换一个事例来分析。假设我是一个恐惧昆虫的人，看到虫子我就会又跑又跳、发出刺耳的尖叫，如果我站在草地上，一只昆虫爬到了我的鞋上，我做出一系列应激反应的同时知道我是绝对安全的。但如果我站在天台上吹风，一只虫子跳到了我的腿上，我因此吓得又蹦又跳，可能一步踏错就会酿成不可挽回的后果。这样看来，你还觉得顺其自然地等待恐惧消退是一个好办法吗？

与其被恐惧支配，不如勇敢地去面对。我们可以向专业的心理咨询师寻求帮助，在日常生活中也可以进行适度的缓解恐惧的练习。

宁宁的问题就可以通过积极的幻想式冥想来改善。当宁宁在课堂上面对老师提问感到恐惧时，可以通过深呼吸缓解焦虑，把自己想象成一个学识渊博的学者，告诉自己"这道题很简单，我可以非常完美地解答它，我一定能做到，不会发生其他意料之外的状况"，同时不断地回忆过去那些愉快的、被夸奖的提问经历，给自己积极的心理暗示。通过不断地练习，宁宁对于提问的恐惧逐渐得到改善，在课堂上的焦虑也缓解了许多。

我们还可以通过书籍或网络等渠道，多了解他人克服恐惧的经验，虽然那些克服恐惧的方法未必适用于每个人，但是这会令我们觉得“在这个世界上，成功克服恐惧的人有很多，所以恐惧是可以被战胜的，他们能做到，我也可以”。这种积极的暗示，能够培养我们克服恐惧的信心，使我们敢于直面令自己恐惧的事物。

分散注意力也是缓解恐惧的好办法。当我们处在恐惧情境中时，会感到呼吸急促、心跳加速，严重时还会产生幻听，比如我们想象自己可能做不好某件事，被他人指指点点。在过度恐惧、焦虑的情况下，我们可能在做任务之前，就仿佛已经听见那些指责、侮辱的话语，实际上根本没有人说话。这时我们可以转移注意力，可以听音乐、品尝美食，做一些让自己感到舒服的事情，将自己从中解脱出来。

如果情况不允许我们转移注意力去做其他的事情，我们可以给自己做一点小小的“伪装”。比如在社交过程中，我们会害怕与陌生人交流，与熟人偶遇的时候也会感到尴尬，总是担心“我同他说话，他不理我怎么办”。这时我们可以伪装成一个自信且外向的人主动交谈，装作不害怕社交的模样，并且在心中暗示自己不要担心，对方可能与自己一样害怕社交，友好的问候只是对彼此的一种鼓励。如果对方忽视我们，我们也无须陷入“他是不是非常讨厌我”的疑惑中，不妨换个角度想想：“他看见我挥手却低下头、不理我，可见他比我还要恐惧社交。”这样一想，我们就不会纠结于对方是否讨厌自己了。可见，通过积极的方法看待问题，恐惧自然就会逐渐减轻。

虽然帮助我们面对恐惧的方法多种多样，但是在面对恐惧的过程中，我们一定要注意几个问题。首先，要保持理性。无论我们恐惧的事物对我们造成多么大的影响，我们都不能急于求成。比如，因为想解决恐惧黑暗的问题，我们就把自己关在一个黑暗的空房间里一整天，这显然是不现实的做法。如果我们想要利用直面恐惧的“满灌疗法”对自己进行调节，那么既要考虑我们所能承受的时长，又要防止我们会因此变得更加恐惧黑暗，最好还是寻求心理从业者的帮助。其次，不要逼迫自己面对恐惧。当我们利用某种方法缓解我们的恐惧心理时，如果在过程中感到不舒服，一定要及时停下。

自出生起，我们就不断地感受到恐惧，而且还要处理这些让我们感到恐惧的事物。特别是长大以后，面对那些令我们恐惧的事物，我们总是一副手足无措的模样。那么，高中时代的你面对恐惧时是怎样做的呢？快找找适合你的方法，尝试着克服恐惧吧！

学会管理和调节情绪

高中生活是紧张的，我们总是不知不觉地被紧张的氛围影响，并且这种紧张的氛围还会像多米诺骨牌倒下一样引发一连串的问题。比如，我们在学校有很多学习任务没有完成，各科老师又留了许多新的作业，这时，焦虑就爬上我们的背，像一座大山压得我们喘不过气。但是这还没有结束，我们带着焦虑、烦躁的情绪回到家里，父母与我们聊天，我们会没有耐心倾听；父母让我们帮忙做事情，我们也会觉得烦躁，彼此就很容易因为这些小事吵起来。仔细回想我们过去的经历，在我们情绪不稳定的时候，父母让我们下楼倒垃圾都能成为一场家庭大战的导火索。

经常有一些同学在高三复习阶段难以适应学习压力，前一分钟还在认真地验算答案，下一分钟就情绪失控，把桌上所有物品都摔在地上，号啕大哭。开始他可能只是因为做不出题而烦恼，在看到周围的人做题都很顺利，只有他一个人抓着头发苦思冥想，再仔细观察周围，成绩排在班级第一名的那位同学似乎是在笑着做题。他低下头开始反思自己：成绩一直没有起色，父母最近对自己态度严厉，同学们对自己不理不睬……各种负面情绪一齐涌上心头，就造成了他最终摔书大哭的结果。

很多人会认为孩子经常与父母吵架是因为他正处于青春叛逆期；上课摔书大哭的同学做事情不看场合，惊吓到其他人是故意博取他人的关注，但是我们不能对这些事情一概而论。每个人都有情绪失控的时候，背后的原因也各不相同，只是有的人面对同样的事情心理承受能力强一些，所以大多数情况下，他的情绪表现并不强烈。而有的人心理承受能力弱一些，也更敏感，面对一件事情，他会想到更多与之相关的东西。当负面情绪聚合起来，超出他的承受水平时，他就会情绪失控。

青少年时期，我们的情绪具有两极性特点，时而强烈，时而温和敏感。这种两极性使我们很容易被激怒，所以学会管理和调节情绪对我们而言是非常有必要的。当我们面对负面情绪时，能够自我疏导，而不是把事情越想越复杂，就可以避免很多不必要的争吵，也就不会话刚说出口或者事情刚做完就开始后悔、自责。

正在读高一的佳佳总是为自己说错话而烦恼。

佳佳的成绩比较差，没有考入市里的重点高中，但是佳佳的妈妈在重点高中当老师。从小，佳佳的考试成绩就比不过其他亲戚家的孩子，亲戚们攀比孩子成绩的时候，佳佳永远是那个反面例子。虽然他们的孩子中也有学习成绩不如佳佳的，但是他们更喜欢讲“妈妈是老师，孩子还学成这样，一定是她对佳佳的学业不太关心”，或者讨论“看来学习成绩也不遗传，不然怎么家长是当老师的，孩子还能学得这么差”之类的话题。

佳佳并不觉得妈妈对自己不够关心，妈妈再忙也会保证她三餐都能吃到热乎乎的饭菜，佳佳认为凭这一点，自己的妈妈就超过了大多数家长。所以她在逢年过节的时候常常会为了维护妈妈，对有些亲戚进行言语反击，久而久之，就养成了“开口就讽刺人”的习惯。

刚升入高中的时候，同学们总是听到佳佳说自己妈妈任职的学校有多好，大家听后觉得她不喜欢这所学校，于是都不愿意和她一起玩。后来相处久了，每次佳佳一开口说话就会让很多同学感到不舒服，本来大家对佳佳的第一印象就不是很好，带着这样的偏见去看待佳佳，她说的每一句话无论真正含义如何，都或多或少地被曲解成讽刺的意思。佳佳对此感到很委屈，有时候她只是想善意地提醒一下别人，对方却会嫌她多管闲事。有时候她只是觉得学校的某些安排很不方便，其他同学就会讽刺她说："是啊，真的很不方便，比不上你妈妈任教的重点高中好。"

同学们不喜欢佳佳，佳佳也讨厌他们。一个人给几十个人制造不开心的事情，他们可以一起讨论佳佳、发泄愤怒，但是几十个人一起给一个人制造的烦恼，却没那么容易被消除。佳佳被孤独和嘲讽围绕着，她自己一个人很难从负面情绪中走出来。

其实，从一开始，在佳佳和妈妈被亲戚讨论的时候，如果家长能够及时地帮助佳佳疏导负面情绪，并且打断话题，佳佳就不会利用讽刺还击的方式来进行自我保护、发泄情绪，后续的一系列矛盾也都不会出现。

有一天上午，佳佳拿着杯子在饮水机那儿接热水，这时，有一个男同学也过来接水。班级的饮水机旁边备有一次性杯子，佳佳看他没有带杯子过来，就顺手从旁边拿了一个纸杯递给他。男生平时喜欢玩游戏，对学习和班级里的事情并不关心，他不清楚班级里的同学之间有什么矛盾、关系如何，有人递给他纸杯，他就接了过来，并对佳佳说了句"谢谢"。

佳佳这一上午过得非常开心，因为班级里第一次有人对她说了句真正的谢谢，其他同学借东西的时候也会说谢谢，但是佳佳能看出来他们说得并不情愿，甚至眼里还带着厌恶。但是这种快乐的情绪并没有伴随她多久，下午她就被班主任叫去了办公室，原因是有人向班主任报告说"佳佳有早恋倾向，和男生过度亲密"。

班主任和佳佳聊了一节课，核心意思就是"你妈妈是老师，你不能带头早恋。

佳佳不明白，为什么递个纸杯就能被定性为早恋，也不明白为什么妈妈是老师，她就有那么多不能做的事。从班主任办公室回到班级教室的路并不长，但是佳佳走了很久，也想了很久。她从班级的前门走进去，看着或幸灾乐祸或漠不关心的同学们，猛地踢了讲桌一脚，回到座位上就开始大哭。

在上述佳佳的经历中，首要的问题是宣泄情绪的方式不恰当。我们想要宣泄情绪可以有很多种方式，比如去空旷无人的地方大喊、去宽阔的地方肆意奔跑、对着人或物诉说自己的烦恼等。这些方式都非常棒，但是通过给对方制造窘境来宣泄情绪这种既不利人也不利己的方式并不可取，它只会让我们被负面情绪蒙蔽双眼，让我们的社交能力越来越弱，在需要人际交往的小集体中逐渐变得孤立无援。

我们还可以利用其他的方法管理和调节情绪，比如自我安慰。他人嘲笑我们的成绩时，我们可以想想自己其他的闪光点，在心中告诉自己："虽然我学习成绩差一些，但是我做某些事情特别厉害！他们嘲笑我只是因为不了解我，没有见过我优秀的一面。"我们这样想并不是因为骄傲自大，而是在情绪低落、不稳定的时候，我们真的迫切需要肯定自己、鼓励自己，这会让我们有更多的勇气去面对困难。

转移注意力也是一个调节情绪的好办法。当我们看着某个人或某个物体想起不愉快的回忆时，可以把自己的注意力转移到其他的人或物身上，多想想那些令人开心的事情。比如，今天妈妈说我不勤快，让我去拖地，我不想做，于是和妈妈吵了起来，这个时候我们往往会回房间，摔上房门，然后气鼓鼓地复盘以前和妈妈吵架时自己有多委屈。这对我们调节情绪毫无帮助，我们应该做的就是把注意力转移到自己喜欢的事情上，比如玩游戏、看动漫、睡觉等。有句话是"上帝听不懂否定句"，我们应该把注意力从那些不好的经历中抽出来，告诉自己"好事多磨，我就是很棒，别人说什么我都无所谓，我一定可以做好某件事"。坚持自我肯定不仅能调节情绪，这些积极的自我暗示还有可能会让我们梦想成真哦！

如果情绪对我们的身体造成了影响，那么我们可以试着做一些简单的放松训练。最适合我们随时随地做的放松训练就是深呼吸，当我们感到自己有了焦虑、惊恐、愤怒等各种负面情绪的时候，都可以利用深呼吸法来进行调节。临近考试时，到了考场外我们也总是对自己说要深呼吸，来缓解我们的紧张感，但是你知道深呼吸应该怎么做吗？可不是呼吸时间比平时更长就是深呼吸哦！

比如，我们现在正坐在教室里的椅子上，先平放双脚，手放在大腿上，后背尽量坐直，保持一种自然放松的状态，然后用鼻子缓慢地呼吸。吸气时，先慢慢感受腹部和胸部的扩张，之后再通过鼻子缓慢地呼气，呼气的时间尽量比吸气的时间长一些。这个过程越缓慢越好，仔细感受胸腹的起伏变化。但是也不必刻意地强迫自己延长吸气、呼气的时间，我们的目的是放松，在自己感到舒服的状态下进行即可。

深呼吸可以帮助我们吸入更多的新鲜空气，为身体供氧，同时排出二氧化碳和其他肺内残气，让胸腹相关的各个部位得到运动，不但能促进血液循环，还能使我们的心跳减缓、血压降低，对于紧张、焦虑等情绪和害怕得“心怦怦跳”、气愤得“血压飙升、头晕胸闷”等由情绪带来的症状有很好的缓解作用。

我们每天都会带着各种各样的情绪生活、学习、社交。情绪就像一只大猫，温和的时候，它会依偎着我们，让我们感到舒服、愉悦，但是当它暴怒的时候，就会抓伤周围的人，还会抓伤我们自己。为了学会控制这只情绪大猫，我们要循序渐进，一步一步地了解我们的情绪，然后对症下药，做出改变。

适当给自己一些奖励

近些年有一个流行词——“鼓励式教育”，还有一句话也很流行——“生活要有仪式感”。它们的含义都是很好的，但是在人们使用的过程中，它们逐渐“变了味道”。

很多同学和家长听到“鼓励式教育”就觉得要进行物质奖励，于是每次无论大型考试还是小型测验，都要先商量好“奖品”，比如期末考试成绩提高二十分，就奖励一次假期旅行；月考、期中考成绩进步，就奖励衣服、鞋子；平时章节测试成绩达到预期，家长就送一些小礼物或者允许孩子吃油炸食品、喝奶茶。随着时间的推移和考试难度的增加，我们付出的努力越来越多，就会想要得到更高等级的奖励，或者逐渐对奖励免疫，任凭父母用各种东西诱惑，我们也还是不想学习。这就是奖励的天花板效应，当我们的需求总是被满足时，想要的东西很容易就可以得到，奖励就会失灵。

而坚持“生活要有仪式感”的同学也会遇见类似的问题。我们追求“仪式感”就会在各种各样值得庆祝的事上给自己奖励，如果奖励得过于频繁，我们渴求得到奖励的欲望就会降低，奖励也会逐渐失灵。

唯一不会失灵的奖励或许就是金钱奖励。人对金钱的需求是无限的，但是绝大多数父母对孩子的理财能力都抱有怀疑态度，不愿用金钱奖励孩子。他们更倾向于利用有形的物质奖励我们，如衣物、玩具、电子产品。同时，金钱奖励会产生比天花板效应更大的弊端，有些同学甚至会把学习和考试当作“为父母打工，满足父母心愿”，所以会不断地要求父母“涨工资”，进步越大、排名越靠前，价码就越大。父母的经济状况不可能一直满足我们膨胀的欲望，必将会面对亲子冲突、学习动力缺乏、失去学习目标等一系列问题。

小奇就在高二下学期感受到了金钱奖励的弊端。

他属于很聪明的那一类学生，聪明的学生都有一个共同的问题，就是不太喜欢努力学习，他们更愿意凭借自己聪明的头脑获得成功。在父母金钱奖励的作用下，小奇边学边玩，将成绩排名稳定在了中等偏上的位置。但小奇的父母并不满足于此，他们希望小奇能更上一层楼，考到前几名，跻身尖子生的行列，于是这一次他们定下了更高的金钱奖励。

有奖励的激励，小奇自然是愿意为之付出努力的。可是在努力的过程中，小奇发现自己竟然无法全身心投入学习，就像一个被下达了学习指令的机器人，虽然手在做题，心却不知道飞去了哪里。他并不是因为想着打游戏、打篮球、看比赛等事情而不在状态，只是单纯地心不在焉。并且由于奖励等级的提高，小奇害怕得不到奖励，对自己的学习状态感到非常焦虑。

这种“心不在焉”的状态除了人在学习而大脑在想其他事情这一原因外，还有一种原因，就是没有真正地把要做的事情放在心上，小奇的情况明显是后者。这就是错误的奖励带来的问题之一——本末倒置。从小奇的担忧中我们就可以看出，他所担心的不是学习状态有问题，而是“害怕得不到奖励”。

我们可能会觉得这二者没有什么区别，因为得到奖励的前提就是好好学习、考个好成绩，所以可能会认为小奇害怕得不到奖励，就等于担心自己的学习状态。从逻辑上看，他先好好学习，才能获得奖励，这是没有问题的，但是问题在于侧重点的不同，我们的心理也会不同。如果我们的重点在学习本身，奖励只是锦上添花，那么我们学习的内部动机会很强，主观上想要学习的愿望就很强烈；但是如果我们的重点在奖励，是奖励诱使我们学习，那么我们学习的内部动机就会比较弱，主观上并不是很想学习，就会出现小奇这种“心不在焉”的情况。

除此之外，小奇还表现出一种“无欲无求”的状态。

从很小的时候开始，小奇想要什么基本上都会立刻被父母满足。上学以后，父母对他更是溺爱，从幼儿园时期印着奥特曼的书包，到小学时各种各样的卡牌玩具，上中学以后充足的零花钱、各种礼物、考试奖励…… 说小奇是在蜜罐里长大的也不为过。

小奇的经历看似温馨又幸福，其实一切的溺爱都是因为父母的愧疚感。他们总是出差，小奇身边很少有父母陪伴，所以小奇的父母愿意在物质上给予他任何奖励作为补偿。也正是因为这种无休止的物质奖励，才让小奇对大部分奖励都抱有一种无所谓的想法。

这就是错误奖励的状况之二——盲目奖励。如果奖励像吃饭喝水一样频繁，谁还会期待、渴望得到奖励呢？我们接受奖励一定要适度，记住宁缺毋滥的原则。我们可以在付出较大努力后，得到一点微薄的奖励，但是绝对不要在付出一点努力后，就得到丰厚的奖励。奖励对我们而言是一个外部刺激，如果我们对这个外部刺激早已习以为常，它就很难强化我们的学习动机。

无论是父母、老师给我们的奖励刺激，还是我们给自己的奖励刺激，都要注意避免本末倒置和盲目奖励这两个问题。分清怎样的奖励对自己有帮助，怎样的奖励会对我们造成负面影响，这是十分有必要的，不但能够让我们避开“奖励陷阱”，还可以让我们试着去设计合适的奖励方法，或许我们还因此成了“奖励策划大师”呢！

当我们能分清奖励方案的优劣之后，我们再了解一些关于设置奖励内容的方法，就可以动手给自己规划一份合适的奖励方案了。

我们从小时候开始就总是听父母说“好好写作业，写完就让你玩”“乖乖看书，看完这本书妈妈就让你看动画片”“小孩子不许挑食，吃完碗里的胡萝卜，明天就给你买你喜欢的小蛋糕吃”…… 你有没有思考过这些话里面的奖励方式是否合理呢？

在这三个奖励中，比较正确的其实是第三个吃胡萝卜的奖励，前两个会更加刺激我们对玩耍、看动画片的喜爱，对做作业、看书反而会心生厌恶。奖励在我们的大脑中会很自然地被归类为“好的东西”，所以我们做作业更应该奖励文具、书包等物品，也可以奖励我们喜欢的与学习有关的活动，比如学完一篇描写春天的课文，我们就奖励自己去踏青，感受文章中所写的那些美好；看完一本书，奖励自己一本感兴趣的新书。“胡萝卜与小蛋糕”之所以能胜出，就在于这个奖励能够刺激我们对胡萝卜的喜爱，今天吃了胡萝卜，明天就有小蛋糕奖励，两种食物之间建立了正向的关系，我们就会逐渐喜欢上吃胡萝卜，即便以后没有小蛋糕奖励，我们也习惯了吃胡萝卜，不再挑食。这就证明了“同质性奖励”的优点，做作业与得到文具，看书与买书，挑食与喜欢吃的食物，这些任务与奖励能够很好地匹配并强化我们对任务的执行动机。

在奖励内容方面，我们还要尽量少地进行物质奖励。精神奖励其实比物质奖励更有效，尤其是他人的口头评价奖励，一句话可能比一件昂贵的礼物作用更大。

有时我们的任务已经完成了一大半，我们却突然不想要与之对应的奖励了，不想要奖励，自然也不想再继续完成任务。我们在设置奖励内容的时候，多设置几个选项就可以避免这种情况。最好是将物质奖励、精神奖励合理结合，物质奖励作为外部刺激可以诱使我们开始任务，精神奖励则可以让我们在完成任务后获得极大的精神满足感，特别是他人的夸奖，能够强化我们下一次做此类任务的意愿。

这些方法只是一些笼统的东西，每个人所渴求的东西都不一样，具体如何安排奖励内容还要从我们自身出发，具体情况具体分析。

适当地给自己奖励、自我夸赞、自我鼓励能够增强我们的自我价值感，让我们感觉自己真的很棒。其实你就是最棒的，只是自己还没发现而已，我们值得任何美好的奖励，也愿你捧着这份美好奔赴未来，无论沿途阴雨晴日，都要给自己一份温暖的奖励！

战胜那个让你焦虑的怪兽

找一个晴朗的早晨去公园散步，在晨风的轻抚下，那些困扰我们的事情似乎随风消散了许多。每当我感到焦虑的时候，我都会走出门吹吹风，平复心情，这样会让我的大脑更清醒，能够更清晰地思考该怎样面对那些让人焦头烂额的事情。

那么，你焦虑的时候会如何处理呢？是通过打游戏、做运动、接近大自然，还是利用其他的特殊方法？如果你还没有缓解焦虑的方法，面对考试焦虑、同龄人之间的差异带来的焦虑等，你是否会觉得这些事情就像一团乱麻，将你包裹起来，令你寸步难行？

我们对焦虑这种情绪非常熟悉，但是我们未必了解焦虑。平时大家谈论的焦虑通常都是关于考试、同学矛盾、家庭矛盾这三类，事实上，我们的焦虑远比这些要多，当我们对自己和我们所关心的人的安全、健康、未来等事情过度担心时，我们就会产生焦虑烦躁的情绪。有时候因作业过多产生的焦虑，并不只是因为做不完作业我们会被批评，其中还有一些我们对高考、前途的焦虑。

我们每个人面对焦虑的反应更是千差万别。同样是有很多作业没有写完，有人会觉得“学习太难了，上大学无望，反正作业也做不完，让我先想想该怎么办”，于是漫长的思考过程就开始了，他们一边躺在床上看着天花板，一边在心里做计划，等到终于想清楚自己该怎么安排写作业的顺序才能不着急、不焦虑的时候，也就差不多到了睡觉的时间；有的同学恰恰相反，他们越焦虑，做作业的效率就越高，他们的想法是“再不做就更做不完了”，所以他们会争分夺秒地努力做题。

从以上两种不同的表现我们就可以看出，焦虑未必是一头“恐怖的怪兽”，也可能是激发我们学习的紧张感、提高学习效率的“小精灵”。在不超出我们内心承受范围的情况下，怪兽和小精灵的差别不在于焦虑程度的轻重，而在于我们如何看待它，如果我们积极地面对，它可能就会收起獠牙，变成乐于助人的小精灵。

冬冬从升入高中开始就总是感到焦虑，她从学习成绩一般的中等生，逐渐上升，成为班级里的前几名。这一路上本应该充满鼓励和赞美，但是冬冬只感受到越来越多的焦虑。

在刚分完班的那段时间，冬冬还很轻松，虽然学习成绩一般，但是没有人催她学习，老师、家长、同学也不会太关注她，没事的时候她会练习画画，也很放松、很惬意。但是冬冬的妈妈不喜欢她这副没有上进心的模样，所以她妈妈特地租了学校附近的房子，就是为了陪冬冬学习，为了让她避免把时间浪费在上下学的路上。然而，看着每天写完作业就去玩的冬冬，再看邻居家同年级的孩子做完的课外练习题都装满了一个大垃圾袋被扔在门边，冬冬的妈妈心急如焚。

“吃饱、喝好、玩够、睡足”的冬冬听课状态一直都还不错，课堂上学到的知识多，做作业时也及时巩固，冬冬的成绩在第一学期的期中考试时有了明显的提高。这让她的妈妈看到了希望：“既然你能提高成绩，为什么不继续努力再提高一些？如果你再把画画、睡觉的时间拿出一部分用来学习，成绩不就能提高更多了吗？”

在学校里，冬冬的压力也很大，老师觉得冬冬可能是高考“黑马”，越来越关注冬冬的学习状况。同学们也觉得她一定是有什么学习秘籍，经常有同学在下课后找她“取经”，冬冬说不清自己的成绩为什么会提高，同学们就觉得她在藏着掖着，不说实话。

缩短了玩耍的时间之后，冬冬的成绩确实提高了一些，妈妈和老师的想法得到了证实。他们希望冬冬再努力一点，而同学们也确认了冬冬就是自私虚伪，觉得她明明在背地里偷偷学习，还遮遮掩掩地表现出一副不知道怎么学习的样子。

这些期待和流言蜚语让冬冬越来越焦虑，她害怕自己达不到妈妈和老师的期望，担心自己高考考得不理想，对不起他们的付出，也为同学们误解自己、排挤自己而苦恼。害怕的同时，冬冬对自己也有了明确的认识，她知道自己根本达不到那些期望。在高二下学期的时候她就觉得自己已经到了极限，尽管她已经对基础的内容掌握得滚瓜烂熟，可一旦遇到特别创新的题型，她仍想不出解题方法，继续提高分数对她而言几乎是不可能的。她也无法融入同学们的各个小团体，虽然有同学会来找她问学习上的问题，但冬冬还是感到很孤独，这种孤独感在体育课或者其他需要组队的学习任务中尤其强烈。当我们站在人群之中，却没有一个人可以相互陪伴、依靠，焦虑就会随之而来。

冬冬的焦虑来自妈妈、老师、同学，这三类人在冬冬高中阶段日常接触的人中占了绝大部分，他们给予冬冬的是压力、期待和不理解，但是冬冬需要的恰恰相反，她需要多一些陪伴、支持、安慰。在她身边更多的是“我想让你怎么做”“我希望你成为什么”“你应该怎么做”之类的命令性话语，一切都在推着她向前，让她向着一个未知的且成功率非常低的方向努力。这种对未知的担忧与害怕就成了冬冬焦虑的源头。

焦虑对冬冬的生活影响很大，虽然成绩提高了，人却变得烦躁易怒，还经常做噩梦。在她的梦里，有时会有一群怪物围住她，像在举行仪式；有时她拼命向前跑，身后有一群怪物在追，转眼面前又凭空出现了两只怪物拦住她的去路，冬冬常常梦到这里就突然惊醒。

其实烦躁和多梦这两种焦虑表现很普遍，每当我们有烦心事的时候，整个人就像一根爆竹，可能稍微一碰就会摩擦起火。我们的大脑又像一面奇怪的镜子，越是思考这些烦心事，与之相关的人就会以各种奇怪的形象出现在镜子里，然后在我们的梦境中表现出来。冬冬梦见的追堵她的怪物们，其实就是那些焦虑源的化身。

在高中阶段，孤独、无助、外貌形象、真实想法与师长们强加给自己的想法的冲突等都会引发焦虑，这些焦虑对我们的身心状态都会造成负面影响。

如果我们想要利用焦虑提高做事效率，那这个焦虑的程度就应该比较轻，带给我们紧迫感的同时，我们可以通过努力达到预期效果，这种可控感就是“焦虑小精灵”和“焦虑怪兽”之间最大的区别。如果我们面对一件无论怎么努力结果都很糟糕的事情，就会有强烈的失控感，事情的发展完全不符合我们的预期，我们就会感到非常焦虑。

精神分析心理学家弗洛姆在《爱的艺术》中写道：“孤独包括了虚弱无力以及不能积极地把握世界——人和物。它表明世界能侵袭我们，而我们却无力反抗，所以，孤独是强烈焦虑感的根源。除此之外，它还引起人的羞愧心和罪恶感。”那些让我们难以发挥人的主观能动性去改变的事物，都会带给我们强烈的焦虑感。

不过，焦虑也不是一道无解的题，我们可以通过一些方法缓解焦虑。

首先，积极地面对那些让我们感到焦虑的事情，把事情想得容易一些，用乐观的心态看待周围的人或事。但如果我们确实做不到某些事情，那就不要逼迫自己，比起和周围的人或事友善相处，我们更重要的任务是和自己友善相处。有句话说：“大事化小，小事化了。”面对焦虑，我们可以“中事化小，大事化了”，用积极的态度面对解决难度大但勉强可以做到的事情，将其分解成一件件小事情来做，而把那些难度极高、难以实现且压力巨大的事情暂时搁置，给自己“减负”，或者用一点阿Q精神来面对它：“大家都做不到的事情，我做不到也很正常，别人都那么无忧无虑，我为什么要逼迫自己呢？”

其次，正确地宣泄焦虑，最经济实用的方法就是做运动。我们在课间去操场上跑两圈，在一呼一吸之间感受胸腹的起伏，就是改善负面情绪的简便方法。冬冬通过跑步，做噩梦的频率降低了很多，焦虑得到了较大程度的缓解。

饭后散步，安静地走一走也是不错的办法，但是散步的运动强度太低，效果比较差。如果想要达到促进内啡肽分泌、改善睡眠质量、提高免疫力的效果，我们就需要中上强度的运动，除了跑步，最适合高中生的就是球类运动。大部分学校的球类体育设施也比较齐全，我们在课间约上三五好友打篮球，或者约上一个人一起打羽毛球，都是很好的锻炼方式。在运动过程中，部分焦虑就会随着我们额角滑落的汗水一起蒸发了。

还有一点，我们可以不必太在意他人的看法，我们的外貌如何、我们是否完美、我们的成绩怎样……这些都是我们自己的事情，他人的评价和要求并不是特别重要，还是那句老生常谈的话："我们不可能得到每个人的喜欢"。别人可以给我们建议，激励我们努力，但倾听那些声音不是我们生活的重心；我们能让自己开心、愉快，努力做一个更好的自己，就做得很棒啦！

最后，如果焦虑程度过重，难以进行自我调节，我们还是要寻求专业人士的帮助，不要自己强撑哦！

学会接纳自己并肯定自己

对于接纳自己，我们可能会有许多不同的看法。有的人会认为："我怎么能不接纳自己呢？不接纳自己我也没办法改变现状，就只能这样浑浑噩噩地熬下去，或许高考结束情况就会变好了吧。"也有的人认为："我只能依靠自己，如果我都不接纳自己，那么一点点风浪就足以让我崩溃。所以不管别人怎么看待我，不管我处在怎样的状况下，我都要坚定不移地爱自己、支持自己。"还有一部分人会觉得："我不值得被接纳，我糟糕透了，做什么都做不好。没有人喜欢我，我也不喜欢我自己，谁会喜欢一个一无是处的人呢？"

这三种想法将无可奈何、积极肯定、消极否定的态度全都包含在内。虽然我们都知道第二种想法对自己更好，但是能拥有这般积极心态的人少之又少，我们大多数人都在第一种和第三种之间徘徊。我们会越来越觉得自己"不好"，甚至在陷入困境，他人向我们伸出援手时都不敢接受，久而久之就会变得自卑、多疑、敏感，情绪不稳定。

我认识一个叫小时的女生，她总是一副没有精神的模样。她身边的朋友都觉得她总是一副睡不醒的样子，每天坐在教室里只有下课这一件事是她所期待的，其他的时间她都是在睡觉。

她也不是没有想过好好学习，但是大多时候，她的学习计划都是刚开始就结束了。比如做了两道选择题，没有一道题正确，她就开始否定自己："学不会就是学不会，我脑子又不是特别聪明。别人成绩不好，想追就能追上来，我想提高成绩比登天都难。我和他们比差太多了，完全没办法追上，还不如趴在课桌上多睡一会儿。”

小时还有自己的一套解释：“有些人能成为黑马，是因为他本来就是黑马；有些人能从丑小鸭变成白天鹅，是因为人家天生就是天鹅，而我就是一只爬得慢的小乌龟，不管怎么长大都改变不了自己是谁。”

小时接受了自己，但是她没有接纳自己。

我们去水族店看看就会发现，就算同样是小小的巴西红耳龟，有的乌龟就非常活跃，扒着箱子壁努力地爬呀爬，还有的笨拙地越过其他同伴的包围，从原来趴着的地方爬出来。前进的速度并不重要，重要的是这种积极的态度，只要还在充满希望地努力，箱子里的乌龟也可以爬出去看更广阔的天地。小时的状态则像一动不动地缩在箱子角落的小乌龟，很难有人注意到她、给她鼓励。她也不会鼓励自己，她接受自己待在箱子里的现状，也接受自己糟糕的状态，仿佛脑海里有一个声音在说：“就这样吧，有什么好挣扎的呢？”

如果丑小鸭一生都在农场里和鸭群一起生活，不断地被嘲笑、讽刺，也没有想要改变，那么它最后只能变成一只想着“有一口粮食就吃一口粮食，活着总比死了强”的颓废鸭子。

接受自己和接纳自己的区别就在于态度。任何好的坏的东西都可以被接受，接受过后，我们可能会更安于现状，变成一只“就这样吧”的颓废的丑小鸭。接纳自己则是我们对自己的一切都表现出积极的态度。比如一次数学考试失利，前一种类型的人看到成绩会想：“我果然是脑子不聪明，考成这样也是意料之中的事，没什么不能接受的，谁让我不如其他人呢。”而接纳自己的人可能会想：“看来我的数学水平确实不太好，但是没关系，错得越多，能发现的问题越多，学好这些缺漏的知识内容，下一次我一定能提高很多分。”

此外，遇事就迫切地想要做出改变，也是不接纳自己的一种表现。比如有人说了一句“你长得好奇怪啊，眉毛、眼睛、鼻子、嘴巴都不符合现在流行的审美标准”，不接纳自己的人就会迫切地想要做出改变，走上一条无休止的整容之路，甚至会为了变得更符合“审美”而盲目地去一些三无诊所。这种现象早已不是成年人身上才会发生的，在青少年群体中也有体现。

小时也承受着外貌焦虑的困扰——平平无奇的长相，较矮的个子，鼻梁上还架着一副高度数的近视眼镜，虽然她看起来是一副乖学生的模样，实际上学习成绩非常差。

小时身边的人喜欢嘲讽她，还给她起外号。小时坐在后排的“差生区”，周围的同学虽然学习也不好，但是他们除了学习，其他方面都很擅长，所以他们也瞧不起小时。他们给小时起外号，喊她“傻呆子”，因为他们觉得小时的造型应该是“书呆子”，但是他们觉得小时比较傻，就叫她“傻呆子”。后来他们又觉得三个字太长，说她像个出气筒、任人打的沙袋，又叫她“沙袋”。

小时安慰自己，这些同学只是无聊，但是他们这些行为给她带来的自卑感如影随形地跟着她，对她的学习和生活都造成了很大的影响。这种影响不仅仅是在她面对想要获得的机会时不敢争取，在她日常生活中的方方面面，她也常常觉得自己处处不如他人。小时变得越来越沉默，缩着脖子，还有些弓背，一副怯怯的样子。为了避免被他人嘲讽，她留了长长的刘海，刘海和眼镜把上半张脸挡得严严实实，额头处被捂得长满了痘痘。

接纳自己，用更严谨的心理学名词来讲，叫“自我接纳”，它包括很多东西，比如我们的个人形象、价值观，以及我们现实所处的环境等。我们重视自我接纳，并不只是强调“爱自己、支持自己”，还因为它是评价我们个体心理健康的一项标准，更是自尊的基础条件，与我们的自信程度相关。

一个人如果能够正确地接纳自己的一切，不因优点而骄傲，不因缺点而自卑，用正面、积极的态度面对事物，那他必然是一个自尊、自信的人。他不但能与自己相处融洽，也能坦然地面对现实世界的人和事物，而不是出于高防御性、高攻击性、斤斤计较、不断谴责自己和他人、厌恶现状、厌恶自己等心理把生活过得一团糟。两者相比较，接纳自己的人，其心理自然比较健康一些。

接纳自己是一件既简单又困难的事，它的难点就在于面对现实。

以拍照为例，高中阶段的我们正处于青少年时期，由于自我意识的增强和青春期时对异性懵懂的爱慕，我们对自己的外貌形象是非常在意的，所以很多同学在拍照后会非常在意加滤镜、开美颜、修图等环节。如果给他拍一张什么角度、构图、光线、修图手段都没有的照片，他看着照片可能会产生自卑感，“我怎么这么难看”“这个发型怎么这么丑，脸型也好难看”，即使他人还没开口评论，自我接纳程度低的人也会先对自己说这些话。小时改变自己外貌的原因就在于此，起初是周围同学的嘲笑带给她外貌焦虑，让她变得不自信，后来即便同学们不再嘲笑她，她也会不断挑剔自己的外貌，变得越来越自卑。

如果我们想要提高自我接纳的程度，就要学会肯定自己，学会寻找自己的闪光点。

无论这个闪光点是大是小，只要发现自己身上的优点，就可以试着去夸赞自己。这一点小小的光亮会在我们的肯定之下变成一个光团，之后再获得更多来自自己和他人的肯定，这个光团会越来越亮，我们就会变成一颗传播光与热的小太阳。

在这个肯定自我的过程中，小时变得自信了许多，放弃了她的“黑马、天鹅、小乌龟理论”。她将厚重的刘海梳了起来，开始认真听课、做题、记笔记，虽然上课时还是经常会睡着，能听懂的课堂内容也不多，但是好在距离高考还有一年，慢慢补救为时未晚。

人具有社会性，我们难免会被大众审美、他人评价、社会环境影响，觉得自己“这也不好，那也不行”，尤其是在学习成绩这一方面，对比就会更加明显。我们都知道“人无完人”这个道理，没有人能够优秀到令所有人都满意，但是我们可以对自己感到满意。

如果说我们的心理是一个小孩，那么这个小孩最渴望得到的一定是我们的肯定，我们肯定他、接纳他，他就会变得积极、自信，反之他就会消极、自卑。所以，为了让我们的心理健康成长，要多夸奖自己、肯定自己哟！

第5章

高中的人际关系

你也可以孤独

你会不会在某个瞬间有一种“我是这世上最奇怪的人”的感觉？比如身边的同学都沉迷于追星、追剧、看小说、看动漫、玩游戏，但是这些你都不喜欢，你喜欢养鹦鹉，朋友们都调侃你像公园里遛鸟的老大爷；班级里的女同学都很温柔娴静，你是唯一说话嗓门大、力气大、做事不细心的女生；男同学们都喜欢在课间打球、跑步，而你是一个喜欢坐在窗边安安静静地看课外书的男生……

看着其他同学聚在一起叽叽喳喳地讨论某个话题，我们完全插不上话，并且也听不懂他们在说什么，似乎自己和同学们之间有一道巨大的鸿沟。我们越想和他们交谈就越融入不进去，越想接近，彼此间的距离就越远，但是我们又不愿为了让自己更合群而去做不感兴趣的事情。这种孤独的感觉就像站在一片无边无际的荒原上，不管我们向哪个方向奔跑，似乎一直都是孤身一人。

在青少年时期，我们不可避免地会感到孤独，除了因不同的兴趣爱好使我们难以融入他人的圈子而感到孤独以外，还有一部分原因是我们在这一阶段的“自相矛盾”。高中时期是我们由未成年向成年过渡的一个阶段，我们渴望了解他人的同时，也很在意自己在他人眼中的形象，既想有一个人能真正地了解自己，又不想让自己内心深处的一切被他人看透，这种矛盾会带给我们许多烦恼，孤独感也随之而来。此外，我们还会在日常交往中思考很多东西，比如对方是否值得交往，对方的某些表现是什么意思，我今天做的这些事对不对……在这种不断的自我反思和对他人的思考中，我们会越发觉得自己是一个孤独的个体。

前些天有个孩子问了我一个问题："不喜欢和别人交往是心理有问题吗？"

这个孩子叫小知，今年读高三。无论在学校还是在家里，他都觉得自己很孤单。

在学校里，他从小玩到大的好朋友在重点班，成绩名列前茅，从高二开始，这个好朋友就很少有时间陪他一起出来打球了。而自己班级里的同学，小知和他们都不熟，虽然他非常擅长打篮球，并且刚升入高中时，班级篮球队也缺人，但他就是不愿意和不熟悉的同学打球。久而久之，两年过去了，班里的男生只觉得他是个怪人，而性格内向的小知自然也不愿意和女生一起玩，于是独来独往似乎成了他的习惯。

小知觉得这样的状态很不错，别的同学绞尽脑汁地思考班长过生日应该送什么礼物，而他游离于班级外，连班长长什么模样都没记住，也不用浪费时间去思考这些礼节上的东西。小知的同桌总是念念叨叨地抱怨他的好兄弟："没打赢篮球比赛为什么天天要找我诉苦，简直没完没了，有这么多时间，多去练习不是更有用吗？"小知听着这些话甚至有些"幸灾乐祸"，这样麻烦的好兄弟，他一点都不想拥有。

在家里，小知的状态也是一样。亲友聚会的时候，他总是不愿说话，其他男孩聚在一起捧着手机打游戏，他就一个人在旁边安安静静地听音乐或者神游天外。父母让他给亲友们问好，小知礼貌地叫过叔叔阿姨后，就避开他们回到了自己的房间。

小知觉得这样做既不打扰长辈们聊天，又能避免被他们拿来当作攀比的谈资，还能让自己感到舒服。强迫自己坐在一群叔叔阿姨中间聊天，只会让他感到更孤独，回房间这种一箭三雕的办法简直再好不过。

小知觉得这些做法很舒服，其他人却不如此认为。老师和家长们总是觉得我们这个年纪和同龄人一起说说笑笑才是正常的，如果我们做什么都是一个人，他们就会怀疑我们是不是被孤立了，或者担心我们有心理问题。小知的父母就一直怀疑小知有心理问题。小知初中的时候就开始长“青春痘”，到了高中这些痘痘不但没有消失反而越来越多，小知的父母据此认为他有外貌焦虑倾向并因此而自卑，所以才会“不合群、没朋友”。

事实上，我们在青少年时期感到孤独并且享受孤独并不奇怪，这是我们自我意识增强的时期，自我评价是我们在此阶段非常看重的东西，如果我们的自我评价过低，我们就会自卑，不敢与其他人交往，他人也不会注意我们，我们自然就会变得孤独；如果我们自我评价过高，就会目空一切，不喜欢他人，不愿进行人际交往，觉得“世人皆醉我独醒”，这种情况下孤独感也会如影随形。孤独感还与我们对外界的人或事物的看法有关，比如悲观厌世的人看待一切都是糟糕的，他们很难感受到内心的满足，也会感到孤独。人际交往技巧、情绪状态等原因也会直接或间接地让我们感到孤独。

人际关系的日益复杂、对新环境的不适应、对家长的叛逆心理、无人倾诉的学业压力等，都是我们孤独感的来源。在这些来源中，我们有时会感到孤独、彷徨，有时则会觉得“孤独真好”。比如小知，他看见同学们因为复杂的人际关系而烦恼时，就觉得“一个人也非常好，没有那么多麻烦事要应付”，但是有时候小知胃疼到趴在桌子上，所有同学都出去活动、聊天，同桌回来看他趴在桌子上，还以为他在睡觉，这时，他会觉得自己被孤独感包围了起来。

想要摆脱孤独需要从三个方面入手，一是我们自身需要做出改变，二是学习更多的人际交往的方法，三是转移情感、跳出局限，万物都可以成为我们的朋友。

自身的改变，主要是改变我们对自己过高或过低的评价，正确认识自己。我们不可以过度肯定自己、鼓励自己，如果每天都觉得“我是最厉害的人，其他人都是笨蛋，他们不配和我做朋友”，那么我们可能永远都交不到朋友。同样，我们也无须自卑，我们并没有自己想象得那么一文不值。恰恰相反，我们每个人身上都有一些他人梦寐以求的优点，只是自己还没有发现，但是那些想要亲近我们的人肯定发现了我们的优点，和他们互相帮助、彼此欣赏，我们就会有很多朋友了！

在人际交往方面，我们可以试着从某一个看起来和自己有一点相似的人入手，比如找一个共同的兴趣爱好作为话题，这样交流起来会更容易成功。有了成功的经验之后，我们就能够有信心与一个完全陌生的人谈话了。

维持人际关系也是我们青春期的一大难题。有时我们会盲目听信其他人的评价，与朋友绝交，事后又开始后悔，所以凡事都要亲自去看、去听再做决断。还要注意，无论是不是亲密朋友，都要给彼此都留有空间。我们在青少年时期都会非常注重隐私问题，我们有秘密，朋友同样也有，将关注点放在人际交往本身，减少我们探知的欲望，友谊才会更加长久。

“转移情感、万物为友”就是说在我们孤独的时候可以与各种各样的对象为伴，我们可以和大自然中的一草一木为伴，可以和自己的日记本为伴，也可以和朋友送的玩偶、挂件、模型等为伴。我们也可以通过和远方的朋友打视频电话谈心，或者与身边的某位投缘的亲人聊一聊，写信给笔友或其他信任的人等各种各样的方式来缓解孤独感。

当我们想要摆脱孤独时，可以利用这些方法，那么，如果我们享受孤独的感觉，是否也要想方设法摆脱孤独呢？或者像小知所问的：“这代表我们心理有问题吗？”

其实任何一种情绪感受都是“有人欢喜有人愁”。我们有时候喜欢孤独，享受孤独带来的安静，喜欢在一段无人打扰的时间里做自己喜欢的事情，哪怕是无声地躺在床上放空，也能感到舒服。这很正常，就像有人喜欢适度的焦虑帮他提高学习效率一样。如果一个人独处可以让我们感到更舒适，我们就没有必要强迫自己做出改变；但是如果当夜晚来临，我们躺在床上一边想白天时自己一个人受了多少委屈，一个人做事情有多难、有多无助，一边默默流泪，任泪水打湿枕头时，我们就需要做些什么来摆脱孤独了。

至于我们的孤独感究竟算不算心理问题，我们可以从判断心理异常的三个原则来看：

首先是统计学原则。大多数人都会有享受孤独的时候，尤其是在忙碌的学习、工作、生活节奏下，我们都需要一段安静的独处时光，但是有时我们又很不喜欢孤独的感觉。这种时而喜欢孤独、时而讨厌孤独的情况非常普遍，并不能算是心理异常。

其次是功能性原则。我们所享受的那部分孤独不会对我们造成负面影响，反之还会让我们得到放松，这显然不能算作异常的心理现象。

最后就是心理学原则。享受孤独并不等于与周围环境不协调，借东西有借有还、对人有礼貌、注意仪容整洁等各种社会守则和文明规范，我们都在遵守，我们的性格也没有因为享受孤独而发生变化。

所以，只要我们的孤独没有影响生活，控制在合理范围内，我们反而享受那片刻的孤独，就没有必要强迫自己改变，更不算是有心理问题。

如果你一个人踏着晨风晚霞上学、放学会感到愉悦，如果你一个人在夜晚关上灯安安静静地坐一段时间会感到放松，如果你觉得远离某些吵闹的同学会让自己感到舒服，那就去享受这些事情吧！

我们是社会性动物，但也不是每时每刻都要成群结队、互相陪伴。你可以不合群，你也可以孤独。

与朋友的相处之道

朋友是我们青葱岁月里最忠诚的伙伴。那些青春期的隐秘心事、那些对父母和老师的心结、那个我们懵懂爱慕着的同龄人…… 朋友倾听我们心底的这些秘密，给我们温暖和支持，我们都想和彼此成为一生的朋友，就像刘备三人桃园三结义一样结为异姓兄弟或姐妹，虽然没有血缘关系，却比亲生的兄弟姐妹还要更亲近。

我们与好朋友不在一起的时候，会把两个人在一起时发生的趣事讲给自己亲近的人，会在社交平台上分享合照，分享快乐的点点滴滴；有时我们回家晚了，父母还会给朋友打电话让他“放人”；我们生病请假的时候，老师会让他带着一摞试卷和作业来探病。这些小事，我们想想就觉得很美好，仿佛全世界都知道我们是最好的朋友。

可是美好和现实之间往往有一道裂隙，我们和朋友之间不可避免地会吵架。可能是因为第三个人的加入让我们的友谊变得复杂起来，有了亲疏之分；可能是因为在某一件事情的讨论过程中两人发生了分歧，互不妥协；可能是因为有一天偶遇，他没有听见你在叫他，反而走向了一个你很讨厌的人，并且和那个人有说有笑地离开……

友谊的保质期到底有多久呢？

这个问题很难回答。有些人的友谊即便快到保质期了也能加点保鲜剂维持下来，但是有些人连短短几个月的友谊都难以维持。我们喜欢一个人往往要经过漫长的相处过程，而讨厌一个人可能只需要一瞬间。那些长久的情谊不只是因为两个人志趣相投，还有一部分原因在于彼此能够积极沟通，改正各自的缺点和那些令人难以忍受的小细节。

找到一个与自己性情相和、爱好相似的人并不难，难的是我们如何面对那些“不和”的部分，如果看到朋友身上有自己讨厌的特点就冷淡疏远对方，这份友谊绝对不会长久。

正在读高一的姗姗就在为这些难以忍受的小细节而烦恼。

姗姗在生活中很喜欢观察别人的小动作，她觉得这些细枝末节更能体现一个人的本质，虽然表面上大家都是和和气气的好同学、好朋友，但是光凭言语，我们根本判断不出别人真实的想法，只能悄悄地观察那些细节。但是观察过后如何抉择就成了姗姗面临的难题。

有一天课间，姗姗和自己新结交的朋友在操场跑步聊天。路过篮球架附近的时候，篮球突然砸向了她们所在的位置，那个女生迅速窜到姗姗背后，双手紧紧抓住她的肩膀。所幸最后篮球落在了她们旁边，没有砸到人。

姗姗当时没说什么，安抚着惊魂未定的朋友，一起回去上课。但是坐下来后，她越想越不舒服，脑子里突然冒出了不好的念头：“遇到危险就把我当作人肉盾牌，那以后如果一起组织班级活动，出了差错，她会不会也把责任都推给我，拿我来抵挡老师的怒火？”

姗姗是副班长，她的这位新朋友是班长，一想到有被朋友拿来当替罪羊的可能性，姗姗就感觉毛骨悚然。接下来的一段时间里，姗姗对这位朋友的态度就很冷淡，总是装作学习很忙的样子推辞对方的邀请。

后来放了一次小长假，姗姗和从小玩到大的闺密一起出去玩。两人吃完饭去体育广场散步，路过旁边篮球场的时候，闺密拉着她，想要走远路绕过去。姗姗想起来闺密害怕篮球，她小时候在放学回家的路上路过一个篮球场时，被篮球砸到过头，从此她就害怕有人在打球的篮球场。闺密还总是借此调侃自己说：“我学习不好和我自己没关系，都怪小时候碰到的打篮球的那几个人，一个篮球飞过来就把我砸傻了。”

想到这里，姗姗又想起了被自己疏远的新朋友：“或许她也是有什么不好的经历才让她害怕篮球，所以才会躲在我的背后。我还不了解她的经历就下判断疏远她，好像我才是做错了的那个人。”

假期结束后，姗姗想要与朋友重归于好，却发现那个女孩子已经结交了别的朋友，她们下课后也一起聊天、散步。姗姗一时间束手无策，不知道该怎么找她和好。

其实姗姗最初交朋友时抱有戒备心并没有错，盲目地相信他人反而是对自己不负责任，但是在有疑虑的时候不去进一步了解，而是主观臆断，给对方戴了一顶“只顾自己，不顾朋友”的帽子，接着就疏远对方，这就是她们友谊出现问题的原因。

我们面对事情总是更喜欢相信自己的眼睛，可是眼睛往往看不到事情的全貌，并且还会让我们如盲人摸象一般，仅仅根据自己看到的内容就给人或事定性。当我们眼睛看到的事情很消极时，我们不妨再走近一点去了解，多问一句话并不会浪费我们多少时间，少问一句话反而会给我们带来更多的麻烦，误解就由此产生。

那么，与朋友发生矛盾、产生误解之后我们该如何处理呢？

最好的答案就是沟通。两个人心平气和地坐在一起谈心，找到问题的原因，再针对原因讨论如何处理。在面对面交流的过程中，很多不满的情绪都能表达出来，彼此也都能找到自己的问题并加以改正。但是这种既简单又有效的方法，在我们人际关系遭遇危机的时候却很少有“用武之地”。因为一方面我们会觉得如果自己先找对方，提出想要聊一聊，就像我们先低头认错了一样，会很没有面子，并且对方可能会认为既然我们已经先认错了，就可以站在道德制高点对我们提出更多的要求；另一方面，我们虽然强调要心平气和地沟通，在面对面交流的过程中，却很难保持情绪稳定，在沟通中矛盾很可能像滚雪球一般越来越大，产生与我们预期相反的效果。

我们在与朋友沟通的时候可以用一些小技巧。

首先，在沟通中不要忘记人际交往中的基本礼貌。有的人想要把难得的沟通机会当作情绪宣泄的出口，将相处以来所有的不满和愤懑都直白地在见面时说出来，哪怕我们的初心是想指出朋友的问题，朋友依然会感受到被冒犯和不被尊重。最终感情能否恢复如初，就取决于朋友如何看待这些直白的话语，对方很可能与我们发生口角，使矛盾愈发激烈。我们可以提出对方的错处，但是一定要注意语言不要过激。

其次，要换位思考。我们可以站在对方的角度想三个问题——“他为什么会这样做”“在这种情况下，我能否理解他并赞同他”“如果我是他，我会怎么办”。带着这三个问题的答案去沟通，关于“究竟要不要继续这段友谊”以及“如何处理朋友之间的矛盾”这两个问题，在我们心中也就有了答案。就比如姗姗和朋友间的矛盾，她猜测朋友可能是因为被篮球砸到过才躲在她身后，如果是这个原因，她可以理解朋友的做法。姗姗觉得换作自己可能也会躲在朋友背后，反而是自己无缘无故地疏远朋友，在朋友眼里应该是无法理解的，所以她才想向朋友道歉解除误会。

最后，就是“谁先低头”的问题。我们这个年纪难免会视形象、颜面如最珍贵的宝物，但是有错处就积极沟通，想和好就先和朋友说两句话，这本是再正常不过的事情。

我的一个朋友家的孩子在读幼儿园，有一天他回到家对他的妈妈说：“妈妈，你明天可不可以多做一些好吃的放在我的便当盒里？我今天把我的好朋友惹生气了。”

他的妈妈很诧异，问他：“好朋友生气了，你为什么要多带一些好吃的呀，是想要用好吃的诱惑他吗？”

孩子摇了摇头说：“他喜欢你做的饭，我要拿好吃的去道歉，然后和他一起吃！”

第二天，他的妈妈去幼儿园接他放学，刚走到门口就看见两个孩子坐在一起咯咯地笑。

记着对方的喜好，有矛盾就想办法解决，有错误就主动道歉，这些小孩子都懂的道理，我们却常常装作不懂。就像两个人站在跷跷板的两端，努力保持平衡，谁都不愿意向前走一步，都在担心“如果自己先迈出一步，对方不迈该怎么办”。当你迈出那一步，就会发现主动提出想法这个过程也很愉快，当我们把自己的疑问和心结说出来后，身体似乎从内而外地轻松了许多。

姗姗和她的朋友一个故意疏远，一个不愿解释，彼此都不知道对方的想法，心结就在冷暴力中变得越来越大。后来姗姗鼓起勇气去找新朋友道歉，聊天中发现新朋友确实有过一些糟糕的经历才导致她害怕篮球。新朋友也向她道歉，说是自己的错误，没有向她解释清楚。从冷漠相对到重归于好，沟通就是促成转变的桥梁，将两颗心连起来，让双方互相聆听彼此的故事，将友谊的桥梁逐渐加固。

事实上，学习如何与朋友相处，也是在学习如何与自己相处。透过我们与朋友的矛盾就能看到我们本身的性格问题，在与朋友沟通的过程中我们与朋友都会获益良多，能够帮助彼此找到缺点和问题，并努力改变它们。所以说，与朋友相处更像是与自己相处，如果只是要我们找到与自己相处的办法，是不是感觉就没有那么困难了呢？

与老师沟通的技巧

在高中阶段，仔细算算时间，老师应该是陪伴我们最多的人。我们早上迎着晨风去教室，晚上踏着月色回到家，与老师、同学在一起的时间比与父母相处的时间还要长。在这样长时间的相处下，我们每个人面对老师都有不同的态度。

有些同学和老师相处融洽，喜欢追着老师问问题或者与老师交流心事，在学校积极活跃；有些同学却害怕和老师相处，甚至害怕与老师对话，被老师叫到名字都紧张得手心冒汗；还有一些同学在与老师沟通的过程中，总是突发各种各样糟糕的小状况打断对话，又或是还没有听懂老师安排的任务内容，就急忙应承下来，久而久之，这些同学与老师沟通的频率也会越来越少。

“怕老师”这一特点在我们学生群体中非常普遍，大家与老师相处时，可能都会出现不同程度的掌心出汗、心跳加速、坐立不安等状况。但是在“怕老师”的同时，我们又很羡慕那些看起来与老师关系特别好的同学，他们要么是成绩名列前茅或有某项特长，深得老师喜爱；要么是成绩不好，但是做事待人的能力很强，老师对他们非常信任。我们总是会不自觉地把自己与这些同学作比较，甚至可能会觉得“我这么普通，也没什么特别好的地方值得夸耀，在老师眼里我肯定就是一个透明人吧”。

我的一个亲友家的孩子多多，他就总是用这种悲观的态度看待自己与老师的关系。每次有人问他在学校过得怎么样，他就会说：“还能怎么样，人不管我，我不管人，过一天算一天呗。”

在他的眼里，既然老师心中没有他，他心中也就没有老师。他不仅讨厌老师本人，还讨厌老师教的科目，讨厌这个让他没有存在感的班级。

像多多这样的同学有很多，我们在青春期迫切需要尊重和肯定，可能老师的一句话、一个眼神、一个动作就会让我们感到不舒服，自此以后，无论老师做什么、说什么似乎都是在针对我们。老师口中的“某些人怎样怎样，做什么事都挺投入，就是不好好学习”会被我们自动归类成“我这样的人”；老师不知道看见什么，做出了嫌恶的表情，我们可能会认为“老师很讨厌我”。

在我们感到被老师“针对”之后，我们的成绩就会迅速下滑，甚至会一落千丈。“看见这个老师就烦”“他说的话我一句也不想听”“他这么讨人厌，我凭什么要学好这一科”“我要把他这一科的平均分拉下来，气死他”……诸如此类的念头在我们的脑海里不断地闪过，最终成绩下降，受害的还是我们自己。

多多不喜欢他的班主任，在他的数学课上睡觉，无论他的课在上午、下午，还是晚自习时间，只要见到他，多多就趴在桌子上睡觉。多多觉得“眼不见为净”，只要自己不看班主任，就不会感到心烦。

班主任在其他老师上课的时候，偶尔会趴在教室门上，透过一扇小小的玻璃窗看大家的上课状态，每一次他都能看见多多认真听课的模样，这让班主任心里的疑惑越来越大。他问其他的老师，老师们都觉得多多上课很认真，回答问题也比较活跃。这两种截然不同的表现，让班主任明白了，显然，多多是在表达对他的不满。

班主任感到很委屈，他不知道自己做了什么事情，惹得多多这样反感，只能想办法和多多的家长沟通。

多多的父亲接到电话，还没等班主任开口就开始骂起了孩子：“这孩子肯定是在学校惹什么事了，老师您消消气，等他放学，看我怎么收拾他！”

班主任解释了很久，对方才肯听他说到底发生了什么，可是向多多爸爸询问了半天多多有没有对其说过在学校遇到什么不开心的事，多多爸爸始终是“一问三不知”。班主任依然没有得到答案，反而还担心自己弄巧成拙，害怕多多回家后会和他父亲吵起来。

从多多和他的班主任的关系中就可以看出，多多不喜欢和老师沟通，凭借自己的主观臆断就讨厌自己的老师，他的老师也不太善于与学生沟通，所以采用了迂回的方式和他的父亲联系。老师也是普通人，我们和老师交流就像对待普通长辈一样，尊敬、理解就足够了。你害怕该怎么与老师沟通的时候，老师可能也在担忧该怎么和你沟通。

在沟通中，我们先要保持一颗平常心，不必过度紧张、焦虑。我们面对的不是影视剧中板着脸、凶神恶煞的“老古板教师”，更不是会对学生体罚的“凶老师”，在如今的教育环境下，沟通和理解才是解决问题的最佳方法。老师们也想和我们拉近距离，我们愿意主动接近他们并与之沟通，对彼此都是有益的。他们更像是年长的朋友，我们完全可以与之畅谈理想、规划未来，也可以向他们寻求一些解决烦恼的办法。想到“今天有个学生愿意和我谈心”，老师们或许就会在你看不到的地方偷偷高兴。

但在破除对老师的刻板印象的同时，我们也不应太过“放肆”。我们可以私下里和老师相处得很好，但是在公开场合或其他人面前，对老师还是应该表达足够的尊重，称呼、动作还是要保持礼貌和尊敬。

如果我们能做到有礼有节地像对待一位“大朋友”一样面对老师，那么沟通过程一定会很顺利。

假如我们像多多和他的班主任一样，让师生关系陷入了僵局，这种情况其实也不难改变，只需要其中一个人主动先迈出一步。

那天放学后，多多回到家里，难得被爸爸夸奖了一番，因为班主任在电话里夸了他很多，说他上课时认真听讲，就连一直以来他最不擅长的物理，成绩也有了起色。

多多听到这些夸奖，心里七上八下的。他不明白班主任这突然的夸奖到底是什么意思，明明自己一直在他的课上睡觉，还总是在他的课堂上捣乱。多多甚至怀疑他是“黄鼠狼给鸡拜年”，于是自己在心里做了很多不好的推测，时而觉得班主任是想要和他爸爸搞好关系，再找个时机“告状”，让爸爸给自己一顿毒打；时而又觉得班主任是借机说他在自己身上付出了很多心血，像新闻里那些充满贪念的老师一样，想要向家长索要“辛苦费”。

胡思乱想了一整晚，多多终于决定找班主任谈一谈。等他到了班主任的办公室，迎接他的不是想象中的冷面相对，而是班主任关切的脸。班主任询问他昨晚有没有因为老师的那通电话和他父亲吵架，还对他解释了打电话的原因——班主任想知道多多为什么唯独在他的课上睡觉，为什么在六位老师之中唯独不喜欢他。

面对班主任坦诚的态度，多多也说出了自己的心结：有一天多多和几名同学一起帮班主任把书搬到教室，其他几名同学一人拿了二十多本就走了，剩下多多一个人在最后拿余下的几十本书。他拿的书比其他人的重很多，走起来自然没有其他同学轻快，等他费了九牛二虎之力从一楼爬到教室所在的六楼，就听见班主任在训斥什么，走近一听就听见他说：“你们这些孩子四体不勤、五谷不分，干点什么都磨磨蹭蹭，将来可怎么办……”多多在门外听见这些话，觉得班主任是暗地里对全班同学说自己的坏话。从此以后多多就不愿再听班主任的安排，也不想听他的课，每天就用睡觉的方式“消极抵抗”，虽然人还在课堂上，却丝毫不想学习班主任教授的科目。

班主任听完多多说的这些才恍然大悟，其实那天他是在让同学们传阅修改一份学生信息表，结果传了一节课都没有填完，所以他才会说出那番话。

多多和老师聊了一下午，误会解开，两个人都觉得很开心。

在多多的经历里，先迈出第一步的人是他的班主任。一个是心思敏感、容易被激怒的青春期大男孩，一个是不善言谈的内向男教师，班主任迈出第一步去打电话找原因，多多迈出第二步去找老师聊一聊，任何一步对他们而言都需要莫大的勇气。

我们在与老师沟通的过程中也需要一些勇气，有问题及时找老师沟通，化解那些小矛盾、小误会；如果对老师的授课方式和说话方式感到不适，就及时向老师提出建议，“亦师亦友”“教学相长”这两条流传了千百年的师生相处之道永远都不会过时。

如果你与某一位老师之间也有一些小矛盾，不妨给自己做一些心理建设，心平气和地去找老师沟通。彼此之间化解矛盾，对方采纳我们的建议固然是好事，没有得到好的结果，情况也不会更糟糕。

最后我们需要记住一点：无论我们与老师的关系如何，切记不要将不好好学习当作报复的手段。我们学习成绩的高低对老师的影响很小，但是对我们的人生影响很大，就比如多多落下的那些知识内容，他需要在其他时间付出比他人多许多倍的努力才能补回来。有时候，我们高中三年努力换来的成绩可能与梦想的学校只有几分之差，而那几分或许就丢在因赌气没有听讲的几节课里。

同桌也可以成为你的“战友”

高中三年，我们该如何和同桌相处，又该如何在日益紧张的学习中，和同桌共同进步呢？其实很简单，我们不妨和同桌达成“战略协议”，所谓“尺有所短，寸有所长”，我们可以和同桌互相取长补短。如果我们的强项恰好是同桌的弱项，同桌的强项又是我们的弱项，那么，我们可以利用彼此的强项，帮助对方增强比较弱的学科。

我们可以和同桌互相督促、互相激励。每天早晨先进行一些重点知识的抽查、背诵等；考后试卷发下来，和同桌互相讨论彼此的问题，或者还可以加上前后桌一起。只要对学习有帮助，何乐而不为呢？而且，在学习的过程中，大家或许还能成为共同进步的好朋友。有什么困难，可以互相帮助；周六日空闲的时间，一起约着逛博物馆、打羽毛球也未尝不是一件快乐的事情。

前段时间我和亲戚聚会聊天，聊到堂妹的学习情况，叔叔叹了口气，说：“其他还好，就是语文一直不行。”

我笑着问：“是不是学习方法不对？”

叔叔皱着眉想了会儿，说：“我觉得更多的是她不太感兴趣，加上语文成绩一直不太好，她就更不爱学了。不过她的老师专门针对这个问题，给她换了个同桌。那个同桌语文成绩挺不错的，我让她多跟同桌讨论学习，也不知道她听进去没有，回头你和她聊聊。”

我点头应了下来，之后找时间和堂妹聊了聊，可聊到语文时，堂妹有意识地回避这个问题。我知道，语文是她的短板，她对语文有种逃避的心理，所以才会避而不谈。我也没有继续就这个话题和她聊下去，只是和她说起了我的高中时代。

我上高中时，成绩不算好，偏科也比较严重，除了语文、历史，其他科目都是弱项。后来老师把和我关系还不错的小Z的位置调到我旁边——她的理科特别好，文科比较弱，刚好和我互补。前桌还坐着一个学霸，各科都比较擅长。我还结交了一个特别活泼的姑娘小A，小A的作文写得特别棒，老师经常拿她写的作文当范文来读，后来我们还一起交流如何写好作文。

等我们熟悉了以后，小A提议我们四个一起制订一个合作学习的计划。虽然不知道是什么计划，但除了学霸小Y兴致缺缺，我和小Z都特别感兴趣，毕竟我俩都有短板，于是就问她是什么计划。

计划很简单，就是大家一起探讨不会的难题，每天互相提问知识点，取长补短，互相进步。

总之，大家一起互帮互助，提高学习成绩，有强项的帮助有短板的。我和小Z欣然答应了，毕竟这个计划确实很不错。

我的数学是最弱的一项，同桌小Z帮我补数学，我帮她补历史，小A教我写作文。小A的数学学得不错，但地理比较差，在她的央求下，学霸答应帮她补习地理。

她觉得只让学霸帮她不太好，就问学霸有没有什么想学的技能，只要她会。同桌小Z和她吐槽，学霸有什么不会的，要不然怎么成为学霸呢。

小A不以为然，说人无完人，学霸也不是十项全能的。

小A有许多兴趣爱好，玩摄影、做手账、弹古琴、跳舞……果然，学霸想了想，说了一个让我们谁都没有想到的，那就是让小A教她摄影。之前我们都以为，在学霸的眼里，除了学习，其他的小爱好都是浪费时间的事情，她才不会做，而且除了刷题，平时我们也没见过她有什么爱好。

小A痛快地答应下来，不仅把她自己看过的有关摄影教学的书和视频都搜罗出来推荐给学霸，还把自己记录的摄影技巧，比如如何构图、如何调光影等带有干货的手账本借给了她。

就这样，我们四个人互相帮助，每一次考试都会有所进步。特别是除了学霸外的我们三个人，成绩一直在往上提升。

每次等批改完的试卷发下来，我们几个便凑到一起，分析各自的问题，然后互相讨论。这道题应该怎么做，有几种解法…… 也会讨论一些学习上的小技巧，这比自己埋头苦学要有效率得多，而且我们也越来越有学习的动力了。

每一次成绩的提高，都让我们越来越有成就感。比较内向的小Z也越来越自信，笑容越来越多了。

当然，学霸的成绩一直是遥遥领先。在此期间，我们也教会了学霸好多她不懂的小技能来支付我们的“学费”，学霸的摄影技能也提高了不少。

直到现在，我们都保持着联系，每年都会有一次“四人小战队”的聚会，每次聚会都会忍不住提起高中时代。那是我们人生中最宝贵的时光之一，我们都很感谢彼此的帮助，让我们成为更好的自己。

和堂妹聊完，她沉默了一会儿，说知道该怎么做了。

前两天又和堂妹聊了一会儿，从聊天中我得知她上次考试又前进了几个名次，加分项是她的短板——语文。现在，语文已经不是她的短板了，虽然还没成为她的强项，但她对语文不再抱有逃避的心理了。

她告诉我，她的同桌帮她提高了语文成绩，她也帮助同桌提高了物理和化学的成绩，两人现在成了好朋友。她现在还发展了一个小兴趣，就是跟着同桌学习做手账，用手账分门别类地做了详细的学习计划，她还拿出来给我炫耀呢。虽然做得有点丑，但是看得出来，已经做得有模有样了。我夸她成为手账小达人也是指日可待了。

看到这里，你有没有心动呢？那些困扰你的问题，或许你的同桌可以帮助你解决；那些让你头疼的科目，或许你的同桌可以帮你找到学习的小窍门；那些你擅长的事情，不妨看看能不能帮助到你的同桌。

有句话叫作“赠人玫瑰，手有余香”，让我们把手里的“玫瑰”赠送出去，或许你会收获让你意想不到的“余香”。当然，当你赠送出去的时候，你心里就已经有“余香”了，因为当你做这些助人为乐的事情时，你的内心也会获得成就感。

那么，不妨和你的同桌或者前后桌，一起制订一份合作协议吧！大家取长补短，共同进步，让他们成为你无往不利的“战友”！

既要融入集体，也要做你自己

有时候我们想要安安静静地看书，却被关系较好的同学生拉硬拽，去参加同学们在假期组织的小聚会；有时候周围的同学都在看某一部影视剧或动漫，我们对此并不感兴趣，但是看着其他人都在愉快地聊天，失落、孤独就悄悄爬上我们心头；有时某个班级干部让你帮他完成某项任务，说“帮帮忙，大家都是为了班级，为了集体荣誉”，于是你努力帮他做完了任务，打开社交平台却看见对方在外面玩得正开心。

我们总是努力让自己更“合群”，以避免在班集体中成为边缘人物，我们想要成为班集体这朵向日葵的一片花瓣或一粒葵花籽，而不是花朵之外孤零零的那两片绿叶。有时候我们像一只笨拙的小熊，为了容身于兔群，不惜刷白了毛发，戴上长耳朵，可就算如此，蹲在兔群之中，依然显得突兀。

在这个过程中，我们不禁会问自己：“我是谁？我还是我吗？”

我们想融入集体，努力地表现自己，或许最终看起来我们朋友无数，在任何一个集体里都很受欢迎，但是在夜深人静时，我们又会反问自己：“我真的被集体喜欢吗？他们喜欢的是我这个人，还是喜欢我跟随他们的想法、指挥做事？”

这就类似于心理学上的讨好型人格，讨好者缺乏健康、清晰的个人边界，面对来自他人的要求难以说“不”，即便自己不愿接受这个要求。而且讨好者心思敏感，会过度关注他人的喜好、想法，担心自己做的事情会令他人不悦，在无法拒绝他人要求的同时，自己却不愿求助于人，害怕给他人制造麻烦，一旦求助于人，他们就会觉得自己亏欠对方许多。

所以讨好型人格的人在人际交往中常常会感到痛苦，因为“我不能让每个人都满意”。

我最近在网站论坛里看到了一个问题：“为什么别人的十六七岁潇洒张扬，我却因拒绝一个人的要求而失眠一晚上？”

看着这句话，我突然想起了高中时的一个朋友瑶瑶，她就是典型的讨好型人格。最初班级里的同学对她都不太友好，觉得她长得比较凶，整日一副闷闷不乐的样子。

为了融入集体，瑶瑶做了许多努力。每次班级有活动，她都会第一个报名参加，不管活动有多难完成，她都会尽自己最大的努力做到最好，但同学们总是嫌弃她“处处积极，总是想要争第一”。同学们喜欢几个人、十几个人组成一个小团体，假期出去聚会，一起逛街、唱歌、短期旅行。瑶瑶为了让自己更“合群”，也会去参与这些活动，但是她越想接近同学们，就越是被排挤在外。

后来，她觉得自己应该按照同学们喜欢的模样做出改变，于是瑶瑶以班级里最受欢迎的同学为模板，努力学习那个人的言行举止、处世态度。可是学着学着，她就发现同学们似乎更不喜欢她了。她学着那个女孩的样子拒绝帮别人完成学习任务或班级事务，得到的结果却是那些曾经找她帮忙的同学被拒绝后也不再理会她。

每次拒绝别人以后，她就会陷入一种焦虑不安的状态，不断地思考：“我不帮他们，他们肯定会觉得我更讨人厌了。”“我怎么能拒绝大家的请求呢？这样做有些太不近人情了。”“明明那些受欢迎的同学也会拒绝帮助别人，我拒绝的态度比他们客气许多，为什么我拒绝帮助别人就像做错事了一样？”

为什么会这样呢？因为我们的“讨好心理”在作祟。青春期的我们非常注重自己的形象，而与形象关联最密切的就是他人的评价。我们在集体中对彼此都会有一个“印象分”，我们会担心自己在他人眼里的印象分过低，所以就想讨好他人，让他人喜欢自己，让集体喜欢自己。

一旦我们发现自己做不到让他人喜欢，或者我们做的某一件事情可能会给他人留下不好的印象，我们就会感到焦虑不安。就像开篇那个问题所说的一样，如果拒绝了别人的要求，我们可能一整晚都会辗转反侧，思考对方会如何看待自己，担心自己做错了事。

可是他人、集体并没有我们想象得那般重要。印象不是我们生活的全部，那些评判的声音最终都会随着时间的推移而消散。我们必然会从一个集体走到另一个集体，就像从小学升入初中，再升入高中。每个阶段，我们的集体都是不一样的，我们会面对不同的人、面对不同的事。我们不可能使集体中的每一个人都喜欢我们，但我们永远都是自己最坚实的后盾。

与其费尽心思让他人满意，不如把精力更多地放在自己身上。我们不了解集体中的每一个人，但我们足够了解自己。如果让他人满意的代价是牺牲自己的时间、精力，并且还会失去快乐，那我们为什么不保留自己的时间、精力，让自己感到舒服快乐呢？

人们总是不断强调融入集体、适应社会的重要性，却忘记了这一切的前提是“做自己”。如果一个人为了融入集体一味迁就忍让、处处应承、逢迎讨好，既没有做事的底线标准，也不懂得拒绝他人，那他就不能算真正地融入集体、适应社会，最多只是一个为集体所用的“工具”。“工具”在集体中随时都可以被替换，只有“做自己”才能成为集体中独一无二的成员。

瑶瑶之所以不被班集体接纳，主要是因为她对所有请求都不拒绝。这样的“工具”形象深入人心之后，同学们自然就会习惯地把任务推给她来做，一旦她表示拒绝，就会被大家责怪。而瑶瑶模仿的那些受欢迎的女同学，她们很少答应帮其他同学做事，拒绝他人是很平常的事情，求助者的心理期待值很低，被拒绝是意料之中的事，并不会影响同学们对她们的看法。但是向瑶瑶求助、希望她帮忙的人心理期待值非常高，被拒绝才是意料之外的事情，所以他们对瑶瑶就会有微词。

这就好比有些人觉得坏人偶尔做一件好事，就能证明他心中尚有一丝温情；但好人偶尔做一件坏事，人们就觉得他是本性暴露。

另一方面，瑶瑶给人的感觉“不真实”。她总是表现得想让大家都喜欢，但是大家并不了解她，她就像一个戴着面具行走在集体中的人，时而换上部分人喜欢的猫面具，时而戴上另一部分人喜欢的狗面具，让人很难看清真正的她。同学们看不清她是什么样的人，自然也就不愿意和她接触。

后来，瑶瑶不再强迫自己融入集体，转而喜欢上了跑步。个别同学对她的负面评价依然会令她感到不舒服，但是瑶瑶没有再去迎合他人的喜好。烦恼的时候，瑶瑶会去操场上快跑，这时她的心中、眼中都只有自己和一条跑道，跑得越快心情平静得越快，跑到筋疲力尽就没有精力再去思考那些烦心事了。

在集体中，每个人看问题的角度都不同，对一个人的评价自然也就有好有坏。无论我们在集体中是否受欢迎，一味囿于他人的评价，只会给自己徒增烦恼，像瑶瑶一样早日走出来才是解脱之道。运动、独处、冥想等让我们静心的好办法，我们都可以试一试。只有静下心来，我们才能审视自己的现状，看清未来该如何前行。

能够在集体中过得风生水起固然好，如果做不到，我们也不要逼迫自己。比起曲意逢迎，坚守做事情的底线、找到自己的边界、不为外界评价所累才是我们送给自己最好的礼物。身处集体之中，“团结力量大”这个道理人尽皆知，但是坚定地“做自己”的力量也同样不可小觑，那一团来自我们心灵深处的旺盛燃烧的火，足以照亮我们前进的方向。

父母也可以成为我们的朋友

你讨厌与父母沟通吗？

在青少年时期，亲子关系可谓令人头疼不已的一大难题。

我们向父母抱怨学习好累，父母就会向我们描述他们读书的时候条件有多么艰苦，告诉我们如今这样的学习条件是多少人求之不得的；我们与父母聊人生理想，父母就会围绕老师、医生、公务员这三大职业给我们做人生规划；我们想坐下来和父母一起讨论心仪的大学，父母开口的第一句话就是“这所学校离家太远了”…… 诸如此类的对话让我们与父母之间的隔阂越来越大。

久而久之，回到家里，我们就紧锁房门，与父母谈心逐渐成为过去式。但是父母的怀抱始终是我们避风的港湾，我们每天回到这个港湾休息，自然希望他们能够给予我们温暖、关怀、爱护，我们既需要他们，又拒绝他们。在这种矛盾心理的影响下，我们往往会感到迷茫、无助、孤独。心里的怒气、怨气不断累积，我们对父母可能会越来越不满：“为什么总是让我向某某学习，某某的爸爸妈妈对他那么好，你们怎么不学习人家怎么做父母？”“你们根本没有在我身上付出那么多，为什么要求我做这做那？”“为什么要把你们的理想强加在我身上？我是你们人生的第二账号吗？我难道就不能有自己想要追求的东西吗？”

在这些负面的想法中，有些同学的逆反心理就会不断被强化，甚至会觉得“你们让我往东走，我偏要往西走”，无论父母的决策和他是否一致、对他是否有利，他都不会同意。这种强烈的逆反心理在高中阶段最明显的表现就发生在“文理分科”或者“选科目”的时候。这应该是除了报高考志愿之外，高中阶段最重要的选择。填报高考志愿时，我们重视自己的未来，会分析父母建议的利弊，做出比较理智的选择，但是选科目的时候，我们正处于叛逆期，选择未必会很理智。

有些同学迫切地想要拥有自己做决定的权力，并且不愿被父母命令，最终就会做出令自己后悔的选择，结果分科后越学越懊悔，越来越懈怠，可能一边学习一边叹气：“早知道…… 这么难学，我当时就不应该……”

我认识一个正在读高二的女孩木木。有一段时间，木木就总在感叹：“早知道文科要背的、要理解的东西这么多，我连答案都看不明白，我当初就不应该赌气选择学文科。都说找到答题窍门就会简单许多，可我根本悟不到‘门’在哪儿！”

木木从小到大都是学校里年级排在前几名的学生，对于她的未来，木木的父母似乎一眼就能望到尽头：升入高中学理科，考一个师范类的大学，然后考教师资格证、读研究生，研究生毕业后就回到父母身边去公立学校做老师。这一条人生路线在木木父母的眼里是顺理成章的事情，他们认为女孩子做老师是最轻松的——到时间就下班，还有寒暑假可以休息，周末也不需要看老板的脸色加班，简直是多少人梦寐以求的职业。而且待在父母身边的话，即使有什么事，他们也好照应，否则女儿一个人在外地独居，他们总是提心吊胆地担心女儿会遇到麻烦。

但是木木并不愿意接受这些，她不喜欢教师这个行业。每次看着班主任苦口婆心地劝某个学生学习却被学生反感，看着班主任被调皮的同学气得音量陡增训斥他们，第二天讲课时声音都是沙哑的，木木便会觉得不值得、不应当、没必要。在选科目的那段时间里，木木的父母与木木多次沟通失败，亲子关系越来越僵，最终，木木坚定地与父母“唱反调”，选择去学习政治、历史、地理。

木木的父母觉得学文科也可以考师范学校当老师，就没有强制干预木木的选择。但是木木只学了一学期就开始后悔了，她发现文科类科目与她想象中的大相径庭。最初提起文科，木木的脑海里只有一个大大的“背”字，等到开始认真学习文科，她的脑海里就只有一个“难”字了。

不过，木木回到家里从来不说自己后悔这个选择，她不想让父母说她“不听老人言，吃亏在眼前”，就只能比他人付出更多努力，做更多练习题来提高成绩。

其实父母并不是我们的敌人，即便他们说过一些嘲讽的话，心里依然是关心我们的，就像我们小时候不听父母的话出去玩，结果摔伤了膝盖，他们会一边骂我们“真是太笨了，看你下次还敢不敢不听我的话”，一边又小心翼翼地给我们的伤口消毒。而木木拒绝向父母倾诉心事，就得不到父母关心的询问，她越感觉不到父母的关心，就越不愿意对父母倾诉，不愿对父母示弱，想让自己在父母面前表现得更加强大。这就像一个无尽的循环，每循环一圈就让我们与父母距离更远。

回溯木木与父母产生隔阂的根源，其实叛逆期并不是亲子之间产生问题的决定性因素。

木木小时候是一个很依赖父母的孩子，睡觉要妈妈陪着，逛街要爸爸抱着，父母都娇惯这个女儿，一直顺着她的心意。后来在木木六岁的时候，父母因为出差把她寄养在亲戚家一个月。亲戚家有一个与木木同龄的孩子，木木每天看着他们一家人相处，觉得自己像是被父母遗弃了。等到父母把木木接回家，木木就变得和以前判若两人，不再黏着爸爸妈妈，不需要父母陪着入睡，不喜欢父母进她的房间，有什么心事也不再对父母讲。

木木的父母把木木的这些表现当成“孩子长大了”，对这些变化并没有太在意。也正是这些不在意，让木木越来越封闭自己。

假如木木能够与父母心平气和地谈心，或许她就不会一时冲动，为了反抗父母而去学自己不擅长的科目。但是木木并不想和父母交流，她甚至不知道该怎么开口诉说自己一直以来积累的不满，一想到这些年来父母对她的忽视，她就开始哽咽。

有时候言语说不清的东西、表达不出的感情，我们不妨利用文字来表达，坐在书桌前写一封信，悄悄塞进父母房间的门缝里，或者编辑好文字发送到父母的邮箱、社交账号。只要有交流，我们的亲子关系就有机会得到改善。

后来木木给她的父母发了两封邮件，将十几年来的那些烦恼、怨愤一次性宣泄出来。

木木的父母认真读完女儿的邮件，陷入了沉思。被女儿长篇大论地指责，他们最初是不想理会的，“家长说什么做什么，孩子都应该照办”是他们的父母教给他们的，与自己的父母比起来，他们自认为对待木木已经非常宽容。他们奉为圭臬的教育方式就是：只有成绩排在第一位，其他一切都排在第二位；小事情上无论木木做什么他们都支持，但是在重大的人生选择上，木木必须听他们的话。

他们觉得自己做父母做得很好，木木却谴责他们从小到大都只关心成绩，丝毫不关心她是否开心，更不愿意抽出时间陪她。他们观察了木木几天，做了很久的心理建设才决定改变教育方式，并且向木木道歉。

后来，木木和父母的关系逐渐缓和，她会像与朋友相处一样和妈妈一起手挽着手逛街、和爸爸一起晨练，那些阻隔在亲子之间的冰墙逐渐消融。

就像一句经典台词所说：“父母也是第一次做父母。”如果他们有什么做得不对的地方，我们不应该一味迁就、顺从，应该纠正他们的问题。

家庭不是一个等级森严的组织，而是一个温暖的港口，即便大船和小船之间偶尔会有摩擦碰撞，最终依然会聚在同一个屋檐下互相取暖。我们和父母都是第一次开启人生的航行，经验不足的水手需要互相帮助才能走得更远。我们不仅是血浓于水的亲人，还是一起远航的伙伴，三个人像好朋友一样无话不谈或许更有利于我们家庭港湾的建设！

第6章

正确认识自己

什么是性?

在我们从小到大接受的教育中，“性”一直是讳莫如深的话题。

仔细观察我们就会发现，生物课上讲到人类生殖器官的时候，即便再能带动课堂气氛的老师，也很难把这堂课讲得生动有趣。这并不是老师的问题，而是我们几千年的传统文化造就了我们对性含蓄、内敛的表达特点。很多人会认为有关性的一切都是私密的、害羞的，不能公开讨论。

大家都一味沉默、害羞，也有一些调皮的同学会把这些当成开玩笑的素材，用青春期的性发育取笑同学。家长们也很少对孩子进行青春期性教育，甚至比起进行性教育，中国家长们更多的做法是举报各种影视剧、动漫中存在不适合未成年人观看的片段，会对孩子沉迷的游戏口诛笔伐，斥责游戏角色的着装。无论它们本身是否存在问题，是否明确标注了不适合未成年人，不进行性教育，反而试图通过改变网络环境给孩子营造一个纯洁的、无“性”的世界，让孩子心无旁骛地学习，显然是不可能做到的。

事实上，性从我们出生起就一直在我们身边，它远远不止是性生活、异性这几个方面，即便捂住我们的眼睛，堵住我们的耳朵，性依然会伴随我们一生。

在这短短百年的人生中，性教育是必不可少的。关于性别、生理差异、性发育、两性关系、生育，甚至妇科疾病、男科疾病等，都需要我们接受性教育才能有更多了解。我们越了解自己，就越爱护自己，也就更明白如何才能更好地照顾自己。

想要了解性，我们先要做的就是正确认识性别，其他一切关于性的内容都建立在正确认识性别的基础上。

我们出生时，性别被用来区分男孩和女孩，但是男孩、女孩并不是对立的，所谓的“男孩应该打架、淘气，有阳刚之气；女孩应该娴静、可爱，做小家碧玉”并不正确。两性就像我们传统文化中的太极图，一黑一白，你中有我，我中有你，阳刚与温柔可以在性格里并存，可爱与力量也并不冲突。

有的女孩喜欢大人眼中那些男孩子才能玩的玩具，如机器人、玩具车；有的男孩喜欢玩娃娃；有的女孩喜欢酷的、帅气的；有的男孩喜欢可爱的、美丽的…… 但并不能以此断言他们对性别的认知有问题。反而是打着阳刚之气的旗号纵容孩子打架滋事、称霸校园，打着小家碧玉的旗号将孩子强制送进“女德班”的那些家长，才是对性别有着错误的认知。

小星是一个正在读高二的男孩，他的妈妈总是怀疑孩子的性取向为同性。

小星的爱好和其他男孩不同，小星喜欢画画，热爱文学，对打篮球、跑步等体育运动不感兴趣。并且小星个子较矮，身体状况也不太好，总是生病，所以他很少和班里的男生一起玩，在学校里关系最好的几个朋友都是女孩，他喜欢和她们一起挑选文具、看书、学习。

小星的学习成绩很好，有些不喜欢他的同学就给他起外号，说他是“只会学习的娘娘腔”。小星的妈妈也总是觉得他只与女孩子一起玩，背后应该是有什么隐情，甚至希望小星能够尽快和女生“早恋”，以打消她的疑虑。这些嘲讽和怀疑给小星带来了很多烦恼，他不喜欢这些阴阳怪气地给他起外号的同学，更不喜欢妈妈探究、怀疑的眼神。

事实上，小星只是不喜欢运动，不好动而已。其他男生课间都出去打篮球了，小星在教室里也就只有和女生朋友一起交流阅读、学习心得这一个选择。小星并不觉得自己这样有什么不好，一天到晚在学校不与他人交流会让人更郁闷，反而是和女生一起交流读书心得，更能让他从女生的视角中看到不一样的内容。他认为这样阅读更有效率，学到的内容更多、更充实。

性别不能决定我们所有的特点。比如小星，人们普遍认为“男生的理科思维好，女生的文科思维好”，小星就有着很好的数理逻辑，头脑灵活，学习成绩好；但是他也有不符合大众认知的特点，人们觉得“男生应该更强壮”，小星的个子较矮，身形也很瘦弱，所以有些同学会说他是“娘娘腔”。

其实这种大众对男女性别的看法就是性别刻板印象，男性应该怎样，女性应该怎样，男女两种性别的两个人聚在一起会怎么样。这些在人们心中固定的印象太过绝对，以至于人们在看到一个人做出不属于自己性别“应该做”的事情时，就会产生一些揣测。

这种关于性别的刻板印象不是一个人或者一代人能够形成或改变的，它需要一代又一代人的改变，需要我们明白什么是性别，并教给下一代。

性别带给我们的并不是那些“应该”，它只是带给我们男女之间的生理区别，包括第一性征的差异和第二性征的差异。

从我们出生起，男女生殖器官的不同就是第一性征，等到青春期我们的第二性征会在性激素的作用下开始发育，比如男生变声、长喉结、长胡须，女生胸部发育等就是第二性征。而在青春期阶段，由于性激素影响和身体发育，我们会对异性产生兴趣，开始产生朦胧的爱慕之情。

当我们发育成熟，自然而然就需要面对两性关系，暧昧、恋爱、婚姻这三个阶段中的激情与浪漫、摩擦与争吵，既吸引我们，又让我们感到迷茫。

早在2005年，根据中国人口网的调查，我国每年有一千万人堕胎，其中堕胎的未成年人占据四分之一。这个比例逐年增加，时至今日或许所占比例更加惊人。打开网页搜索“未成年怀孕”，出现的相关搜索比比皆是，诸如：未成年人可以自己打胎吗？未成年人怎么偷偷打胎？未成年人怀孕怎么处理……

青春期对爱情有懵懂的憧憬、对性感到好奇都是很正常的现象，相较于扼杀早恋，进行性教育更是刻不容缓。我们需要知道的不是“未成年人发生性行为有多么可耻、肮脏，让父母丢脸”，而是该如何面对自己的性冲动。

我们初中所学习的生物知识已经足够我们了解两性生理，而在性教育中，除了生理，还有性心理，性道德，预防性疾病、性犯罪等内容。

青少年性心理发展大致可以分为异性疏远期、崇拜长者期、异性接近期、两性恋爱期四个阶段，我们时而疏远异性，时而爱慕异性，这不是因为我们有多么“善变”，而是受性心理发展规律的影响，是很正常的现象。

关于性道德的教育或许是性教育中最重要的。自愿、不强迫，不伤害自己、不伤害对方，合法结合、不违反法律，以相爱为前提，不违反道德、血缘伦理等性道德原则在我们未来的两性关系中是非常有益的。

大多数青少年对性的了解主要依靠一些违法网站上不健康的视频、漫画、小说，其中大部分的内容充斥着血腥、暴力、反伦理。如果我们不知道什么是性道德，反而以这些内容作为性启蒙，再加上父母的溺爱，发生性犯罪的概率就会大大提升。如今的青少年性犯罪年龄越来越低，甚至已经低于十四周岁，与我们缺失性教育是脱不开关系的。

还有重要的一点，就是预防性疾病与未成年怀孕。我们在高中阶段一定不要“偷吃禁果”，性与责任紧密相连，我们在高中阶段很难对一个人负责。如果你真的在校园里有一个和你互相有好感的人，不妨互相尊重、彼此爱护，保持这份在象牙塔里单纯且美好的感情，等到毕业后能够对对方负责，再思考下一步。

困扰你的性意识

在小学与初中相交接的阶段，我们会疏远异性、排斥异性，对自己的生理变化感到害羞、不安；男女生相处时会觉得彼此不应该接近，感到拘束、不自在。与此同时我们会更加依恋年长的异性，比如父母、老师。

随着时间的推移，我们会被异性吸引，一次不经意间的触碰就会让我们脸红心跳。这时我们开始对异性产生爱慕之情，在我们稚嫩的爱情观里，爱慕是神秘的，是甜蜜的小惊喜。

而到了高中，十六七岁的我们第二性征基本发育成熟，异性对我们的吸引更加强烈。我们会认为恋爱是对个人异性吸引力的认可，是个人魅力的表现，是我们拥有“成人”这一角色的标志。

性意识的发展让我们更加憧憬爱情，更愿意接近异性，但是也会给我们带来许多困扰。

在我们的同龄人中，有人过度“早熟”，在初中就开始谈恋爱；也有人由于早期经历、原生家庭等各种因素的影响比较“晚熟”，在高中阶段还是会疏远异性，与异性相处时感到不舒服；生理、心理都刚好处在这两者的中间值的人其实很少，我们每个人都在这两个极端之间的某个位置，你可能会因为喜欢一个人却不敢表白而烦恼，他可能会因为与异性一起打扫卫生、做小组学习任务而感到不自在。

性意识带来的这些烦恼如果处理不当，很可能会对我们造成负面影响，不仅涉及我们未来的两性关系、性生活等方面，对我们的性心理健康、人际交往能力、自我认同感都会造成巨大影响。

正在读高二的小怡就在为青春期的身体变化而烦恼。

小怡的发育比同龄的其他女生更早一些，身高、胸部、身形都发育得更快，在高一时她就像成年女性一样拥有姣好的身材曲线，但是相伴而来的也有许多烦恼。高中阶段，同龄人之间的攀比现象比较严重，尤其在接近异性的狂热期，对异性的倾慕更加强烈，对同性之间的排斥相应也会较强烈，所以班级里很多女同学会因小怡的身体发育成熟而嘲笑她。

在这样的环境下，小怡变得越来越自卑，即便在炎热的夏季，其他人都穿着短袖校服，小怡还是穿着秋季校服，并且还要将校服外套的拉链拉到脖子处才能安心，甚至把自己捂出了痱子。

此外，小怡在学校的朋友也很少，很少有人愿意和她一起玩。

虽然同学们不接近她、不了解她，关于她的流言蜚语却非常多。国庆节假期时，小怡过生日，她的哥哥见她总是穿厚厚的宽松外套，就带她去买了一条裙子当生日礼物。这恰巧被班级里的同学远远望见了。从此以后，班级里就开始流传小怡高一就开始和看起来至少二十岁的男人谈恋爱的谣言。

校园暴力的起因有时可能就是一句“莫须有”的传言。“她怎么是这样的人啊，我要离她远一点。”“看起来穿得这么保守，原来背地里连男朋友都有了，还相差那么多岁。”“她总说那是她哥哥，有什么好解释的，谈恋爱叫男朋友‘哥哥’不是很正常？”……

各种各样的流言蜚语让小怡痛苦不堪，这场校园暴力让小怡疏远异性的同时更讨厌接触同性。

正处于青春期的少男少女们往往性意识懵懂，无论是与异性相处还是与同性相处都处于一种探索阶段，像小怡这样遭遇了一场冷暴力之后，对同性、异性都会产生厌恶感。这对未来的人际交往非常不利，不但让她对两性关系产生耻辱感，还会对同性产生厌恶感，难以结交到可以倾诉心声的朋友。为了保护自己，长期疏远他人、厌恶他人，情绪难以宣泄，这种过度的闭锁心理会严重影响我们的心理健康，甚至会使人自暴自弃。

其实站在青春的交叉路口，我们每个人都会遭遇一些问题。在高中阶段，我们已经不再抵触异性，反而受异性吸引，开始朦胧的爱慕或热烈的迷恋，更喜欢异性谈论自己，在这些讨论中获得更大的满足感。小怡被孤立，正是因为其他人的忌妒，一些同学忌妒小怡身体发育更好、更吸引男生的注意力，所以会对她产生主观偏见，戴着有色眼镜看待小怡，哪怕是空穴来风的谣言也会被不断地传播、扩散。

面对这些问题，我们应该明白性发育、性意识都是符合自然规律的事情，我们无须为此感到自卑、焦虑。想要不被别人的态度、言语所影响并不是一件难事，我们可以合理地分析一下别人为什么会对我们态度恶劣、言语不礼貌，在对方的行为背后或许就像无理取闹的小孩子一样想着“你有的东西我没有，我忌妒你，所以我要说你做了坏事，这样我的心理才能平衡”。想到这些我们就会发现，为什么我们要因他人的言行而感到自卑呢，可能他才是更自卑的人，我为他而感到自卑不就正中他的下怀吗？

此外，其他人对我们并不了解，他们不喜欢我们，自然就不会从好的角度看待我们。我们如果被他们的态度、言语所左右，一味抛弃自我、讨好他人，得到的不会是尊重，反而是变本加厉的孤立。就像小怡，即便她在盛夏穿着校服外套、拉着拉链，还是会有人说她的坏话。我们需要知道的是，在人生的漫漫长路中，我们不需要做到让所有人喜欢、让所有人满意，做真正的自己比取悦他人更重要。

如果在性意识萌动的青春期，我们遇到了难以解决、无法面对的问题，我们可以请求老师、父母帮助，共同面对问题；也可以向他们“取经”，看看他们年轻的时候都是怎样度过青春期的，是否有类似的经历可以帮助我们走出困境。

我们学习正确面对青春期性意识的同时，也应该进行一些反思。

青少年阶段的敏感、自卑不但会对我们造成糟糕的影响，而且会使人在负面情绪的驱使下做出伤害他人的事情。就像很多校园性欺凌的例子，如果一个孩子的性心理和性意识都能得到正常发展，没有受到家庭、社会、他人的负面影响，就很少会从对他人的性剥削、性欺凌中寻求满足感。在性意识发展阶段，不良的家庭关系、低社会认可度、他人嘲讽等，对青少年的心理健康是非常有害的。其所造成的结果通常就是两种情况，一是陷入自卑、抑郁中无法自拔，严重者会自伤、自杀；二是怨天尤人、报复社会，严重者可能会实施性犯罪。

每当一个悲剧发生后，有的人会说："父母花了这么大心思培养他，难道就是让他来伤害自己的？"有的人会说："都觉得犯罪者是可怜之人必有可恨之处，那受害人难道就不可怜？"可是我们很少反思自己在青春期性意识萌动的阶段是否做过错事，我们是否对他人造成了糟糕的影响，有没有对他人的性发育评头论足，是否听信了他人的传言并把传言传递下去……

我们被性意识困扰着，但也不应该加重他人的性意识困扰。反思悲剧背后的原因不是为了让我们这一代人成为自伤者。我们倡导坚强勇敢、内心强大，也不是为了证明那些误入歧途的青少年性犯罪者有多么悲惨，而是为了让我们懂得我们每个人都是需要帮助的个体，给他人一点善意，我们的世界就会多一点阳光。我们反思黑暗，就是为了更好地向阳而生。

在花样年华里，书写怎样的青春不是他人决定的，而是我们自己决定的。能否成为一束光驱走我们身上的黑暗，能否发散我们的光给他人带来一丝慰藉，取决于我们的心是否干净、明亮。我们被困在性意识这片黝黑的迷雾森林里，点点光亮汇聚在一起，彼此友善相待、共同成长，比一个人摸索着艰难前行要容易得多，也美好得多。

正确对待自己的性冲动

你会因为性冲动感到羞耻吗？

当看见影视作品中亲吻的场面时，不经意间和异性有肢体触碰时，看见自己喜欢的男生、女生时，我们会面红耳赤、心跳加速，还会发呆、幻想与自己喜欢的人有更亲密的接触。性冲动常常与这些幻想相伴而来，尤其在夜晚睡觉前，我们会更频繁地幻想。当我们开始性幻想时，就会引起性兴奋，继而唤起性冲动。

出于对性的好奇，我们对自己的生理变化也会更加关注，我们可能会本能地通过自慰发泄性冲动，事后又会对自己的性幻想、性冲动感到羞耻。比羞耻更严重的是，有些人从小到大的家庭教育中，传统观念根深蒂固，但又缺失性教育，他们会觉得自己小小年纪就开始性幻想、有性欲望、发泄性冲动是肮脏的、为人所不齿的，逐渐变得自卑、封闭自己。

其实青春期性冲动是很正常的生理现象，是我们身心成长的必然结果，每个人都会经历这样一个阶段，即便是你所崇拜的伟人、榜样，他们也会经历这样一个性萌动的时期。我们不必谈“性”色变，但是也不应沉溺于满足性冲动。

过度沉迷于通过自慰的方式达到性满足、获得性快感，对我们的身心都会产生不利影响。它会影响我们的睡眠，让我们不能按时睡觉，听课状态变差；会让我们迷失在性带来的快感中，经常发呆，产生性幻想，注意力不集中，影响学习。

此外，我们年轻一代自出生起就与网络为伴，网站上突然弹出的色情图片也会对我们造成影响，使我们产生性冲动，甚至有很多青少年以色情内容为性启蒙，沉迷于色情视频，以满足性冲动。这对我们的大脑发育也是有害的。有研究显示，浏览色情内容会让大脑分泌更多的多巴胺，如果我们沉迷于看色情内容，就会不断地需要更强烈的刺激、分泌更多的多巴胺才能让我们感受到快感。在这个过程中，我们的大脑会逐渐变得麻木、反应迟钝，甚至大脑纹状体区域会逐渐萎缩，对我们的大脑是非常不利的。

所以说，面对性冲动，我们可以大胆、不自卑、不过度羞耻，但也不能太过放纵自己。

小炜就一直被性冲动困扰着。

偶然浏览过黄色网站之后，小炜就迷恋上了这些色情内容，常常一边观看色情内容一边宣泄性冲动。并且由于色情内容中缺失道德伦理观念，小炜总是会以自己的老师、邻居阿姨为性幻想对象，尤其喜欢观察成熟女性的胸部。

面对这些“奇怪的癖好”，小炜说：“有时候觉得自己就像个变态，居然喜欢看那些和我妈同龄的女人，但是我又控制不了自己的眼睛。像我这种学习不好还满脑子不良内容的人，活着的唯一作用大概就是污染空气吧。”

小炜的这种情况并不是特例，这种迷恋年长者的情况从内因来看可能与幼年经历的心理创伤有关，也可能是“恋母情结”引起的，或者在我们青春懵懂的恋爱中与年轻女性交往不成功，也有可能会让我们在青春期或者以后开始迷恋年长者。迷恋年长异性并不稀奇，人的成长经历总是很复杂的，成年人喜欢年长者或比自己年轻的成年异性是他们的自由，但是未成年人在青春期性发展的阶段不顾道德伦理、过度迷恋年长异性，显然是不正常的现象。

除了这些原因，也有一些受外因影响造成的迷恋年长异性的情况，小炜就是受色情网站的不良影响才会错误地迷恋年长异性。这可能是由于年长女性身体发育成熟，性特征明显，与同龄异性相较而言更成熟、温柔，所以才会更吸引小炜。

此外，我们的衣服、睡姿也与唤起性冲动有关。衣物与生殖器官的摩擦会引起性冲动，摩擦会让我们产生触觉体验，所以为了避免夜晚躺在床上产生性幻想，我们应选择宽松的睡衣，平时的衣物也不要太过于束缚身体。紧身衣物不仅会引起性冲动，还不利于我们身体的发育。睡姿尽量选择一种让身体保持放松的姿势，侧睡、趴睡可能会对外生殖器造成压迫、摩擦，从而引起性冲动。

青少年时期性冲动的起因主要通过触觉刺激和性幻想刺激实现，前者比如与异性在距离上过于接近、与异性发生触碰，以及睡觉前的衣物摩擦等，后者主要是由于某些情景、视频、图片、声音等引发性幻想。无论是哪一种刺激，传达到大脑都会引起性兴奋，从而使生殖器官充血，引发一系列变化，男性会生殖器勃起、阴囊收缩，女性则会生殖器充血肿大、分泌物增多。

虽然性冲动是正常的生理现象，但是不加以引导、克制，也会酿成大错。很多青少年性犯罪者都是在观看色情内容后产生性冲动，迫切地想要与异性发生性关系，犯下强奸的罪行。有些人明明犯罪未遂，没有实施性侵，但是由于性教育的缺失，认为自己有性冲动是罪恶的、肮脏的，会主观地认为对方已经知道了自己的想法并且一定会宣扬出去，让自己为千夫所指，使自己的形象毁于一旦，从此以后所有人都会辱骂、斥责自己，羞愤、恐惧、愤怒等情绪交织，往往会犯下伤害他人甚至剥夺他人生命的罪行。

所以我们强调正确地面对性冲动，年轻气盛、血气方刚的青少年有性欲望并不肮脏，它意味着我们长大了，身体各方面已经越来越接近于成年人，并且具备孕育新生命的生理基础。就像一棵梨树开出了花蕾，证明它拥有了开花结果的能力，即便开花、结果于它而言还要经过一个季度、又一个季度，但是它满头洁白的花蕾就已经代表了希望与纯洁，这是很美好的事情。得到了能够孕育新生命的能力，怎么能说它肮脏呢？

我们的恋爱、婚姻和生育就像花与果。每一朵花蕾终将绽放，只是时间有所不同，有人在高中对异性产生好感，有人在大学或工作后开始恋爱，也有的花蕾遇不到喜欢的人始终在枝头等待。是因为一时冲动提前结果，还是等待数年吸收更多的情感养分后结果，得到的果实差距是巨大的。最终果实是苦涩还是清甜，在于我们是被性冲动支配偷尝禁果，还是主动地克制性冲动，等到身心和感情都更成熟时再结果。

有很多方法可以有效地克制性冲动：首先是分散精力。我们可以通过运动发泄旺盛的精力，比如跑步、打篮球、踢足球。可以进行这些运动的场地很常见，喜欢此类运动的人也很多，除了发泄精力还能锻炼身体、结交新朋友，并且这些运动的运动量也比较大，我们晚上上床后碰到枕头就睡，就很少会因胡思乱想而引起性欲望。除了运动，培养兴趣爱好也是一个好办法。书法、绘画、音乐可以让我们更加静心，哪怕是养一盆小花小草，细心地照顾它长大也可以分散我们的精力，避免将注意力过度集中于性。

小炜的状况就通过运动锻炼有了很大的改善。他每天晚上早早睡觉，很少再登录色情网站。随着时间的推移，他对同龄异性的兴趣逐渐增强，在课堂上也不再过度关注老师，开始认真听课，学习成绩也有了提高。

其次是与异性正常相处。关于性，往往越压抑就越冲动。就像青春期的恋爱一样，大多数的恋爱只是源于我们年少懵懂，掌控不了现在，更望不见未来。父母、老师、校领导其实都有过青春年少的时候，他们深知大多数青少年的恋爱看起来都是美丽的泡沫，所以有些人会强行定下各种家规、班规、校规来禁止青少年男女相处。但是哪怕再严密的监控，我们也会在学校里找到一个没有监控设备的角落，偷偷地谈恋爱，也会找各种借口在假期出去和男朋友或女朋友一起玩。压抑不是解决问题的办法，反而会让我们感到更加刺激、更与众不同。让大家正常交往，打破异性的神秘感，才能有效地减少青春期的性幻想，毕竟“距离产生美”，走近了就会发现异性和书上介绍的没有区别，也没有想象中的那么特别。但是我们在交往中一定要注意保持距离，切忌过早发生性行为。

最后一个办法，就是当性冲动难以克制的时候，我们可以适度自慰。自慰是正常的生理活动，有生理需求就会有生理活动。与性冲动一样，自慰并不是肮脏、恶心的事情，我们无须因此焦虑自责。但是自慰一定要适度，过度沉迷于通过自慰获取性快感，会对我们的身心造成负面影响，心理上会因为自慰成瘾难以戒断而产生负罪感，造成精神负担。生理上，会导致我们注意力不集中、记忆力下降、疲乏无力，整个人看起来无精打采；如果在自慰过程中不注意卫生，还可能会使生殖器受伤、感染，甚至引发男科病、妇科病。

如果你正在因性冲动而感到困扰，不妨试着用这些方法克制自己的性冲动，等到该开花、结果时再听从内心的安排，不要在不合时宜的季节因为一时冲动而做出后悔的事情。

尊重他人，也是尊重自己

站在青春的十字路口，我们从少年走向成熟，生理发育变化的同时，我们的心理也会发生一系列的变化。我们更加倾慕异性，更渴望像成年人一样能够拥有自由，被他人尊重。有的青少年甚至会把恋爱当作自己已经长成大人的标志，盲目地追求异性、寻求刺激。

除了恋爱与性，一些青少年对尊重的认知也存在误解，认为“表现得像个大人”就可以获得他人尊重，可“大人”是什么样的呢？没有人教我们怎样做才是一个“大人”，于是我们就像在笼子里乱撞的小麻雀，见到出口便毫不犹豫地冲上去，往往“大人”如何面对我们，我们就模仿着去面对他人。

我们可能会想：“他们都是这样对我的呀，这不就是大人的模样吗？见谁都客气、尊敬不就会让我看起来低人一等吗？”带着这样的想法与他人相处，显然是不可能得到他人的尊重的。尊重是双向的，我们对他人抱有怎样的态度，他人就会回报以怎样的态度，我们青春期的人际关系会在这些错误想法的干扰下变得越来越糟。

可能有的同学又会发问：“我的爸爸妈妈对我就没有很尊重，每天对我呼来喝去，让我做这做那。如果我成绩不好或者在学校犯错，他们还会教训我，也没见他们有什么报应。”但是我们坐下来仔细想想，诚实地回答一个问题——“面对这样的家长，这样的‘大人们’，你会尊重他们吗？”

叛逆期的孩子与父母顶嘴，不与父母交流，常常与父母吵架，究其原因，其实就是彼此都没有给予对方足够的尊重。父母觉得我们是孩子，没有必要对自己的孩子多么尊重，如果孩子与自己顶撞就是孩子的错，他处在青春期，做事叛逆，需要被教育；我们觉得自己快要成年，理应获得父母的尊重，拥有自己做决定的权利。在这种互不理解、互不尊重，却又要求对方尊重自己的情况下，亲子矛盾就会被激化，亲子关系变得岌岌可危。

除了亲子关系以外，在我们与同龄人交往的过程中也会出现尊重问题。嘲笑同学的长相、身高、成绩等现象在校园里早就屡见不鲜，有些青少年甚至会以他人的性发育状况取乐，嘲笑同性、异性的性发育水平。在异性交往中，青春期的男孩们常常会通过取笑女孩来吸引女孩的注意，有时还会开一些不恰当的玩笑。

在这些不当行为的背后，归根结底，是我们尊重教育的缺失。我们在青春期除了需要接受性教育，还需要学会如何向成人过渡，尊重就是我们的必修课之一。

我们应该学会尊重，但是也不要过度尊重，过度尊重也会给我们和他人带来麻烦。

圆圆在学校里总是为应不应该尊重别人感到困扰。她是一个很敏感的姑娘，对身边的人礼貌、客气，她觉得对身边的人说声谢谢虽然微不足道，却可以让对方开心很久，这就足够有意义了。

但是现实与想象的差距是巨大的，周围的同学总是排斥圆圆，觉得她为人虚伪，和她相处有距离感。

就连在学校里与她关系最好的同桌也对她说："我知道你人很好，总是不厌其烦地教我做题，在其他方面也帮了我很多。但我总是觉得，如果要做好朋友，我们之间还是差一点距离，就像中间隔着一层看不见的屏障。"比如她和圆圆开玩笑，圆圆就会信以为真；她佯装气鼓鼓的样子说"我生气了"，圆圆就会赶忙说"对不起"；她笑闹着说"你看我是不是对你最好的人，夸夸我"，圆圆就会礼貌乖巧地回复一句"谢谢"。

这些"对不起"和"谢谢你"，让圆圆的同桌感到很不适，她总觉得圆圆对待她就像对待陌生人一样客气，完全没有面对朋友该有的亲昵和无拘无束。圆圆也很委屈，她觉得面对与自己关系好的人应该更尊重才对，而不是对陌生人尊重有加，对亲近的人却随意无礼。

从圆圆的经历中我们可以看出，有时候尊重也未必是好事，尊重需要把握好一个尺度。我们对不是很熟悉的人说“谢谢”，他会感到被尊重、会很开心，但是在亲近的人面前一直保持礼貌、客气，难免会让他们感到难以交心、相处有距离。并且，真正的尊重不仅表现在口头的“谢谢”和“抱歉”，还包括很多心理和行为上的表现。

首先，我们尊重他人的前提是尊重我们自己。我们要有自己的底线，不是他人对我们提出一些无理要求，我们不答应就是不尊重他；如果有人对我们提出无理要求，或者在我们很忙碌的时候要求我们帮忙做某件事，我们有礼貌地拒绝也是一种尊重，不必盲目地答应一切要求。

其次，尊重是相互的，我们尊重他人，他人也会尊重我们。就像圆圆对待身边的人，可能是隔壁班的小明在她摔倒时拉住了她，可能是街巷口卖手抓饼的阿姨将早餐打包好递给她，可能是一名快递员给她送来一件快递，她对他们说一声“谢谢”确实可以给他们带来一天的好心情，并且会让人觉得虽然她是未成年人，也是值得尊重的人，甚至比很多成年人更值得尊重。

我们在与父母、同龄人的交往中也要谨记这一点，只有给予了他人尊重，他人才会回以尊重。如果我们迫不及待地想让父母觉得我们是个大人，那我们就要向着成熟、稳重、尊重他人的方向发展。父母尊重成年人，不是因为他们年纪更大，而是因为成年人心智更成熟。我们越像小孩子一样和父母斗争，父母就越会觉得我们还小，还需要被约束。与同龄人相处和与父母相处有所不同，同龄人往往会觉得“你对我怎样，我就对你怎样”，尊重需要用尊重来交换。最后，对异性的尊重更需要我们保持礼貌，如果要说的话不适合在亲人面前或在公开场合表达，那我们就要思考一下这句话我们应不应该说出来，说出来是不是不尊重人。

如果我们能站在他人的角度思考自己说的话，就可以避免很多问题了。

再次，我们应该尊重每一个人。我们可以不喜欢一些人，但是应该保持基本的尊重：不说别人的坏话，尊重他人的习惯、信仰、底线，不因外貌、生理缺陷、某种疾病、种族等嘲笑、歧视他人。此外，坚守承诺也是我们尊重他人的方式。有人会觉得："我与一个人关系好的时候，我会替他保守秘密，但是如果有一天我们发生矛盾不再一起玩了，他的秘密我就可以肆意地传播了，反正我们关系也很差，我没有必要再帮他保密了。"这其实也是一种不尊重人的行为。我们能够知晓他人的秘密是因为他人信任我们、尊重我们，如果在关系不好后就传播他人的秘密，我们就是一个失信者。即便其他人听完秘密后和我们一起讨论这个人，他们心里也会暗自将我们定义为背后说人坏话、关系不好就传播别人秘密的"小人"，会认为我们不值得被尊重。

最后，我们要尊重交往的过程。认真倾听他人的想法、建议，保持礼貌。我们可以不赞同别人的观点，但是不要打断别人说话，认真地听完，再委婉地表达自己的意见。委婉表达其实很简单，当我们想要否定什么的时候，先夸一下它存在的优点，再提出建议，比如"我觉得……很好，但是在……方面可能还需要一些改善"。这样，我们提出的建议会更容易被人接受。

当然，我们也不必时时刻刻对所有人都保持礼貌，当我们与关系亲密的人相处时，也可以放肆一点，变得更亲昵、不拘谨。圆圆的问题就在于她的尊重、礼貌在面对所有人时都没有区分度。其实我们亲近的人更希望在我们眼中的他们与其他人相比有所不同，如果我们在面对他们时过度礼貌，反而会让他们感到难过，觉得我们不信任、不亲近他们。

想要改善圆圆这种状况并不困难，只要多关注他人的感受，注意他人的情绪变化，在观察中把握与不同的人交往时尊重的尺度，就可以很好地改善我们的人际关系了。

尊重就像在公路上行驶的车辆，有些路径即便再短也需要车辆双向通行，就像我们与陌生人的彼此尊重，保持尊重的距离，彼此都是对方路途中偶遇的美好风景；有些路径很长，需要我们互相给予尊重，就像我们青春期时和父母的关系，如果没有双向的尊重、保持距离，两辆相向而行的车很可能就会相撞；也有一些路需要我们亲密地携手向前，不需要过多的距离感，比如童年时父母陪伴我们长大，青春期时我们与朋友共同成长，成家立业后我们陪伴年迈的父母……

学会尊重，学会如何尊重，或许是我们一生都要不断探索的内容。未来的路还很长，我们不妨带着这些方法去慢慢探索。

让“偶像”成为激励自己的力量

我们会觉得自己崇拜的人就像天上的星月，散发出光芒照亮我们。在痴迷偶像的人眼中，偶像就像神明一般耀眼，是遥不可及的存在，是不可触碰的美好。但是你能说清崇拜他的原因吗？

科学家、政治家、演员、唱跳偶像，这四者相比起来，大多数青少年更倾向于选择后两者作为自己的偶像。有很多青少年盲目地追星，只重外在，不重内涵，不闻古今，不问时事，甚至会问出“李商隐是谁，为什么抄袭我喜欢的作品”。多首诗入选语文教材必背古诗文篇目，与杜牧合称“小李杜”的晚唐著名诗人李商隐，竟然会成为某些狂热追星族眼中的“冷门诗人”。

其实我们“追”的人是谁、是什么职业、对社会有什么贡献并不重要，哪怕我们以一个平凡但善良的邻居为偶像都是可以的，重要的是我们向自己的偶像学到了什么。像上面这种情况，我们不但没学到偶像的优点，反而荒废了学业，就是错误的、盲目的追星。

这种现象其实可以用“榜样效应”来解释，在心理学家班杜拉提出的观察学习理论中，观察学习分为三种类型：直接观察学习、抽象性观察学习、创造性观察学习，分别对应简单模仿行为、提取行为的规则或原理并运用、从行为特点中独立出来形成新的行为模式。

比如有的人学习偶像的服饰穿搭、说话时的口头禅，这就是简单的直接观察学习；有的人学习偶像的行为，偶像路过好看的地方会拍照、写手账，他路过好看的风景也拍照、做手账，这就是抽象性观察学习；有的人知道自己的偶像是一个乐于助人的慈善家，他没有财力去做慈善，但是他捕捉到了偶像乐于助人的特质，他便在日常生活中日行一善，做一些力所能及的小事帮助他人，这就是比较复杂的创造性观察学习。

有人向好的方面学习，也有人会学习一些负面行为，有些青少年会盲目地崇拜偶像，看到偶像吸烟、饮酒、说脏话、有暴力行为就去模仿，认为这样可以距离偶像更近一点。这种盲目的观察学习往往会给我们带来各种困扰，造成亲子关系、师生关系等人际关系的危机。更有甚者为了避免这些问题，选择与其他拥有这些特点的人交往，这就衍生出了老师和父母最头疼的问题——“孩子总与社会闲散人士一起活动该怎么办？”虽然每个人都有闪光点，但是多数和社会闲散人士交往的青少年，更多学习、模仿的是抽烟、喝酒等不良行为，因此荒废了学业。

所以，我们应该先厘清头绪，明白什么样的人、什么样的特点应该作为我们学习的榜样，而不是模仿、学习那些对青少年而言比较负面的行为特点。

瑄瑄就是一名不折不扣的“追星少女”，但最近她在追星的路上陷入了困境。

瑄瑄很喜欢一位男明星，觉得自己的偶像优秀又努力，对待音乐、演艺事业认真且虔诚。为了听一场偶像的演唱会，瑄瑄不惜高价收购别人转卖的门票。她把自己的零花钱全都存下来用于追星，平时不吃零食、不买小饰品，严格控制自己，就连买书都要向父母寻求零花钱以外的“教育资助”。

但是有一段时间瑄瑄的偶像突然陷入了“吸烟风波”，那个明星接二连三地被曝光在公共场所吸烟，一时间“吸烟偶像”成了被群众声讨的对象。

瑄瑄非常不理解其他人对自己偶像的谴责。为了维护自己的偶像，她整日在网络上与那些反对的声音辩驳，甚至影响了一次重要考试，她考出了自己的历史最差成绩。她每天回到家就把房间门锁起来，对自己的零花钱管理得更加精细，狂热地购买自己偶像代言的产品，以这种不理智的方式支持偶像。

瑄瑄的反常行为和经常寄到家里的商品快递，终于让她的父母产生了疑虑。父母对瑄瑄盲目追星的行为表示不支持，很快一家三口就因为追星吵了起来。

瑄瑄的爸爸认为每个人都有自己的喜好，就像自己喜欢篮球球星一样，女儿喜欢明星，并把他当作偶像也可以理解，但是如果不能从偶像身上学到什么优点，只是因为他长得好看、声音好听就把他当作神一样崇拜，这让瑄瑄爸爸无法理解。瑄瑄爸爸觉得因为这些特点喜欢一个人太过肤浅，他不希望女儿变成一个没有思想、没有理智的人。再加上抽烟这件事情，瑄瑄的爸爸认为这是一种负面导向，他很担心某一天瑄瑄为了模仿偶像也开始吸烟。

而瑄瑄妈妈关注的问题就比较现实，她不在意瑄瑄喜欢什么，但是她不允许瑄瑄的成绩受到任何人影响。她斥责瑄瑄说："你喜欢的这个偶像不能让你更勤奋、努力，也不能让你向好的方向发展，反而让你在网上和别人吵架，学会了那么多脏话。你迷恋他就是为了让自己变得越来越差？"

瑄瑄在父母反对的声音中越来越迷茫，想反驳又组织不出语言，每次三人谈心都不欢而散。

其实在这个矛盾中，每个人都有自己的问题。

瑄瑄父亲和多数家长一样，对吸烟者存在刻板印象。在上一辈人的记忆中，年轻人吸烟似乎总是与暴力、颓废、自暴自弃联系在一起，比如我们在各个年代的校园影片中几乎都能看到各种吸烟的街头混混、校霸。家长们看到孩子喜欢的明星是"吸烟偶像"，很容易就会联想到自己的孩子会学习吸烟这种行为，并且担心孩子会和一些家长眼中的"坏孩子"聚在一起打架、谈恋爱，引发恶性事件。

瑄瑄的妈妈则秉持"成绩第一位"的原则，在她的眼中，狂热追星势必会影响成绩，面对女儿突然下降的成绩，她就会先入为主地认为瑄瑄在学坏。

而瑄瑄也存在一些问题，她拒绝与父母沟通，面对父母的质疑，往往起身离开，不愿多谈。但事实上，没有人只有优点或只有缺点，任何偶像都不是圣人。瑄瑄可以向父母解释自己为什么追星，喜欢偶像的哪个方面，向他学到了什么，面对他的坏习惯是怎样的态度，以此打消父母的忧虑。

另一个问题就是，瑄瑄在网络上与斥责自己偶像的人吵架，其实也是比较不理智的行为。所有人在网络上看到的都是一些描述性文字或视频资料，没有人彻底了解事情经过和偶像究竟是怎样的人，任何的争吵都像浮云一般虚无。最好的解决办法就像有句话说的："离作品近一点，离生活远一点。"如果喜欢偶像的作品，欣赏他对待事业的努力态度，那就学习他的态度，认真对待自己的学业，闲暇时听或看他的作品放松心情，而不是本末倒置，一边感叹着他人的努力态度，一边沉迷于各种追星应援活动，耽误了自己的学习。

青少年的偶像崇拜主要可以分为三类：

第一类是为了让自己更"合群"。比如某个团体中的人都喜欢某位明星，我们为了融入这个团体就跟风从众，也崇拜这位明星。

第二类是为了寻找自我同一性，摆脱混乱感。我们在青少年阶段面临着多种角色冲突的混乱感，想要摆脱混乱感就需要建立一个在他人眼中较好的形象，我们会从各类名人中选择，直到找到一个自己喜欢的、想要向着他的方向发展的形象作为偶像。

第三类是为了转移面对父母时的矛盾心理。我们在青少年阶段一边不想依赖父母，一边又不得不依赖他们，但随着我们不断成长，父母对我们的指导也越来越有限，这时，面对拥有高社会地位、独立自主、能力出众的偶像，我们很容易就会形成偶像崇拜。

迷恋上偶像的瑄瑄就属于第二类，偶像努力认真地对待事业的形象深深地吸引着她。但是在偶像崇拜这条路上，稍不留神就可能误入歧途，做出一些不理智的事。瑄瑄因为一些猜测与他人在网络上吵架；更有甚者会做一些偏激的事情，比如因为偶像崇拜与朋友意见不合便与对方打架、绝交；因为与一部分人所追求的偶像是竞争关系而故意引发争端、欺凌少数人……这些不理智的偶像崇拜行为值得我们深思。

无论是哪一种类型的偶像崇拜，我们都应该理智地追星，学习其好的一面，摒弃其坏习惯和缺点，有选择地向偶像学习，我们才能更好地成长。有一个喜欢的人，受他的积极影响，在生活中传递阳光与温暖；在他的激励下走得更远、站得更高，变成更好的自己，这才应该是偶像传递给我们的力量。

第 7 章

忙里偷闲的时光

每天坚持运动

提到运动你会先想起什么呢？是晨练跑步、饭后散步，还是爬山、跑马拉松，或者是我们高中每年都要经历的体育测试？

根据近几年的调查显示，我国青少年的身体素质状况并不乐观，甚至部分高中生、大学生的身体素质都不如小学生。我们小时候盼望着自己赶快长大，变得更加强壮，长大后却让儿时的自己感到失望。我们每天除了坐在书桌前学习，就是躺在床上捧着手机、电脑，很多人一天中唯一的运动可能就是家和学校之间的往返。

这样的“宅生活”对我们而言有很多害处。久坐、久躺都不利于我们的身体发育，甚至可能会让年纪轻轻的我们患上颈、肩、腰部疾病。除了生理不适以外，我们长期在室内活动，在心理层面也有很多弊端，首当其冲的就是负面情绪无处排解。当我们产生自责、抑郁、焦虑等负面情绪时，在安静的环境下，我们的思绪会漫无目的地游荡，打开一个又一个充满灰暗回忆的盒子。比如我们与一名同学产生矛盾，回到家躺在床上，我们会从今天发生的矛盾事件想到曾经与他发生的那些不愉快经历，越想就越觉得自己委屈，越想就越觉得对方对我们很过分，这也就是我们吵架后回到家感到“退一步越想越气”的原因。

而出门跑步、打篮球等运动，可以让我们满身大汗，回到家洗漱完，躺到床上就能立刻入睡，能够很好地缓解负面情绪。运动一方面可以消耗体力，让我们感到疲惫，无心再去思考那些烦恼的事情；另一方面，在运动的过程中，我们就已经宣泄了部分负面情绪，愤怒、忧郁的程度都有所降低。我们常说男生之间有什么矛盾，“打一架就能和好”，其原理和运动对负面情绪的调节是一样的。

那么我们应该做什么类型的运动呢？是不是运动强度越大，对我们就越有利？每天应该运动多久才合适？

这些问题需要我们根据自身情况寻找答案。

运动的种类非常丰富，就像我们小时候报兴趣班一样，我们要寻找的不是“应该做什么类型的运动”，而是找到自己“适合做什么类型的运动”。每个人的自身条件都有差异，我们应该根据自身条件进行适度的运动。比如有些运动对身体素质要求较高，我们就要思考自己的体能、平衡力、心脏等生理条件能否承受这种运动强度；有些运动需要我们考虑自己的心理条件，比如攀岩、滑翔伞运动等，除了对身体素质要求高，还需要我们不恐高，以避免发生意外。

运动强度也不是越大越好。如果我们想要改善情绪、强身健体，散步、跑步、打篮球、爬山等活动的运动强度就足够了，一次半个小时左右即可。未经训练就盲目地追求高强度的运动练习，反而容易使我们受伤，因为比运动更重要的是健康，我们如果感到不适就不要强迫自己，过量的运动可能会造成肌肉拉伤、贫血、膝关节半月板损伤等问题。

而关于运动时长，我们可以根据自己的目的适当地调整运动时长。如果想要进行长时间运动，最好有一个循序渐进的过程。比如我想做一个背包客，想背着一个大大的旅行包翻山越岭，但是我从未有过爬山的经验，爬一次山需要两三个小时，我会感到过度疲劳，所以必须一点一点增加运动时长，比如上次爬山用了三十分钟，这一次我爬山六十分钟，下一次再加半小时，以此类推逐渐增加到自己想要的运动时长。如果没有训练过，我们就突然进行高强度的运动，也会使我们身体超负荷，造成各种损伤。

总结下来就是八个字——循序渐进，因人而异。从自身条件和运动目的出发，进行适度的运动才是对我们最有利的。在此基础上，还需要一点坚持。运动需要坚持才能逐渐改变我们的身体素质，再完善的运动计划，再切合自身的运动种类，如果没有长久的坚持也无济于事。

我一个朋友家的孩子青青，她对运动总是很抗拒，做了许多运动计划，但是没有一个能坚持超过两天的，甚至大部分与晨练有关的计划，在第一天早上赖床的时候，还未开始就结束了。

青青总是为这些无疾而终的运动计划找各种各样的理由，比如学习太累不想早起，早上有雾霾不宜运动，今天是节日奖励自己不运动，这周有考试要好好复习没时间锻炼……

但是懒惰带来的麻烦也是她不愿面对的。每到临近体育测试的时候，青青都会苦着脸不想上学。体育测试之前，她害怕自己不及格。测试之后的一周左右，每天起床就感觉身体像不受自己支配了，腹部和腿部的肌肉非常酸痛，尤其是笑的时候，会带动腹部的肌肉。这时，开心大笑的青青瞬间变得痛苦不堪，捂着腹部痛得吸气。

像青青这种情况并不是特例，在高中阶段，老师和家长们不会刻意让孩子们锻炼身体，没有了老师和家长的约束，自觉进行运动锻炼的学生就变成了少数。我们会不自觉地认为“学习已经很累了，有空闲时间睡一会儿补补觉，或者玩点什么放松一下多好呀，为什么要让自己更累呢”，最后造成的结果就会像青青一样，除了体育课就没有其他运动时间了。体育测试的时候，为了及格就不得不逼迫自己跑得快一点、多做几个仰卧起坐或引体向上，测试结束第二天或第三天就产生了延迟性肌肉酸痛，直到一周左右这种不适的症状才能基本消失。

最好的解决办法就是坚持运动。每天进行半小时以上的有氧运动强身健体，等到将要进行体育测试的前半个月左右，我们可以逐渐加大自己的每日运动量，练习一些与体育测试相关的项目。如果说体育测试的运动量是100，假设平时慢跑半个小时的运动量是30，快跑半个小时是60，在快跑半小时的基础上再进行一些仰卧起坐和跳远练习是90，我们逐渐加大运动量，从30到60再到90，这样就会越来越接近体育测试的运动强度。当我们适应了强度较大的运动，就不会因为突然进行大量的剧烈运动而产生延迟性肌肉酸痛了。

如果感觉自己无法坚持运动，可以找一个人监督自己。青青刚开始下决心运动的时候，就在父母的轮流陪伴监督下每天锻炼半小时，后来逐渐养成了运动的习惯，喜欢上夜跑，就不再需要监督了。通过在体育测试前逐渐加大运动量的方法，体育测试前的青青不再感到焦虑、抗拒了。

运动的作用可不仅仅是帮助我们通过体育测试这么简单，每天坚持运动还有很多意想不到的好处呢！

运动可以使我们的大脑更健康。研究表明，运动对我们大脑中与记忆力、推理能力、执行力相关的区域有积极的影响，有助于培养新的神经元和脑细胞。所以，如果你想要变得更聪明，那就坚持运动吧，更健康的大脑也许会带来更优秀的学习成绩。并且运动锻炼还能预防阿尔茨海默病，虽然阿尔茨海默病多发于老年人群体，离我们很遥远，但是我们可以和家里的长辈一起锻炼，帮助他们预防疾病。

运动对于心理的作用则更加神奇，不但能帮助我们缓解压力、改善情绪，还可以培养我们很多良好的心理品质。比如让容易紧张的人参加竞争激烈的运动比赛，可以培养其沉着冷静的习惯；让胆小的人参加难度较高、需要克服畏难心理的运动项目，可以培养他的勇气；让孤僻的人参加一些多人合作运动，可以让他逐渐适应团体，学会与他人配合、沟通……

每一项运动都有自身独特的魅力，走近它、体验它并坚持下去，我们就可以收获许多意想不到的惊喜。看到这么多妙处，你有没有迫不及待地想要走出门去锻炼呢？心动不如行动哦！

享受户外活动

你是“宅男宅女”中的一员吗？

阳光、雨露、清风、繁星……这些大自然中的美好事物，你愿意亲身体会吗？你可能经常在各种各样的电子游戏里看云、看星星、看月亮，赏花、游湖看海，但在现实世界里进行户外活动的次数屈指可数。比起耗费体力进行户外运动，大多数人更愿意闷在房间里，通过网络了解大自然，从他人分享的照片里感受世界的美好。

如果有时间，我们可以与父母聊一聊他们十几岁时最喜欢的游戏活动。他们玩的“老鹰捉小鸡”“丢手绢”“跳皮筋”“跳格子”等户外游戏在我们眼中可能是幼稚的，我们甚至会觉得一群人聚在一起玩这些游戏很尴尬。我们如今的户外活动与父母那一代相比种类更加丰富，有户外球类运动，以及登山、野营等多种多样的活动供我们选择，但是我们进行户外活动的态度并不积极。

一方面是学习压力太大，要完成的学习任务太多，没有时间进行户外活动，另一方面是我们把仅有的一点闲暇时间用来看娱乐视频、玩电子游戏，或进行其他室内活动。我们倾向于选择室内活动，很可能因为休息时间是碎片化的。如果只有十几分钟的休息时间，那么跑到户外再跑回来显然是不便利的，而室内活动可以让我们把时间全部用于喜欢的活动，室内活动结束后，我们可以直接走到书桌旁继续学习。两者相比较，我们就会选择看起来实际放松时间更长的室内活动。

但是如果比较放松效果，户外活动肯定是更胜一筹的。比如我们休息二十分钟，出去跑步或散步可以解放我们的眼睛，伸展我们的脊椎，缓解久坐的疲劳，上下楼的过程也可以放松身体，而如果我们坐在室内捧着手机看二十分钟，眼睛依旧处于疲劳状态，无论我们是躺着还是坐着，身体各个部位也还是疲劳的，没有得到活动和放松。所以从放松身体的角度看，户外活动是更好的选择；而且户外活动相较于看手机更能让大脑放松，我们看着电子屏幕不停哈哈大笑时，大脑其实并没有得到放松，反而是处于不断接受刺激的状态。

当然，室内活动中也有一部分锻炼身体的运动，与电子产品无关，比如瑜伽、深蹲、仰卧起坐等，这些活动放松身体的效果与户外活动不相上下，但是亲近大自然的户外活动更有利于放松心情，阳光与微风的力量比我们想象中更强大。

故而，想让自己的休息更有质量，让放松更有效果，我们的最佳选择就是走出门进行户外活动，感受鸟语花香，行看云卷云舒。

除了放松身心，户外活动还有很多奇妙的作用，可以帮助我们解决一些心理困扰。

小恒是一个被社交恐惧困扰的高二学生，他的学习成绩很好，但他性格孤僻。同学们总是悄悄说他坏话，认为小恒是一个骄傲自大的人，不屑与学习不如他的同学相处。

面对这些流言蜚语，小恒有口难辩。他其实很渴望融入班集体，但是与同学们交流时，他总是非常紧张。无论是在全班面前演讲，还是私下与同学说话，他都会感到紧张，害怕自己“出洋相”。久而久之，小恒就开始逃避社交，认为不与他人交流就可以逃避这种不愉快的体验。

“随便他们怎么说我吧，反正和别人交往我就会紧张，会发生一些很尴尬的事情，我还不如直接放弃交流。只要我先不理他们，我就不会感到紧张、尴尬，其他人怎么看我是他们自己的事情，与我无关。”小恒对自己逃避社交的行为这样解释道。

逃避其实是社交恐惧者最惯用的方法，我们可能会想：我害怕人际交往，害怕被人关注，所以我逃避这些东西，躲着人群、不与他们接触就不会害怕了。但是我们生活在这个世界上总是要与人接触的，一味地逃避并不能解决问题。可能我们在青少年阶段会认为与人交往是一件没有必要的事情，但是等到我们成年，进入大学、公司之后，与人交往合作就成了必备技能，想要提高自己，必然逃避不了在公开场合做演讲、做报告，如果过于紧张，很可能会痛失机会。

逃避并不只是在社交恐惧中常用的手段，当我们面对一些感到紧张、焦虑的事情时，都会不由自主地想要逃避。比如有的同学在考场上会很紧张，担心自己发挥失常，他们也会采用逃避的方式面对考试，不愿参加考试，甚至找借口请假不去学校以逃避考试。

这些情况都是我们的逃避型心理防御机制在发挥作用，我们为了减轻面对挫折或心理冲突时不愉快的感觉，就会采取消极、逃避的方法。而参与户外活动、进行户外锻炼可以逐渐改变我们，让我们面对困难时采用更加积极的态度和方法。

心理学上的“运动疗法”就可以帮助焦虑、恐惧、怯场者克服障碍。

小恒的状况可以通过打篮球来改善。篮球比赛可以锻炼我们的心态，如果在篮球比赛中一直过度紧张，必然是不可能获胜的，这类竞争激烈的户外活动，可以在变化莫测的比赛场上培养我们沉稳冷静的心态。与此同时，篮球运动作为团体运动项目，需要团队交流配合才能进行得更好，可以培养我们的人际交往能力与合作能力，还能让我们在运动中收获友谊，感受到人际交往合作的乐趣，逐渐不再逃避社交。

除了对恐惧、焦虑、紧张有奇效，运动还可以帮助我们改变胆怯、自大、急躁等性格特点。

如果你一直都很胆小、内向又腼腆，可以试着去滑雪、溜冰、游泳，不要害怕自己做得不好，全心全意地投身其中，向着目标前进。这几项运动可以锻炼我们的勇气，让我们从含胸低头的丑小鸭变成自信起舞的白天鹅。

如果你常常骄傲自满，觉得周围的其他人都不如自己聪明优秀，认为身边的一切都很简单、幼稚、低级，很可能就是走进了自大的陷阱里。这时可以培养兴趣，多听、多看，感受世界的丰富多彩，体会自身的渺小，激发求知欲，我们对人、对事也就会越发谦逊。也可以进行一些高难度、动作复杂的运动，比如打乒乓球，在运动过程中我们会感到困难，激发努力向上的欲望，使我们察觉到自身有所不足，需要努力变得更好，克服骄傲自负的缺点。

急躁的毛病也可以通过户外活动得到改善，我们可以进行一些“慢性子”的活动，培养自己的耐心和耐力。比如打太极、慢跑，也可以去公园走走，这些运动的共性就是一个字——“慢”。虽然运动强度不大，但是进行这些活动时，我们必须足够稳重、有耐性。学会控制自己的急躁脾气，在“慢”中让自己变得更沉稳冷静，我们的问题就会得到有效的缓解。

如果你没有这些问题，也可以学习一些实用的运动小知识。比如你在参加重要的场合或重要考试前感到紧张，那就试试散步或慢跑十几分钟，可以减轻紧张感。每周坚持慢跑三四个小时也可以有效降低状态性焦虑，能够让我们面对某些突发情况时更加冷静。此外，长期进行中等强度的运动还具有抗抑郁的功能，有助于我们保持心理健康。

我们应该在最有活力的年纪多多锻炼，走出门接触大自然，在运动中挥洒汗水，保持健康的身心状态才能更好地投入学习中。在高中阶段，我们应该对运动投入更多关注，分配更多时间，每天运动半小时就可以有很大的改变，做运动的同时亲近大自然，放松身心，调节情绪，对我们而言无疑是非常有益的。

当我们养成了户外活动的习惯，爱上跑步时拂过耳边的风，休息时躺着的青草地，头顶明媚的阳光或浩瀚星空，这时的我们就更享受户外活动，对各种运动产生更浓厚的兴趣，在锻炼中不断成长，收获更美好、更健康的未来。让我们一起锻炼，向健康出发吧！

读万卷书与行万里路

纸上千行，足下千里，一本书就是一个世界。我们跟随书中的角色走过春夏秋冬，看他的世界里的花开花落、聚散离合，这段故事或许与我们有千百年、千万里的时空距离，我们可能永远不会经历那些起伏跌宕的情节，但书中那些悲欢喜怒、风土人情我们都能一一领略；那些共鸣触碰到心底最柔软的弦，给我们带来最深刻的感动。

随着生活节奏的加快，读书似乎被人们看作一项“笨功夫”“表面功夫”，潜心阅读的人越来越少，跟风阅读的人越来越多，认真阅读的人反而被戏称为“书呆子”。读这一类书代表这些人精于谋划，读那一类书代表那些人有思想深度，读这一类书代表他们文艺浪漫，读那一类书说明他们天真幼稚……很多人为了给自己贴上这样那样的标签、树立人设而读书，看书时囫囵吞枣，毫无感悟，甚至有人为了伪装自己很博学，只看一些书评就当作看完了整本书，完全丢弃了阅读的初衷。

如果我问你：“你阅读的原因是什么？”你会怎么回答呢？

“如果不是老师留作业要求我看书，现在谁还看书啊？”“题都做不完，高考语文如果不考，我肯定是不会看的。”……诸如此类的答案一定很多。也有一部分同学喜欢阅读，却被父母百般阻挠：“看闲书有什么用，你能靠看书考进大学吗？有时间不做题，就知道看这些没用的东西。”

高考似乎是悬在我们头上的警钟，我们只要做了看起来与高考关联不大的事情，这座警钟就会在我们头顶嗡嗡作响，最后的结果往往是我们主动或被动地放弃那些与高考关联不大的事情。比如读书，因为老师要求或考试要求才读书的同学，当看完要求的内容后，就会自己敲响警钟放弃阅读；而那些被父母反对的阅读爱好者，往往也会向高考低头，为了高考暂时放下阅读爱好，专心做更多的题。

那么，我们究竟应不应该坚持自己的阅读爱好呢？

我认识一个叫小睿的高二男生，他非常热爱读书，天文、地理、历史、文学…… 各种各样的书他都喜欢看。小睿把零花钱全部存起来买课外书，他看书的速度也比较快，每隔一两周就会买几本新书。

热爱读书本应该被家长支持、鼓励，但是小睿的妈妈非常不喜欢他看闲书。小睿在分科时选择学习理科，所以小睿的妈妈认为刷题才是他应该做的事情。物理、化学、生物有那么多难题、那么多本练习册等着他去做，他却捧着《世界地理》《全球通史》这些与理科学习无关的书。学习理科明明是小睿自己选择的，他却不努力做题，这让小睿的妈妈非常不理解。

小睿对于妈妈的反对也很无奈：“作业我写完了，每科额外买的一本练习册我也跟上学习进度做完了，学习成绩也排在班级上游没有被影响，为什么就不能看书呢？我选择学理科也不等于与理科之外的东西划清界限啊！与生活的世界有关的东西多看一点、多学一点又没有坏处。”

母子二人各持己见，都觉得对方的想法有问题。但是彼此又都不愿沟通。小睿的妈妈一味地命令他做练习题，斥责他读课外书是在做毫无意义的事情；小睿装作听不见，关上房间门，让妈妈看不见自己在做什么。

读课外书究竟有没有意义，答案必然是肯定的。

我们且不谈“书是人类进步的阶梯”这样的思想境界，单就现实而言，在空闲时间读一本好书，进行一场心灵之旅，往往能够给我们带来很多感悟，让我们拥有更多直面生活和学习压力的力量。

我身边有很多朋友在自己情绪不佳、压力较大的时候都会选择读书。年长一些的人喜欢反复看经典书籍，比如《三国演义》《孙子兵法》《二十四史》等，认为过了不惑之年再细细品读这些书，他们会对人生有更深刻的认识；有些朋友比较喜欢看一些治愈文学，比如《我在雨中等你》《查令十字街84号》《岛上书店》等，用爱与温情抚慰工作和生活带来的疲惫；还有人像小睿一样喜欢看各类科普、历史书籍，从生活中随处可见的小物品到天空中飞过的蝴蝶，都能激发起他们寻根探源的好奇心。

书籍本身是由纸张组成的、印满文字的物品，它的真正魅力在于我们阅读那些文字并和文字产生共鸣，我们可以从某些故事里总结经验，找寻面对现实问题的解决之道；可以与文学共情，去主人公的世界进行精神上的长途旅行，跟着他的脚步走向温暖的结局；也可以汲取知识，增长见闻。这些共鸣会让我们的精神世界越发丰富，明确生命的意义、努力的目的，以及学会面对困难该如何调整状态。

如今有一些青少年觉得“学习无用”，与读书少也有很大关系。为了考试不得不阅读一些不感兴趣的书籍，这会打压他们的阅读兴趣，从而厌恶读书。但是那些必读书目的数量也很少，几十本书即便再经典也很难让人看到世界有多么的丰富多样，难以培养起青少年的好奇心和求知欲。精神世界荒芜贫瘠的人往往会认为目之所及的区域不过如此，不走向更广阔的天地也没有什么不好，努力拼搏那么苦、那么累，不如放弃竞争，安心做一个差学生，舒舒服服地过完三年算了。

此外，缺少阅读的人更容易陷入迷茫。有些青少年在初中努力学习，“两耳不闻窗外事，一心只读圣贤书”，结果到了重点高中，发现大家的成绩都很好，有些人不用很努力学习成绩也名列前茅，就会感到心理不平衡。这些人接受的价值观是单一的“努力改变一切”。我们的教育告诉我们努力学、拼命学就一定会得到好结果，却没有说遇到挫折该怎么办，如果努力不能让自己超越他人该怎么办，心理不平衡时该怎么调节。

书籍也不能直接给我们答案，但是看到书中的人物经历辛酸苦乐、面对人生坎坷，我们就可以从中找到答案。当我们迷茫时，精神世界里的知识大树会为我们掉落一片阅读叶子，让我们拾起它，用它作指引，找到明亮的出口。

而不是让我们在迷茫时反复地问自己：“努力不管用该怎么办？”只能想起老师、家长们举例说的那些依靠努力成为第一名的哥哥姐姐，最后空荡荡的精神世界里也传来回声：“努力不管用该怎么办？”

当然，读书最重要的作用还是让我们丰富见识、博闻明智。在如今这个科技飞速发展的时代，网络就是一把双刃剑，既让我们认识世界，又干扰我们的视听。多读书，提高思考能力，我们才不会被他人的思想裹挟；提高逻辑能力，我们才不会错信虚假信息。

比如有一些人在网络上宣传“做梦都想回到民国，在思想自由的时代谈一场浪漫的恋爱”“做梦都想回到魏晋，体会魏晋风流、才子佳人的浪漫”，对历史了解不深的青少年很容易就会被那些“美好故事”诱惑，开始不切实际的浪漫幻想。事实上，这两段历史战乱纷繁，乱世之中纵使是才女谢道韫都要被逼上阵杀敌保护族人，而大多数人只记得她的“未若柳絮因风起”有多么浪漫唯美。

多读书未必能让我们成为最优秀的人，但是一定会让我们成为一个充实的人，而不是被他人牵着走、没有思想、盲目跟风的空躯壳。

了解了读书的诸多益处，像小睿与小睿的妈妈这类因家长阻挠读课外书而引发的矛盾就有了解决的办法，凡是由于互不理解而产生分歧，最好的解决办法都是沟通。沟通的主要内容就是向家长解释读书的益处，并且保证不会占用正常的学习时间。我们的家长也不是无法沟通的“老古板”，如果我们愿意与之沟通，他们自然很愿意倾听我们的想法，并且肯定会支持对我们自身发展有益的爱好。

未来的路还很漫长，万卷书，万里路，就让我们在书籍的陪伴下走向远方吧！

审美——电影、戏剧与音乐

一千个读者就有一千个哈姆雷特，某一个角色、某一首音乐都会给不同的人带来不同的体会。谁的体会更对呢？事实上没有对错。审美其实是一个很主观的东西，多元化的美丽、多元化的解读才更能体现人们思想的巧妙和作品本身的生命力。

但是在网络的冲击下，艺术作品似乎变成了一种“非黑即白”的东西。比如在电影中，好人就只能做好事，如果他在帮助别人的过程中有犹豫，人们就会说“他是在思考该怎么解救”；如果有人提出“他可能是不想救人想逃跑”，立刻就会有各种各样的人来反驳他“你是不是心理太阴暗，看不见别人的善良”。

还有很多值得一看的高价值作品，被各种电影解说剪辑过后讲了三五分钟，在看的过程中，我们会很感动，看完这几分钟后，我们似乎就觉得自己已经看完了，没有必要再“浪费”一两个小时去看完整的电影了。事实上那些真正有意义、有感悟、有美学价值的片段，以及电影的真正内核，我们并没有触摸到。碎片化的剪辑只给了我们单一的一种解读，我们被动地接受，走马观花地浏览，扼杀了我们的审美能力和思考能力。

审美并不是我们的附加物，更不是无关痛痒的东西，它是枯藤老树昏鸦的苍凉，是凡·高眼中星空中旋转流动的线条，是云海千峰的奇绝壮美，是对世间万千美好事物、作品的欣赏。培养审美能力不是一件孤立的事情，也不是“不务正业”。审美与语文其实是分不开的，培养审美能力也是在培养我们的语文能力。

以我们课本中的古诗文为例，“落霞与孤鹜齐飞，秋水共长天一色”，有些人看到这句话解读出来的就只有“一片望不到尽头的水，一片晚霞和一只鸟”；有些人的脑海里却已经浮现了一幅画卷，画面上有云销雨霁后远处的一片紫红霞光，与映照着天尽头的水汇成一片暖色，近处天青水青，逐渐向天际的紫红色晕染，水波荡漾像晚霞的纹路，远处一只野鸭从结霜的芦苇丛中飞起跃上天际，打破天水间的平静，带来秋的萧瑟孤寂。

我们之所以觉得语文鉴赏题目中没有什么可写，就是因为我们看到的很少，给答案留下的空白太多。审美就可以帮助我们看到更多文字之外的东西，填补这些空白。

辅助语文学习，是审美的作用之一，审美更重要的影响是作用于我们的心理和行为。你可能会问：“这种看不见、摸不着的东西能对我有什么影响呢？”

审美的特别之处恰恰就在于很少有人重视它。我们大多数人对待审美都抱有错误看法，认为审美能力的高低并不重要，需要审美能力的是那些从事艺术、设计工作的人。殊不知我们每个人都有审美，只是在审美方向和审美情趣等方面有所差异，审美潜移默化地改变我们，而我们却毫无察觉。

婉婉是一个高一的女生，她的学习成绩很好，在学校里与老师和同学们的关系也很融洽，在众人眼里是一个阳光、开朗、可爱的女孩。

然而，婉婉有着严重的容貌焦虑。婉婉的娃娃脸、中等身材，在她自己眼里就变成了“丑、胖”。尤其是到了“爱美的季节”——夏季，“女生标准身高体重表”在网络上疯狂流传时更加深了她的焦虑，婉婉看着那张表格越来越自卑。为了让自己变得更瘦，婉婉尝试了各种各样的减肥方法，吃药、节食、做运动、吃代餐……凡是能查找到的减肥方法她都试过，最后的结果却并没有如她所愿，反而影响了她的健康。除了追求瘦，婉婉还渴望做整容手术，眼睛、鼻子、脸型都令她不满意，她非常向往电视剧中的那些女主角的大眼睛、双眼皮、高鼻梁、瓜子脸。

容貌焦虑在学生群体中其实很常见，它与我们现代人的审美关系密切。十几岁的我们正是爱幻想、爱做梦的年纪，但是很多毫无营养、没有内涵、粗制滥造的影视作品传播的都是畸形观念，无论主角强大还是弱小，他们似乎必须是皮肤白皙、身材纤瘦、长相美丽的；而令人追捧的明星们，让人喜爱的校花、校草们，也都是这样的外貌类型。人们接受这样的审美，就会盲目地追求模仿自己眼中的美。整容成某种人们喜欢的模样其实就是一种盲目的模仿，是畸形的审美给青少年带来的负面作用。

想要减轻容貌焦虑，我们就需要培养审美自信。多看一些优秀的影片、戏剧，多听一些优质的音乐，我们会发现美丽、自信不是单纯依靠肤色、身材或五官。有人为胖美人杨玉环写下“云想衣裳花想容”，也有人为脸上长雀斑的羞怯小姑娘在五线谱上写下动听的音符，每一种特征都有它的美丽，黑白、胖瘦、眼睛大小等每一种特征都会被欣赏它的人喜爱。在欣赏自己的人到来之前，我们不妨多爱自己一点，培养自己的审美能力，不被单一的大众审美限制，尝试发现自己的美。当我们能够发现自身的美，就代表容貌焦虑渐渐离我们远去。

可能有的同学会问：“我对自己的外貌并不焦虑，但平时学习已经那么累了，难道休息时间想放松一下，也要找高雅的歌剧、奏鸣曲吗？看一些让人放松心情、能大笑的影视作品就是低俗、没有审美能力吗？”

高雅和放松并不冲突，令人发笑的作品也不等于低俗，有些轻松诙谐的喜剧电影恰恰蕴含了更多的人生哲理。但是问题在于，我们放松的大部分时间里都在看一些视频应用中毫无营养的、几十秒或几分钟让人哈哈一笑就结束的短视频作品，视频中的内容滑稽、夸张，确实惹人发笑，一看就是一两个小时，数十个作品看完之后就如同过眼云烟，甚至还会看到一些不适合青少年观看的、打着性感美的旗号进行软色情表演的视频。音乐同样也是重灾区，有些“口水歌”听起来诙谐又有趣，打着潮流的旗号，歌词却脏话连篇，有些歌曲打着文艺复古的旗号，唱着胡拼乱凑的歌词。

培养审美能力就是为了帮助我们分清，什么叫轻松诙谐中蕴含哲理，什么叫在放松中浪费时间、荼毒心灵。那些低俗的“轻松解压”作品其实与烟瘾、酒瘾是同样的原理，它们不断地刺激人们的大脑，让人沉迷于它所带来的快感，人们坚信它可以令人放松，于是越发欲罢不能。

除了心理层面的自卑、焦虑，行为层面的模仿、跟风，审美对我们的价值观念也有一定影响，其中最突出的就是对理想的影响。什么是美、什么是我们想要的未来？问题的答案都在我们的审美里。人们总是担心青少年会是“垮掉的一代”，为我们的未来而担忧，因为我们的理想从大多数人都想当科学家、医学家、教育家、艺术家，变成了越来越多的人想当明星、网红。在这部分人之中，想成为别人的榜样，热爱镜头、热爱舞台，具有表演、唱歌、跳舞天赋，愿意为此付出努力的人很少，更多的人是觉得这样很“美”，有身份地位、有荣誉、有名声，赚钱又多又快。

审美的畸形与价值观的畸形密不可分，想要树立正确的价值观，先要扶正我们的审美。中国有句古话叫作“久入芝兰之室而不闻其香，久入鲍鱼之肆而不闻其臭”，审美就是这样，在潜移默化中我们会被自己的所见所闻同化，改变我们的思想价值观念。想要觉察到自己受了正面还是负面的影响很难，但是我们可以通过看优秀的文艺作品提高审美能力，培养自己的“芝兰香气”。

欣赏优质的文艺作品，在优秀的电影、戏剧、音乐中充实自己、提高自己，主要目的不是为了让我们“看起来高雅”，而是为了让我们能够站在更高的审美阶梯上，开阔眼界，拓宽思维，悦纳自己，善于发现万事万物的美，对待事物有独到的见解，找到自己真正想要的未来。

那些人生宝典里的小爱好

人们总是说“热爱可抵岁月漫长”，在你的生活中是否也有这样一个“热爱”呢？当你在做这件事的时候，能够全身心投入其中，忘记时间的流逝，即便在学习生活压力下疲惫不堪，但只要开始做自己爱好的事情，我们就又充满了活力。

高中阶段无休无止地做题、背知识点难免会让我们疲惫、倦怠，凡事都讲究张弛有度，学习自然也不例外，培养一些小爱好可以帮助我们缓解疲劳，让我们暂时从紧张忙碌的学习生活中挣脱出来。

但是高中阶段培养的爱好总是会遭受各种各样的质疑，先反对我们的就是父母：“你能不能少玩一会儿，就知道玩，不做题！”“现在培养什么爱好，该努力的时候不好好努力，总想这些无关的事！”“等你高考结束想有什么爱好都可以，现在先好好学习，别管其他的。”……父母反对的话语就像魔咒一般在我们耳畔回响，有时候我们想趁着休息时间做点什么有趣的事情，一想到父母的魔咒就放弃了这些与学习无关的念头。

事实上，爱好除了能让我们在热爱中放松身心，还可以让我们得到锻炼和提升。比如数独、围棋、象棋等益智类爱好，既能锻炼耐性，又可以培养我们的全局观念和整体思维，考试答题时急躁冒失、丢三落四的同学就非常适合培养这类爱好；爱好也可以让我们更加积极地生活，比如以养花草为乐的同学，有的人在养绿植的过程中能放松心情，看见绿色就感到减压，也有人在植物生长的过程中，注重体会生命的美好，更加热爱生活。其他的爱好也各有各的妙处，等待着我们去探索发现。

不同的爱好作用在我们身上会产生奇妙的反应，而同一种爱好，不同的目的，也会带来不一样的结果。培养爱好要因人而异、因事而异，而不是盲目地跟风，看见别人做什么就跟着做什么，也要根据自己的能力范围决定为爱好付出多少，在自己可承担的范围内分配对爱好的经济投入，更要提高辨别能力，不被某些培训班虚假夸张的宣传蒙蔽了眼睛。

小白是一个非常喜欢画画的高一女生，但是也因为绘画的爱好有了许多烦恼。

小时候，小白的父母见她喜欢画画，为她报了特长班，但是小白不喜欢特长班的素描训练，更不喜欢被要求画某个物体。小白喜欢自由自在地画喜欢的东西，所以总是哭闹着拒绝去特长班，父母也没有再强迫她继续去特长班学画，小白就将画画作为爱好一直保留了下来。随着年龄增长，小白觉得自己画画时总是有很多地方处理不好，反复练习也不得要领，缺少绘画技巧，于是就想趁着高一学习还比较轻松的时候重新报一个特长班学习。

小白的爸爸妈妈对此并不支持。他们认为女儿又是一时兴起，根本没有耐心学画，只是想消磨时间，所以他们的态度很强硬："小时候让你学你不学，现在大家都为了高考拼命打基础，你却要去学画画。从小到大你就喜欢跟我们'唱反调'，不要想那些没用的，好好学习才是最重要的！"

虽然父母非常反对，但是小白学画画的想法很坚定，她被各种各样的线上绘画培训广告深深地吸引。如果参加线上培训的话，既不用担心自己总是出去上课引起父母的怀疑，也不用担心价格太高自己支付不起，于是小白用攒下的压岁钱支付了报名费用。但是开始上直播课后，小白突然感觉有些问题，屏幕里的"老师"示范如何画人物，但是人物身材比例、三庭五眼都画得很奇怪。小白看着这个绘画水平还不如自己的"老师"，突然意识到自己可能是一时冲动掉进了陷阱。

小白要求退款，负责联系学员的老师却突然失踪，不回消息，也不接电话。小白不敢告诉父母自己报培训班被骗的事情，只能抱着笔记本电脑坐在床上哭。

为此，小白消沉了很长一段时间。

小白正是被热爱冲昏了头脑、失去了理智，盲目地报培训班，最后轻信无良培训机构的宣传广告，上当受骗。而再向前溯源，根本原因还是在沟通上。处于青春期的我们总是不愿意与父母沟通，一方面我们年轻、气盛、缺乏耐心，总是说着说着就心浮气躁，不想听父母下命令一般的说教，认为彼此之间有代沟，交流也没有意义；另一方面我们可能会认为找父母谈心的人就是凡事都依赖父母，我们迫不及待地想要独立，想要被当成大人看待，自然就不愿意与父母交流。

而且由于交谈的话题是爱好，父母问的问题可能会是探究性的、试探的，就像小白想要报名培训班学画，但是每次与父母提起这件事都不欢而散，不欢而散的导火索就是这些试探性的问题。比如小白的父母会问她："是不是你哪个朋友在学画画，你想要一起去？""为什么你突然又想学画画了，是谁启发了你吗？"我们听到这类问题就会认为父母怀疑我们对爱好的动机，并且想要旁敲侧击地打探我们的人际关系，甚至有些涉及早恋等敏感话题会让我们感到被冒犯。

换位思考就可以解决这些沟通问题，我们可以站在父母的角度看待我们与父母之间的矛盾。如果小白从父母的角度思考，就不会害怕告诉他们自己被骗的事情，父母往往是"刀子嘴豆腐心"，即便会斥责我们，斥责中更多的肯定也是关心。而在青少年阶段，犯错也是一种成长，我们遇到解决不了的难题没有必要害怕被父母知道，父母的经验比我们更丰富，向经验丰富的人寻求解决办法并吸取教训也是一种成熟的处理方式。此外，在班级里，小白也有一些困扰。

学校常常举办手抄报、黑板报、某某主题作品征集等与绘画有关的比赛，每个班级必须上报一定数量的作品，但是班级里擅长绘画的同学很少，小白总是会被安排许多任务，要她多画一些为班级做贡献。

小白常常为了完成这些任务牺牲休息时间，但是当作品拿不到比赛名次时，有些同学就会说她不认真为班级付出，觉得她是在敷衍了事，没有全力以赴。

这些流言蜚语让小白感到很愤怒。她本身就不是专业学绘画的人，对自己的要求也并不高，拿到名次是对她的鼓励，拿不到名次她也觉得是意料之中的事。如果说她能力不足，她可以接受，但是说她没有付出全力，小白无法容忍。为了完成任务，她常常不睡午觉，吃完饭就来班级画画，付出的辛苦却一直被人忽略。其他同学有任务交给她做时那么理所当然，觉得这是举手之劳，但是画画怎么可能是抬手落手瞬间就能完成的事情呢？

当爱好变成了负担、任务，我们的激情就会消退。无论是小时候去特长班学画画的小白，还是长大后为班级完成绘画任务的小白，激情都会因受任务影响而有所消退。不同的是，小时候的小白通过哭闹的方式拒绝去特长班，而长大后的小白难以拒绝班级任务。面对某些任务，她可能缺少灵感，但是她对待自己的作品要求又很高，就只能慢慢想、慢慢画，每一笔都精描细画，于是就需要花费很多时间才能完成任务，并且会感到很疲惫。

想要摆脱这些困扰也并不困难，只需要学会拒绝。

爱好本身可以带给我们积极愉快的体验，如果某件可以做但不是必须做的事情让我们感到有负担，我们就可以拒绝。除了小白这种情况，还有很多例子，比如：“你养绿植这么厉害，能不能帮我养一盆昙花，在夜里拍它开花的照片？你总是很晚才睡觉，帮忙养个花拍两张照片不难吧？”“你这么喜欢计算机编程，能不能帮我检查一下电脑有什么问题？”“你写文章好厉害，可不可以帮我写篇征文，不过是举手之劳的事情，反正你也喜欢写，帮帮忙嘛！”……

这些会造成负担且有些无礼的请求，我们都可以拒绝。爱好是我们闲暇时给自己带来愉悦感的美好事物，我们大可不必被迫做一些“举手之劳”。如果你感觉拒绝很难为情，不妨利用一些小技巧：找一些“身不由己”的理由，例如老师和父母让我去做什么事情，我要去补习班，我要准备参加重要比赛等，因为种种不可抗力而没有时间帮忙会更容易被对方接受，同时加上“抱歉、不好意思、对不起”之类的词汇表达对不能帮忙的诚恳歉意，面对这种态度很少有人会再次强求。比如说：“对不起，我应该没有时间帮你，最近有很多题要做，还要去补习班，真的没有时间。”或者说：“我假期也没有时间，我妈妈让我陪她去某地旅游，很抱歉帮不了你。”

学会拒绝就可以让我们掌控自己的爱好，不被负担所累，可以尽情享受自己的爱好。

但是爱好的作用可不只是给我们带来快乐、赶走疲惫这么简单，它还可能是我们未来的职业方向，从事喜爱的职业或与爱好相关的职业其实也是一件乐事。如果你在高考选择专业的时候感到迷茫，可以不必一直远眺前路，不妨回头看一看自己的爱好。兴趣是最好的老师，如果恰好能找到自己喜欢的专业，我们进入大学以后虽然未必是学得最好的，但肯定是学得最认真的。

爱好就像灯，有时候是陪伴我们娱乐的小彩灯，有时是让我们陷入沉思的聚光灯，有时又是给予我们指引的灯塔。灯越多，我们的世界就越丰富多彩，但是要注意爱好也要有主次之分，在有一个主要爱好的基础上，爱好的种类越丰富对我们的发展越有利。“见什么爱什么”只会让我们缺乏稳定的爱好，对爱好的追求流于表面且非常易变，“什么都喜欢却什么都不擅长”可不是一件好事情，需要我们反思自己，及时地调整。

认真培养那些人生宝典里的小爱好吧，可能某一天它们就会派上意想不到的大用场，又或许它们能影响你的一生，在你的人生路上闪闪发光。

第8章

你可真棒呀

你将来想做什么？

小松鼠努力三个月，目的是储存足够的坚果过冬，它会为了自己的目标早出晚归，乐此不疲地在森林里来回穿行。那么，在高中时期努力了三年，你的目的是什么呢？你会像松鼠一样为了达成目的倾尽全力吗？

如果我们此刻面对面坐在一起，讨论你报考大学时要选择的专业和未来的职业，应该只有小部分人会不假思索地说出自己的选择，其余大部分人都会支支吾吾地说不清楚自己想要什么。这种现象也很好理解，世界上美好的事物数不胜数，名声、利益、金钱、感情等各种各样的东西都吸引着我们，十七八岁的我们正在探索世界，可能什么都想要，也可能这些东西我们统统都不想要，做出明确的选择其实很困难。

虽然很困难，但是我们最好在高中时就找到自己想做的事情，否则很可能在以后追悔莫及。有的人十三四岁就找到了人生目标，读高中、读大学、读研究生都以这个目标为中心，为了实现自己的人生追求倾尽全力，这样的人必然可以梦想成真，在自己热爱的事业里闪闪发光。但是如果我们不知道做什么，只是随波逐流，大家学理科我就学理科，大家学热门专业我就学热门专业，或者父母让我学这个，那我就听他们的。等到我们二十七八岁，知道自己想从事什么职业的时候，可能大学读的专业和我们想要从事的职业毫无干系，我们要付出更多的努力补习相关知识与技能才能从事这个职业，而从事这个职业后还要付出比同行更多的努力，才能在这个领域中做到优秀，这时我们就会懊悔："早知道这样，我当初就应该选择与这个职业相关的专业，也不至于现在会累成这个模样！"

可能说到职业我们会感觉很遥远，但是类似的情况常常发生在我们身边。比如我们因为在数学课上和同桌聊了几句，错过了老师讲的重点，等到做作业的时候看不懂题目，只能找一些网络课程补习知识点，这时我们就会懊悔：“早知道这样，上课的时候我就应该认真听课，现在就不会因为看不懂题目而写到这么晚，真是又累又困！”

这些“早知道……，就不会……”之类的话语，既是为了宣泄疲惫感，也说明我们对自己做出的选择懊恼、后悔、自责。

磊磊在高三填报志愿的时候，就为自己高二分科时的选择后悔不已。

小时候，其他小朋友都在收集游戏卡片，磊磊却喜欢收集各种各样的石头。磊磊说：“可能是因为我名字里有‘石’，总觉得石头非常吸引我！小时候觉得石头的纹路特别好看，后来知道了石头是怎么形成的，就更喜欢石头了。它们在岁月长河里经历了各种各样的变化，才形成今天我们看见的纹理，拿块石头在手里就像拿着一个时空记录仪，太奇妙了！”

也正是因为这个爱好，磊磊立志要在大学读地质学专业，所以在高二文理分科的时候不假思索地选择了有地理科目的文科，但是等到填报专业的时候他却傻了眼。

磊磊本以为自己努力了三年，越来越接近自己的目标，只等待着填报系统开启，填上信息就能实现理想。然而，他反复地翻看填报指南，都没有找到想要的专业，直到上网搜索后，他才发现地质专业确实不招收文科生，悬着的一颗心直接坠入了冰窟。这对磊磊而言无异于晴天霹雳，他认为自己三年的努力都成了泡影，明明考的成绩非常好，却不能读想要的专业。如果是因为成绩不够好而考不上想学的专业，还可以复读一年，但自己想要实现理想，只能重读两年高中去学理科，等到朋友们都快毕业了自己才上大学，这是磊磊更不愿意接受的情况。

周围的亲朋好友都劝他选热门专业，或者选一个与地理相关的专业也“差不多”，但是磊磊查资料发现，地理类专业和地质类专业之间的差别巨大。最终，他只能根据自己的分数选择了可以去的最好的学校。

之后磊磊一直很消沉，大一全年都浑浑噩噩的，认为做不了喜欢的事情就没有了学习的意义，直到大二才逐渐从没有选到喜欢的专业的遗憾中走出来，开始接受自己现在所学的专业。

磊磊的经历恰恰说明我们不但要知道自己想做什么，还要早日为自己理想的职业做准备。至少在选择高考科目之前，确认一下自己选择的科目是否可以帮助我们实现理想，尤其是在很多高考改革的地区，需要在语文、数学、英语之外的六个科目里选择三门作为高考科目，这时，我们的选择就变得更加困难了。每个专业对高考时的科目要求各不相同，各个学校的要求也不同，比如有的专业某所大学要求必须学物理，但另一所大学则要求必须学物理和生物，如果我们只学了物理，没有学生物，就只能报考前一所大学，不能报考后者。

很多人都认为高一的知识不难、作业不多是为了让我们适应高中生活，其实高一最应该也最重要的，是在这一阶段找到自己将来究竟想做什么。如果不知道自己将来想要做什么，一方面我们会缺少学习动力，主观努力意愿低，觉得自己是在为了父母学习，而依靠父母给予的物质奖励进行努力，长时间后难免会失效，形成奖励的天花板效应，面对奖励可能会逐渐失去想获得的欲望；另一方面，我们未来高考后如何报考学校专业也是一大难题，很多人在报考专业的时候都“一问三不知”：不知道选什么专业，不知道某个专业是做什么的，更不知道选这个专业在我们毕业后的就业方向如何。

所以我们在高一的首要大事就是找到自己未来想从事什么职业，了解与之匹配的大学专业，然后再选择自己高中学习什么科目，这样就不会陷入迷茫、空虚的状态，在填报志愿的时候就不会出现磊磊这样的情况，最终令自己后悔万分。

那么，我们该怎么找到自己想做的事情呢？

我们可以从多个维度考量。首先要明确一个目标——什么对自己最重要。是将来所从事的事业可以让自己获得满足感、价值感重要，还是很高的薪资酬劳重要？我们找到了自己追求的目标，就拥有了为之奋斗的内部动机，强烈的内部动机是我们实现理想的必备条件。

其次是反思自己的爱好是否可以发展为想要的职业。如果你很喜欢写故事，就可以考虑学中文专业，将来可以从事编剧、作家等职业；如果你喜欢绘画，就可以考虑学习艺术设计专业，将来从事设计师、画家等职业；如果你喜欢小动物，就可以考虑学兽医专业，将来救治各种各样的小动物……带着热爱从事自己喜欢的职业，可以使我们对职业拥有较高的满意度，面对紧张的工作也可以乐在其中。

性格也是我们需要考虑的条件。比如羞怯、内向的人可能不适合做一些演说、辩论、主持之类的外向型工作，如果我们很想从事这些职业，可以从高中开始锻炼自己，让自己变得更外向，更适应这类工作。如果我们不想改变自己，也可以在填报志愿的时候避开相关的专业。

最后还要考虑外部因素：所选择的专业、职业的未来发展前景。市场需求与我们未来的就业息息相关，所谓的冷门专业与热门专业都面临市场需求问题，前者的就业困难可能在于市场需求小，难以找到合适的工作机会；后者的就业困难可能在于市场对专业领域高精尖人才的需求量大，竞争压力非常大，也很难找到合适的工作机会。此外，职业的未来发展能否满足我们的物质、精神需要，能否让我们对它有较高的满意度也是我们要考虑的内容。

综合这些因素，我们才能更清楚地知道自己想做什么。如果你还很迷茫，不知道未来要做什么，可以找一张纸，将纸折成三个等分的纵列区域，以词组的格式简洁地按列写下自己的目标、爱好、性格，然后将你认为有关系的词组互相连线，可以是对不同列的词组进行连线，也可以是对同一列的词组进行连线。在你的连线中找到与其他词组连线最多的前三个词组，根据这三个词来联想相关的职业，在这些联想到的结果中就藏着你将来最想做的职业。

快拿出纸笔试验一下吧！

世上没有完美的人

你是否在做完一件事之后就开始后悔，会在想象中用另一种应对方法重演事件，认为用新的方法完成这件事会更加完美？

你有没有在很想休息的时候，为了要做的任务而不得不放弃休息时间，只为把它做到最好？

如果你的答案都是肯定的，那你可能就是一个完美主义者。我们追求做到自己的极限，想将事情做得尽善尽美，同时又常常自我贬损，认为“只能高标准要求自己，把每一件事做到最完美，才能让自己不落后于他人”。

“我不如其他人好”，这句话似乎已经深深地印在了我们的脑海里。从小到大，我们的“天敌”一直是别人家的孩子，我们读幼儿园的时候，别人家的孩子已经能熟背唐诗宋词、演奏乐器、进行数学速算；我们读小学的时候，别人家的孩子已经精通外语，开始阅读历史典籍，既有才艺又有好成绩；我们读中学的时候，别人家的孩子参加各种比赛获奖，还参加各种公益活动…… 长辈们总是说：“你看看某某，人家那么厉害，你要多多向他学习。”我们在缺少夸奖的环境下长大，需要调整一些观念才能更好地面对成败得失。

那些别人家的孩子也会有“我不如他人”的想法。在这个世界上永远有比你更优秀的人，这是我们不得不承认的事实，我们望着前面比我们更优秀的人，觉得他们很完美；他们望着前面比他们更优秀的人，也觉得那些人很完美。如果我们被这些想法困住，很容易因此而产生自卑感，认为“别人都很完美，只有我是最差的，就算与成绩不如我的人相比较，我也是一个失败者，那些人还拥有爱好、拥有快乐，而我夹在中间一事无成，既不优秀，也不快乐”。

追求完美并没有错，需不需要改变自己，要根据完美主义者的类型，具体情况具体分析。

完美主义者可以分为两种不同的类型，包括健康的完美主义者和功能障碍型完美主义者。前者对自己的标准要求更高，但并不是追求极致的完美，他们为了建立起美好的外在形象或为了把任务完成得更好，往往会有条理、有计划、有组织地进行努力；后者对自己的标准则是高到极致，他们也会为了达到想要的目标而努力，但是往往害怕失败、受挫，做决定总是非常犹疑，甚至会因为犹豫失去一些良好的发展机会。

如果是健康的完美主义者，一般来说，积极地追求完美对我们的生活不会造成负面影响，但如果是功能障碍型完美主义者，对生活的影响就比较大了，需要努力调整。

小艾和她的两个朋友小A、小B，三个人都具有完美主义这种人格特质，但是三个人面对挫折的具体表现各不相同。

她们三个一起排练了一个小品，代表班级参加学校的校庆表演，但是演出效果并不理想。她们演出时台下的观众都兴致缺缺，她们没有看到想象中的哄堂大笑，反而看见台下的观众满脸都写着“不耐烦”。等她们表演完毕回到班级，同学们有安慰她们的，自然也有小声说她们坏话的。

面对同一个挫折事件和同样的流言蜚语，三个人的反应差异很大：小A觉得台下的观众对节目没有兴趣是因为自己做得不够好，还没有达到自己想要的标准高度，她感到很自责，较长一段时间都不愿意与陌生人交流，有些消沉、忧郁；小B沉迷于“找原因”，总结表演效果不好的原因，把问题落实到每个人的台词、表演上，认为大家做得还不够完美，在总结问题的过程中言语比较犀利直接，常常令小A和小艾感到不舒服；小艾在校庆表演结束后一直食欲不振、缺乏活力，她认为校庆表演寄托了老师和同学们的期望，她背负着如此沉重

的使命却把表演搞砸了，这令她羞愧难安。

她们表演失败的原因就是太害怕“出错”，面对台下坐着的黑压压的全校师生，三个小姑娘在台上非常紧张，忘词、漏词、忘记动作这些错误每个人都犯了很多次，这就是一种不健康的完美主义表现，太在意完美反而变得漏洞百出。

这三种表现正对应着完美主义者的另一种分类，即从处世风格上划分，将完美主义者分为要求自我型、要求他人型和被人要求型。

小A是要求自我型，她的目标是达到自己设定的完美标准，当完美标准无法达到时，她就会自我否定；小B是要求他人型，不只要求自己，更要求他人做到完美，这类人在人际交往方面常常得罪他人，引发人际关系危机；小艾则是被人要求型，“期望”既是她的压力，也是她的动力，为了不辜负他人的期望，她会倾尽全力做到完美。

其中，高中阶段最常见的就是第三类完美主义者，即被人要求型。为了不辜负父母、老师、好朋友等人的期望，我们会付出很多努力。比如有的人为了父母而学习，不愿辜负父母的期望，想对得起父母多年来的培养。这类人一旦高考失利，轻者可能会像小艾一样内疚自责、食欲不振，严重者甚至会轻生。每年高考后，都有成绩不理想的考生留下一封遗书后以极端的方式结束生命，在那些遗书中总能见到“对不起爸爸妈妈”“我愧对你们的期望”“我走了你们才能更轻松”之类的语句。

我们不可能要求父母不说“我为了你付出了……，就希望你能……”之类的话语，他们说这些的本意并不是要给我们施加压力，也许他们只是想发牢骚。任何人在某件事情上付出了大量的时间精力却得不到结果都会有满腹牢骚，就像我们玩游戏，很多青少年会把游戏里的角色当成自己的“儿子”“女儿”，假设我们为自己的“孩子”买了很多道具来培养他，但他还是打不过其他人的游戏角色，我们也会满腹牢骚地对着手机抱怨。这与我们的父母有时看着我们唉声叹气，其实是一样的道理。

所以如果你是一个被人要求型的完美主义者，可以先从“看淡他人的期望”开始改变。期望是一个虚无缥缈的东西，即便我们没有做好那些事情，黑夜与白昼依旧在交替，四季依旧更迭，那些我们做得不好的事情终究会随着时间被人遗忘，并且我们认为的那些给我们带来压力的期望，也许只是父母的“牢骚”，比起实现那些期望，他们肯定更愿意我们健康成长。我们或者可以换个角度思考：我达不到他们对我的期望，但假设我们之间转换了角色，他们也未必能做到，甚至可能做得比我更糟糕。所以面对不切实际的期望要求，我能够完成它就已经做得很棒了！

其他类型的完美主义者也可以尝试类似的方法，多发现自己和他人的优点，记得经常对自己说：“你已经很棒了！”

最后，我们一定要记住：生命是我们最宝贵的东西，失去了就没有重来的机会。无论我们距离完美还有多远，无论这个世界有多么不完美，这一切都不值得我们付出生命的代价。没有人是真正完美、符合所有人期望的，就让那些绝对的完美存在于在影视、文学作品之中吧，我们只需要做独一无二的自己就够了。

每个人身上都有一道光

有句话叫作“聚似一团火，散似满天星”，很多人都会在毕业时将这句话写在黑板上，或者发到社交平台上，寓意同学们聚在一起就如同拥有强大力量的火焰，在最好的年华里热血奋斗，毕业后各奔东西也能散作满天星辰，在各自的领域发光、发亮。

其实，我们不必等到未来在工作领域做一颗明亮的星，我们现在就是一颗明亮的星，只是此刻我们还没有发现。虽然我们每个人都不完美，但是每个人身上都有一道色彩独特的光，那束光独一无二，那光亮里满是独属于我们自己的美好。我们也如夜空中的启明星一般在某个角落悄悄地照亮他人，用自己的美好品质为他人指引方向。

这些美好的品质中有一部分表现在我们生活中的各个方面，也有一部分隐藏在小细节之中，需要我们仔细地寻找才能发现。比如，当有人站在椅子上取物的时候，你伸出胳膊护在他身后防止他摔下来，在这个小细节中就隐藏着你为他人着想的美好品质。这种美好的品质就会使他人感到安全、温暖，像一束光照进他人的心窗，从此对方可能受你的影响，在遇到相似情景的时候做出与你类似的行为。

美好的品质往往具有双向作用，既可以照亮他人，又可以让我们更自尊、自信、热爱生活，那么我们如何发现这些闪光点呢？

现在，你可以拿起纸笔写下十条自己的美好品质，学习、生活、人际交往、习惯爱好等任何一个方面都可以写。很多人在写到第五条左右的时候就开始抓头发，表现出一副苦思冥想的模样，其实他们美好的品质远不止十条，只是想不起来，比如热心帮助他人、尊敬老师、做喜欢的事情时认真努力、与人沟通的过程中逻辑清晰、待人温和有礼貌、正直善良……这些美好的品质都体现在日常生活中，只是我们可能从未注意过。

不注意这些闪光点可能是由于我们认为这些特点太过平平无奇，没什么好夸耀的。从小到大我们都在各种版本的课本上看到过这些美好的品质，很多语文阅读题也总是会讲主人公的这些优点，我们甚至可能会认为：“这不就是人该有的品质吗？”所以，我们自然不会把帮助他人搬运一些物品、与老师打一声招呼这类小事情放在心上，并进行过多的联想。

我们总是忽略这些美好的品质，将注意力放在那些与众不同的、彰显大爱大义的品质上，事实上如果我们拥有这些“基础美好”，就已经可以散发出强烈的光芒了。

小华高中时常常因为没有优点而自卑，对学习好的同学和具有某种特长的同学十分羡慕，他总是说：“他们可真厉害，我好羡慕他们那么优秀自信，不像我什么都不会。”类似的语句还有：“学习好的能帮女生讲题，会唱歌画画的能逗女孩子开心，我就不一样了，我什么优点都没有，偶遇喜欢的女生都没有勇气和她打招呼，我为什么这么失败呢？”

每到夜深人静的时候，这些想法就统统涌入小华的脑海，小华躺在床上至少要思考一个半小时才能睡着。他常常盯着天花板在心里反复问自己：人生的意义是什么，一事无成的自己活着还有什么价值？

这种自我否定直到高考前拍毕业照的时候才有了转机。小华对拍照那一天印象非常深刻。同学们用班费请了摄影师拍毕业照，大家都打扮得朝气蓬勃，从教室里拍到操场上，在摄影师的指导下摆出各种各样的集体动作，拍完操场上的集体照又要返回教学楼里拍集体照。但是夏天天气炎热，有一个体质差的同学晕倒在操场上。小华突然发现曾经令自己羡慕的那些优秀同学并没有那么美好，他们有的人看都不看一眼晕倒的同学，而是有说有笑地绕过她回了教学楼，还有人说：“留下一个人看着她就行了，也不能因为她一个人晕倒，我们所有人都不拍了。”

小华不想与这些人拍照，他选择留下，和其他几名同学一起在操场陪着晕倒的同学。

回忆这些的时候，小华说：“那天晚上我躺在床上想了很多，我突然意识到有些品质看起来很普通，像是每个人都应该有的特点，但当我在现实中遇到了真实的事，我就发现拥有这些特点的人居然是少数。现在回想起来，我高中三年居然羡慕那些只是成绩好、有特长的人，还为此自卑，真是太肤浅了！或许他们这群没同情心又自私的人应该反过来羡慕我才对。”

在这个故事中，小华最终发现了自己身上的光，从自卑中走了出来，逐渐变得自信开朗。富有同情心、乐于助人、不与厌恶的人为伍，这些都是他在自己身上发现的闪光点。

发现了自己的美好品质之后，自我肯定和自我鼓励可以帮助我们走向更美好的未来。

我们肯定自己的美好品质就是在告诉自己：“我很棒！我拥有别人没有的美好品质，我是一个独一无二的人，不比任何人差。”自我肯定可以帮助我们树立信心，强化我们做与美好品质相关的事件的动机，让我们身上的光芒更加明亮、耀眼。小华在毕业照事件之后认为帮助他人可以让自己更快乐，在不断地反思和自我肯定的过程中，帮助他人的动机得到了强化，他越来越喜欢帮助他人，比如给别人指路、出去旅游时在火车上帮陌生人放行李等。小华认为做这些事情，更能让自己发光发热。

自我鼓励则是在告诉我们：“我可以！我能做到！”不要接受“我不行”“我做不了”这些负面的心理暗示，凡事都有第一次，我们通过鼓励自己增强信心或许更容易成功。当我们面对困难时，也可以多进行自我鼓励，召唤出自己的光，战胜心理阴影。

不同的颜色代表了不同的品质，汇聚成我们身上五颜六色的光，我们发光的时候可以照亮周围一整片区域，影响这片区域里的每一个人。有了这道光，即便生活中经常有不完美、不如意的事，我们也能照亮自己前行的路，走向繁花盛开的终点。

你是否好奇自己身上的光是由什么组成的，拥有怎样的神奇力量？快拿起纸笔想一想、写一写吧！

学会爱自己，学会尊重生命

清风明月、雨霁江青、细雪簌簌……我们所生活的世界有许多美好的事物，这些风景我们倾尽一生都看不够、赏不尽。当我们陷入焦虑、抑郁、躁狂等情绪时，看到这些美好的事物，似乎就可以得到心灵上的慰藉。我们珍惜这万千美好，流连于自然景物与社会温情，我们会更加珍惜生命。

“珍惜生命”是我们每一个人都需要学习的内容，无论是强者还是弱者，都应该把敬畏生命作为自己的底线。真正的强者不是恃强凌弱的“校霸”，而是以真诚的态度发挥自身优势帮助他人的人。有些所谓的“强者”以强欺弱，在伤害他人的过程中找到“我很强”的满足感，这才是弱小的表现，是心灵的脆弱、扭曲让他走上了歧路。如果我们认为自己是一个弱者，在某一方面薄弱，比如学习不好、不自信、被他人欺凌，也不应当因此伤害自己，甚至丧失生的欲望。只要我们还活在人间，终有一天可以让自己变得更强，等到破茧成蝶的那一天，回首往事，你可能会觉得曾经困扰自己的人和事不过是过眼云烟。

但是青少年时期的我们很难平静地面对那些负面事件，耐心等待破茧成蝶的那一天。我们很容易被外界影响，无法保持冷静，这时我们的思想还不是很成熟，行事也比较激进，难免会发生各种各样的悲剧。校园欺凌、家庭矛盾、师生矛盾等都有可能酿成大祸，青少年自杀的新闻我们早已屡见不鲜，一个个鲜活的生命突然逝去，给家庭留下难以弥补的伤痕，也让社会为之反思。

看到这些悲剧，我们中的大部分人会唏嘘不已，为逝者感到悲伤，也有一部分人觉得“如果我是他，我也会这样做”“如果这种事发生在我身上，那我就算跳楼也要拉着那个伤害我的人一起”。其实后面这些少数人的想法都是对生命的不尊重，是不爱自己的表现。

我们的人生并不是一场游戏，我们不会满血复活，只能带着过去的经历穿过黑暗长夜、走向繁花盛开的终点。但不是每个人都能走到终点，天灾人祸可能随时终止我们的人生旅程，只有保护好这一张名为生命的单程票，我们才能走得更远。

如果你感受到了难以调节的强烈负面情绪，可以把自己的生命想象成神仙给我们的宝物，把学业压力、亲子关系恶劣、校园欺凌等引发负面情绪的事情看作一只只小怪兽，小怪兽为了抢夺宝物总是有千万种办法，我们必须小心翼翼地保护自己的宝物。如果因为有怪兽抢夺我们的宝物，我们也想办法剥夺怪兽制造者的生命，我们与那些可恶的人相比又有什么不同呢？变成自己最讨厌的人，肯定不是我们想要的结局。

我一个亲戚家的孩子辛辛就曾有过一些错误的想法。

她不喜欢学校，上学是一件令她非常痛苦的事情，这种痛苦并不是源于成绩，主要是来自家庭。辛辛的父母忙于工作，没有时间照顾孩子们的学习和生活，于是请来了辛辛的奶奶照顾辛辛和她弟弟的饮食起居。

辛辛的奶奶有些重男轻女的思想，弟弟有什么不会做的题，她就要求辛辛放下自己的事情来给弟弟讲题，什么时候吃饭、做什么饭菜都以弟弟的喜好为先，在其他的大事小事上也都更疼爱弟弟。所以辛辛不喜欢奶奶，甚至怨恨奶奶。辛辛向父母表达自己的不满，他们却告诉辛辛要尊老爱幼，解决的办法就是给辛辛更多零花钱，让她自己安排在哪儿吃饭，只要晚上回家睡觉就可以了。

辛辛对每个人都感到非常愤怒，她觉得父母根本不爱自己，他们只喜欢拿着自己的高分成绩单夸她两句，然后向亲戚朋友炫耀成绩。

于是辛辛对学校的感情就很复杂，一方面那是她离开家、离开奶奶的“避难所”；另一方面她又不想在学校努力学习，她想要报复父母，让他们没有东西可炫耀，所以她想上学又厌恶上学。提高成绩很难，想要成绩下滑却很容易，辛辛的父母开始重视女儿成绩下降这件事，言语间满是对辛辛的指责，责怪她没有好好学习。

辛辛越来越忧郁，她觉得家里冷冰冰的，没有人爱她：“不管是什么原因，总之他们没有人在乎我，那我为什么要对他们好？一起吃安眠药一睡不醒算了。”

辛辛的这种想法就比较极端，她渴望被爱，但是在家庭关系中感受不到爱，一次次的失望让她心灰意冷，萌生了极端想法。辛辛厌恶家人的同时，却也记得他们对自己的好，这种矛盾令她更加痛苦。最后辛辛选择了逃避，将全部精力都用来努力学习，期待考上一所离家很远的大学，远离家人。

无论面对多大的挫折，伤害自己都是最不值得我们采取的方式，就算和家人暂时有矛盾，感受不到他人的爱，我们还有自己爱自己。当负面情绪积压在一起时，我们不妨尝试做一些简单的心理稳定化技术来缓解，比如“腹式呼吸法”“蝴蝶拍”“接地技术法”。

腹式呼吸法，我们在前面就已经提到过，这种方法对于放松有奇效。当你紧张焦虑的时候，就可以端正地坐在椅子上，缓慢均匀地呼吸，感受腹部的起伏，这时我们想象自己呼出的气体是我们的负面情绪和一些让我们感到痛苦的事情，把这些东西全部呼出去，我们就会感到轻松舒服了！

蝴蝶拍也是比较简单的方法。先将你的双手交叉在胸前，指尖位于锁骨下方，指向你的锁骨，闭上眼睛想象你的手是一对蝶翼，然后像蝴蝶飞翔一样有规律地、缓慢地拍动自己的手，同时进行深呼吸。正式的蝴蝶拍技术还包括一些咨询师的指导语，但是我们自己在做情绪安抚时，可以只进行蝴蝶拍的动作，这种方法又被称为“蝴蝶拥抱技术”。这种拥抱、安慰式的动作可以帮助我们身心更“安定”，改善由危机事件带来的惶恐、焦虑、缺乏安全感等状态。

接地技术法应该是我们每个人都用过的方法，所谓“接地”就是将注意力转移到当下，通过与外界建立现实链接获得安全感。这个方法比较个人化，没有固定的方法，任何一种能够让你的感官与现实链接的方法都可以应用。比如有的人面对一些引发焦虑的事件会“化悲愤为食欲”，通过品尝美食改善情绪，其实这就是通过味觉进行的接地技术法。有人喜欢看影视剧、读书，有人喜欢听音乐、朗诵，有人喜欢闻一些感到舒适的香味，还有人喜欢在情绪低落的时候抚摸小猫小狗…… 这些都是通过接地技术法进行情绪调节的方法。值得注意的是，这些方法不是一概而论的，不是每一种接地技术法都适合你，可能你闻到香味会感到不适，可能你听音乐会越听越焦虑，具体怎么做，需要我们根据自身情况选择。

学习这些方法可以让我们在面对危机事件的时候拥有强大的自我调节能力，无论是平时让我们感到不舒服的一些小矛盾，还是校园欺凌、家庭矛盾、师生矛盾这种长期影响我们的负面事件，我们都可以利用这些方法调节情绪，让自己的情绪更稳定，在我们对自己的爱与安慰中找到前行的力量。

我们一定要爱自己，这是最首要的爱，有了它，我们才会珍惜生命、尊重生命，不做追悔莫及的事情，人生旅程才能更加美好。切记，任何会伤害到我们的事情都不是爱自己的表现，自伤、自杀等危害我们生命健康的事情一定不要做。世间诸多美好我们还没一一体会，保持健康的身体和坚韧的精神，等到阴霾散尽，我们就能迎着阳光，漫步于这些美好之中，这是多么值得期待的事情啊！

为自己的梦想插上翅膀

在我们刚踏入高中的时候，三年于我们而言是漫长且难挨的；等到我们毕业的时候，三年又好像很短很短，短到入学军训似乎都是昨天发生的事情。

在高中三年里，我们跑了一场漫长的学习马拉松，还常常担心自己被同学们落下，担心老师布置写不完的作业，担心猝不及防就被通知考试……当然，我们也在这场马拉松的过程中被沿途的美景吸引，可能你遇到了喜欢的男生或女生，有了青春懵懂的第一次心动；可能你找到了自己的爱好，闲暇时间变得丰富多彩又有意义；可能你培养了运动锻炼的好习惯，在健身中收获满足感。也有一些关于学习成绩、人际交往的小插曲给我们带来烦恼，但是这就像《西游记》里的"九九八十一难"，只有经历磨难并战胜磨难，我们才能修成正果、实现梦想。

在追梦的路上，我们可能会面临很多质疑，比如："你的学习成绩这么差，还在这做什么白日梦！""你想成为的人，百年难得一遇，你为什么有这些不切实际的幻想？""你学习这么好，却想经商，是不是太唯利是图了？"这些质疑的声音对我们实现梦想是非常不利的。人们总是用自己的价值观来衡量他人的选择，但是我们的想法与他人的想法不可能一致，我们所想要的、所追求的东西各不相同，有人追求物质的安逸，有人追求精神的满足，这些都没有错，只是个人的选择有差异而已。

所以当同龄人聚在一起聊梦想的时候，我们无须为自己的梦想不够高尚、不切实际、不够具有现实意义而感到自卑。你可以梦想做艺术家、歌唱家，用自己的作品感动他人；你也可以梦想做企业家赚很多钱；或开一家书店、咖啡馆，在安静的午后享受美好时光；就算你的梦想是做奥特曼、钢铁侠守护世界和平也是可以的。只要心存善念，行有善举，你也是一位大英雄。

梦想不是不可实现的，关键看我们用怎样的方法让它成为现实。

在高中阶段，我们实现梦想的途径不只是努力学习，我们还可以为了梦想提高自己的其他能力，比如审美能力、演讲能力、组织能力、信息搜索能力等，这些各种各样的能力在我们未来的工作生活中将会发挥很大的作用，会让我们更接近梦想。

提高自己的抗压能力也很重要。健康的身心是我们追梦的基础，在巨大的压力面前，我们往往会有很多心理、生理反应，比如心理上的焦虑、躁动、抑郁，生理上的头晕、手心出汗、频繁喝水、腹泻、尿频等反应。我们在考试、面试、工作中都需要克制这些反应，否则很可能像高中时有些同学遇到重要的模拟考试时一样，明明准备得很好，复习得面面俱到，却在考试前丢三落四，忘记带尺子、橡皮、涂卡笔、准考证等重要的工具，又因为出现忘带东西的小状况而影响心态，导致模拟考试发挥失常。提高抗压能力可以避免我们在未来的某一天由于发挥失常而与梦想失之交臂。

还有一点，就是要“永远学习”。学习应该是我们一生的朋友，无论我们在不在学校里读书，都要坚持学习。我们可以学习专业技能、天文地理、文学艺术等各种各样的东西充实我们的生活，我们无须刻意去背诵这些东西，无须追求博古通今、出口成章、窥一叶而知全貌，只要学习的东西可以丰富我们的见闻，能给我们带来感悟，它就是值得的。

最后，在追梦的旅途中，最重要的是保持对生命的敬畏。无论面对怎样的艰难险阻，只要我们还活着，就还有实现梦想的可能，或许那些挫折只是梦想给我们设置的考验，坚持下来，我们就会离梦想越来越近。梦想的实现有无数种可能，但是生命只有一次。

翱翔于天际的雄鹰也可能因为种种原因而折断翅膀，但是那些经验与能力都是它再一次飞上高空的助力条件。在追梦的道路上不要害怕失败与挫折，摔倒的每一步也是成就你的每一步。只要还有梦想，还有追梦的心，待到羽翼丰满时，梦想自然会变成闪闪发光的星辰，落在你的掌心。

为了飞上天际摘取你的星辰，就从现在开始努力吧！

福建省社会科学普及出版资助项目说明

福建省社会科学普及出版资助项目由福建省社会科学界联合会策划组织和资助出版，是面向社会公开征集的大型社会科学普及读物，旨在充分调动社会各界参与社会科学普及的积极性、创造性，推动社会科学普及社会化、大众化，为社会提供更多更好的社会科学普及优秀作品。

客家之『福』

陈弦章 著

海峡出版发行集团 | 福建人民出版社
THE STRAITS PUBLISHING & DISTRIBUTING GROUP | FUJIAN PEOPLE'S PUBLISHING HOUSE

图书在版编目（CIP）数据

客家之“福”/陈弦章著. --福州：福建人民出版社，2023.12
ISBN 978-7-211-09134-8

Ⅰ. ①客…　Ⅱ. ①陈…　Ⅲ. ①客家人风俗习惯—介绍—福建
Ⅳ. ①K892.457

中国国家版本馆CIP数据核字(2023)第127143号

客家之“福”
KEJIA ZHI “FU”

作　　者：陈弦章
责任编辑：沈小燕
责任校对：陈　璟
出版发行：福建人民出版社　　电　　话：0591-87604366(发行部)
地　　址：福州市东水路76号　　邮　　编：350001
网　　址：http://www.fjpph.com　　电子邮箱：fjpph7211@126.com
经　　销：福建新华发行（集团）有限责任公司
印　　刷：福建新华联合印务集团有限公司
地　　址：福州市晋安区福兴大道42号
电　　话：0591-88208420
开　　本：787毫米×1092毫米　1/16
印　　张：11
字　　数：137千字
版　　次：2023年12月第1版　　印　　次：2023年12月第1次印刷
书　　号：ISBN 978-7-211-09134-8
定　　价：48.00元

代　序

弘扬客家积极作为的“福”文化
为建设“幸福中国”作出客家贡献

刘友洪

“福”，一个古老、吉祥、深入人心的字，起源于我国现存最早的文字——甲骨文。

“福”文化在中国源远流长、博大精深。自古以来，华夏民众心怀一种淳朴的传统理念，就是希冀天下风调雨顺、国泰民安，人间五谷丰登、丰衣足食，人人平安长寿、远离灾祸。这些美好的愿望最终都融汇于“福”字。“福”成为吉祥美好事物的集合体，承载了中国人无数的文化基因与情感愿景；“福”成为中华民族共同追求的人生目标和精神寄托；“福”成为维系各民族、团结各阶层，推动中华民族不断发展前行的强有力的文化纽带，形成了中国独特的“福”文化。

客家作为汉民族的一个民系，在其漫长的形成过程中，由于筚路蓝缕、艰难迁徙，身居艰苦环境，长期苦熬奋斗，形成了“崇正忠义、崇宗睦族、崇文尚武、崇实耐苦、崇和好客”的精神特质。客家“福”文化的内涵，既继承了中原先民“福”文化的内核，又有其独特视角和感受。弘扬客家“福”文化，对推进“幸福中国”的建设有独特价值。

幸福是生命的一种存在方式、一种生活状态，幸福来自知福、谋福、造福。幸福又是一种主观的感受，每个人都有感受幸福的能力。

人望幸福树望春。那么，幸福从哪里来？

在客家人的文化与民俗传统中，“福”是客家民众的一种终身信仰，表现了客家人对物质世界和精神世界永无止境的向往、追求和寄托。人们常说“知足常乐”，这是一种知福满足的心理状态。还有崇福、祈福、求福、盼福等，也都是客家人的传统。但这些只是客家“福”文化的一小部分，体现的是一种被动式的、祈求式的“福”态度，似乎“福”是天然存在的，只要人们一心向善，“福”就会自然而然地降临。但客家人尤为难得的是，更有惜福、积福、修福、造福的不懈追求，体现的是一种主动式的、能动式的“福”态度，认为福是一种自觉追求和自觉行动，可以通过发挥主观能动性、积极行动、努力奋斗，从而达到快乐状态。

这些可以从客家文化和传统习俗，尤其是从客家人耳熟能详的谚语中得到充分展现。

第一，幸福是从正道来的

正道，是一切幸福的源泉与基础。崇正忠义的客家人的底线思维即是崇正，即循大道，走正道。“行要正，坐要稳”“树正根深，不怕大风”，几乎每一个客家姓氏的家风家训都有此类内容，教育子孙，做人要走正道，干正事，不走歪门邪道。客家谚语说得好，“人好心好，平安到老”“心正不怕邪，路正不怕蛇”“树直用处多，人直朋友多”，甚至“乞食也要行大路”。如此，心正，路正，光明磊落，坦荡无私，自然就能受到众人的尊重与爱戴，得道多助，路越走越宽，幸福自然就会应“正”而生，水到渠成。另一方面又谆谆教诲，“牛耕田、马食谷，各人自有各人福”，不是你的钱财，要不得，尤其不可用歪门邪道去获得。

第二，幸福是苦（干）出来的

颠沛流离、四处迁徙的客家人的精神面貌可以用四个字概括，即“越苦越乐”。越苦越乐，用客家话说出来，就是“死安乐”，字面意思就是“死也要安乐”。整体而言，客家人正是越苦越乐的人群。让人惊奇的是，客家人处境越艰难，搬迁越频繁，他们的创造力就越蓬勃，涌现的英才也越令世人瞩目。“越苦越乐”，正是他们化险为夷、遇挫弥坚、激发潜能的精神法宝。同时，“越苦越乐”也是他们在逆境中求生的精神支柱。

客家人历来重视耕读传家，提倡吃苦耐劳。“欲求生富贵，须下死功夫”“今世怕吃苦，后世变牛牯”，幸福是奋斗出来的，奋斗本身就是一种幸福。人生要有追求，要奋斗，有奋斗才有获得，才能实现自身的价值；反之则无收获。比如客家人的大白话：“不读书，冇老婆”“成才没安乐，安乐不成才”“煎了三月硝，才有一铳响”“补漏趁天晴，读书趁年轻”，都是教育子孙要苦读成才；“坐吃山空”，告诫子孙懒惰使人贫穷；“吃鱼没有捕鱼乐”，教育子孙享受别人的，不如自己劳动得来的香甜。

第三，幸福是修出来的

客家人处处强调行善积德以修福，修自身，修后世，修子孙。“培福载道”，福德培得深厚了才能载道。客家俗语说：“量大福大”“好人为大家，好猫管千家”“一人有福，牵带满屋”。客家人认为不管有钱冇钱，人人可修福，正如俗语教导的，“有钱施功德，冇钱捡开簕”（意思是要做力所能及的好事），“修功施德，近报自己，远报子孙”。规范自身行为，做好该做的事也是修福，如客家童谣《勤俭布娘》（客家话“布娘”是妇女的意思）盛赞客家妇女的勤劳节俭、规矩孝顺，“能够这样，得福冇疆”！而且，客家人认为今生努力，还可以遗福后世——“前世修来的福”。

第四，幸福是敬出来的

“百善孝为先”“孝为德之本”“家有老，是个宝”。“孝敬”一词在客家地区显得特别重要。有客家民谚曰：“孝顺父母自有福，养猪养羊自有肉。”意思是如果你的行为对父母是孝顺的、感恩的、关心的，你就会收获善果；如果你的行为对父母是不敬的、冷漠的，你就会得到恶果。要想获得福报，就要懂得感恩父母、孝顺父母，“敬老得福”——尊敬长辈，得到福气。

客家人还崇敬自然，敬天地君亲师，敬万物。客家地区的绝大多数民俗活动，都是敬天地神灵的。

第五，幸福是舍出来的

有舍才有得，要想得，必须舍弃，即愿意付出。“有舍有得，不舍不得；大舍大得，小舍小得”“修桥补路，一世有福”，舍得是一种人生智慧和态度。舍得钱财铺桥修路、奖教助学，舍得钱财建凉亭、施茶水，舍得钱财做好事。在日常生活中热情待客，“来者是客”“越食越有”“食了来，越食越来”“井水近，尽管食”，尽显客家人的待客交友之道。

第六，幸福是和出来的

生命源于“和”，所以生命也要遵循“和”。道法自然，天人合一，天地人一体，即人要自身和谐，与自然和谐共处，与他人和谐共处。“和气生财”“家和万事兴”“万事和为贵”“越和越旺”“欢喜就好”。“和”家人，客家人家族观念强，特别重视团结，客家土楼、围屋聚族而居，反映客家人和睦相处的家族传统。“和”近邻，“有酒有肉接远亲，有灾有难喊近邻”“远亲不如近邻”。“和”同事，“同船过渡三世修”。“和”朋友，“朋友唔怕多”“越走越亲”，节俗活动中往往广邀朋友，开流水席，客人来得越多越开心。

第七，幸福是省出来的

自古以来，敬天惜粮、勤俭节约就是中华民族的传统美德，也是干事创业、兴国兴邦的重要基石。“勤”与“俭”是客家人追求的两种美德。

客家人日常十分重视对后代进行节俭教育，倡导开源节流、勤俭持家，强调“省省着用”“有钱就落肚，一世有得苦”“没有不省，不省没有”“要算了用，不要用了算”“有划有算，有食有穿”“笑脏笑破不笑补”。

第八，幸福是惜出来的

感恩惜福是一种品德，是一种生活态度，也是一种处世哲学。“受恩一升，报恩一斗”“学会感恩，幸福终生”，客家的前辈们深谙感恩惜福和幸福快乐之间简单而又深奥的关系，一再教诲后代要知恩图报，让爱不停地传递，这样会使自己的工作、生活越来越好。

因为“人民对美好生活的向往，就是我们的奋斗目标”的理念，提升幸福指数、打造“幸福中国”，是当今乃至将来相当长一段时间里最牵动人心的话题。客家“福”文化，伴随客家民系走过千年家国路，内涵丰富、哲理深邃，充满生生不息、历久弥新的力量。我们要大力弘扬客家积极作为的“福”文化，为建设祥和、欢乐、和谐、温暖的“幸福中国”作出客家贡献！

（作者系龙岩市政协副主席、闽西客家联谊会会长）

目　录

第一章　天地人　满堂福

——客家福文化之概述

在人类文明史上，古中国、古印度、古埃及、古巴比伦、古希腊等文明古国，有的衰弱了，有的落后了，有的断代了，有的消亡了，唯有中华民族创造的有文字记载的文明历史五千多年来从未中断，一直延续并不断发展，为人类文明与进步作出不可磨灭的贡献。

一、中华文化“礼”“和”“福”

中华文化源远流长，博大精深，许多学者追求以一字概括。笔者认为比较有影响的有三个：“礼”“和”“福”。

1.“礼”说

“礼是中国文化之心”的观点是著名学者钱穆老先生提出的。他认为中国人的核心思想就是“礼”，它是整个中国人世界里一切习俗行为的准则。

清华大学教授彭林十分推崇钱穆的论述，他进一步提出，中华民族几千年来历经坎坷，却始终没有灭亡，根本的原因在于，中国文化有一个超越地缘和血统的核心——礼，对它的认同，已经成为世世代代中国人的理念，成为维系民族团结的强大纽带。

2.“和”说

“和”说由一些学者提出。他们认为，“和”是中国文化传统中的一个核心概念。自古以来中华民族追求光明磊落、道德高尚、家族和睦、社会和谐，即“协和万邦”的理念。

一些学者提出“和谐”二字，并用形象的语言解读，“和”由“禾”“口”组成，是指人人有饭吃，解决温饱，是物质层面的；“谐”由“言”“皆”组成，人人都能说话表达，提出意见，是精神层面的。

3.“福”说

“福”说也有一批学者提出。他们认为“福”文化集中反映

“万福墙”建于深圳宝安区福永镇，长130米，整个浮雕由8833块紫砂陶拼成，收集了从最早的甲骨文到金文、小篆、隶书、草书、楷书、行书等字形的“福”字达一万多种，为全世界“福”字最集中之所在，堪称全球第一。（陈慧钰　摄）

了中华传统文化基本的、核心的价值理念，是中华大文化的根本和归宿。

“福”是最古老、最吉祥、最受欢迎的字。它寄托了人们对幸福生活的向往，是对美好、和谐人生的极致追求。“福文化”不断丰富发展，逐渐成为中华民族坚定不移的信仰，深深植入中华民族的骨髓，完美体现了中国传统的价值观和道德观。

“礼”“和”说更多是学者的观点，而“福”说更多是大众认可的理念。“礼”“和”“福”三者是相互联系的。

二、“福”之起源

关于“福”字的起源，许多人作了考证。“福”从“示”部，从“示”部的汉字，多与祭祀、神明、祈祷、企盼有关，这一点从甲骨文中的“福”字（）可以得到印证。“福”字在甲骨文中是“两手捧酒浇于祭台之上”的会意字，是古代祭祀的形象写照。

由此可见，“福”的最原始含义是“向上天祈求保佑”。

后来，“福”的含义逐渐延伸、扩展。

在我国最早的字书《说文解字》中对福的解释为：“福，佑也。从示畐声。”意为神灵保佑，逢凶化吉。完整地说，“福”字是一个会意兼形声字，畐是声旁，又表示酒器，示部为其义旁。

客家地区最隆重的祭祀礼仪是“猪、羊、喇叭”，即全猪、全羊加上乐队祭祀，物质、精神全有，怡神怡人。

三、“福”之内涵

“福”字的内涵是离不开祈祷神灵庇佑、祈祷福运到来这一主题的。基于此，“福”的内涵不断扩展。

1.“五福说”

首次提出的“五福”。

《尚书·洪范》曰：“五福：一曰寿，二曰富，三曰康宁，四曰攸好德，五曰考终命。”“五福”即多层面的福观念，以贯穿一生的幸福为目标，讲求长寿、富裕、安康、有德行、老年无疾而终。

桓谭五福说。

东汉思想家桓谭在其所著《新论》中提出的“五福”理想，则是指“寿、富、贵、安乐、子孙众多”。

民俗五福说。

福文化学者殷伟认为，福是中国人的一种生存状态，福文化已融入中国人的血液里，积淀在老百姓的骨髓里，在民俗中形成了由“福、禄、寿、喜、财”构成的“五福文化”。

在客家地区，人们一般把“财”改称“富”，即“福、禄、寿、喜、富”。

2.“六福说”

有人把“五福”提升为“福、禄、寿、喜、财、吉”六福。

3.“八福说”

如果要完整，笔者认为可扩展成“八福”：“福、禄、寿、喜、财、吉、和、安”，即加上“和谐是福”“平安是福”两个概念。

当然，“八福”的许多内涵是交融的，不一定截然分开。不管是

“五福”“六福”“八福”，都反映了中国老百姓对美好生活的向往和人生追求。

4. “三星照”

客家人日常最喜欢说的是：“福禄寿，三星照。”

“福文化”始终潜移默化地影响着华夏儿女的思想方式和行为方式，处处彰显其生存的智慧。作为迁徙自中原的客家人，传承了中华民族的“福文化”，并进行创造性转化、创新性发展，形成了具有华夏民族共性又有客家民系个性的“福文化”。

四、生发于天人合一的客家“福哲学”

“福”字是中国文化的一个标识。“福文化”是中华民族天人合一哲学思想的具体体现。

天人合一是中华民族五千年来的思想核心与精神实质。它指明了人与自然的辩证统一关系，体现了中华民族的世界观、价值观。在中国古老的哲学体系中，无论是儒，还是释，抑或是道，“天人合一”都是它们的核心思想。

1. “天人合一”——和谐之福的哲学思想

中国传统文化的理念和核心价值是和谐，强调的是宇宙的和谐、社会的和谐、心灵的和谐，也就是人与自然的和谐、人与人的和谐（包括个人、家庭、社会、国家等）以及人自身的和谐。

中国传统文化认为，人是自然界的一部分，天道与人道一致，人对于自然应该“参赞化育”“成物成己”，达到天、地、人和谐发展的境界。在人与自然的和谐上，儒、道、释三家的观点高度一致。这是中华民族的文化精神。

客家人从中原迁徙，来到了陌生而神秘的南方，当时大多还是莽荒之地，条件恶劣。他们便怀着对大自然万物的敬畏，处处强调与大自然和谐共存，以求得到自然的庇护。这体现了客家人崇尚自然、热爱自然、与自然和谐共生的朴素生态观。特色土楼就地取材，依地形而建，风水林、池塘的设计，聚族而居的模式，是客家“和”文化在建筑方面的高度体现。

在农耕经济上，客家人处处顺应天时，以二十四节气开展各项活动，许多客家民俗活动都与此相关。

在饮食文化里，客家人强调随季节而饮食，顺应自然，如客家冬至日取井水调制“冬至酒”，老人冬至日进补等。

“和”文化是中国文化的价值精髓，是构建人类命运共同体的理论基石。

2.“国泰民安”——国家之福的核心内涵

从国家层面看，客家人的正统意识强烈，祈福内涵都以“国泰民安”“风调雨顺”“五谷丰登”为核心。这也是中华特色的治国理想。

“五福”的具体内容直接与民众生计和百姓福祉密切相关，“五福”理想的核心是民生问题，“五福”理想实质上是民生理想，民生为本是“五福”理想的首要特征。

3.“五福临门”——人生之福的最高追求

从民生层面看，客家人对人生之福的最高追求是“五福临门”。“五福临门”是中国民众口中极热的一个词。在人们心目中，“五福”是一个有机整体，必须五者齐全，才能称得上完美的幸福、圆满的人生。

长寿、富贵、康宁、好德、善终，“五福”是一个完整的统一体，缺一不可。“五福”，并非五种具体幸福价值的机械之和，不是相互独立的，而是息息相关、相辅相成、相得益彰的，存在于整体综合价值之中。

更为重要的是，理想的主要价值不在于达到了预期的完美结果，而在于追求完美这一过程中的获得感、满足感和成就感。

在“五福”中，《韩非子》提出“全寿富贵之谓福”。这是长寿加富贵的福观念。东汉大儒郑玄认为，“五福”的排列是根据常人所追求的强烈程度而定的，将长寿列为福的第一种，反映人们“求生恶死”愿望之强烈。

健康才能长寿。

身体是革命的本钱，健康是幸福的基础。

健康就是财富，没有健康，成就、名声、财富，都是空的。

一人健康是立身之本，人民健康是立国之基。国家富强、生活幸福、人民健康是我们的追求。

4.“福祸相倚”——辩证之福的哲学智慧

道家创始人老子明确提出了“福祸相倚”观点：“祸兮，福之所倚；福兮，祸之所伏。”

因此，古人认为，“福”从来就不是孤立的存在物，“福”相对于“祸”而存在，“福”与“祸”共生共存。只有把福与祸放在一起，从比较中认清福的含义，才能寻找到福的真义。特别要注意的是，古人认为，福祸相互转化的根本原因不是天命注定而是人为造成，《左传·襄公二十三年》说：“祸福无门，唯人所召。”也就是我们平时强调的祸端从个人的贪欲中萌生，福气则从自我节制中产生。

《格言联璧》劝人惜福培福：“现在之福，积自祖宗者，不可不惜；将来之福，贻于子孙者，不可不培。现在之福如点灯，随点则随竭；将来之福如添油，愈添则愈明。”

强调“福祸相倚”的共生性和转化性，这是从辩证法思维出发，充满中华民族哲学智慧的理念。

“祸福相倚”也就生发了“有舍有得”“知足常乐”的生活理念。正如《道德经》里所讲“知足不辱，知止不殆”，《菜根谭》中所说的“苦中有乐，得意生悲”“盛极必衰，居安虑患”。

五、根植于农耕文明的客家“福理念”

中国人最早将野生水稻进行人工种植，中国成为农业大国。

在数千年的传统农业社会里，我们的祖先用他们的勤劳和智慧创造了灿烂的农耕文明，形成了南稻北粟的农耕文明格局。

农耕文明是中华优秀传统文化的重要组成部分，农耕文明决定了中华文化的特征。聚族而居、精耕细作的农耕文明，孕育了自给自足的生活方式、文化传统、农政思想、乡村管理制度等。

南迁中原汉人在夏季长、冬季短，光照充足，雨水丰盈且集中的亚热带季风气候区里，将携带而来的中原文化在闽粤赣的山地环境中与土著、百越文化多次交融，创造了新的汉族民系文化——先进的农具、美丽的梯田、特色的民居、科学的水利设施，还有独特的客家方言、风俗习惯等，这是客家人适应环境而创造出来的社会文明成果。

“闹春田”“走古事”“作大福”“游大龙”“鞭春牛”“尝新禾”“游大粽”“百壶宴”“扛菩萨”……桩桩富有农耕文明气息的民俗活动，彰显了客家人的生存智慧。这一切特色民俗都落实在了“风调雨顺、五谷丰登”的盼福、祈福、求福、纳福、接福的“福理念”中，也体现客家人的感恩心理。

客家人的“福理念”，最集中的体现处是民间信俗。

福建省龙岩市长汀县濯田镇美溪村每年“六月六”举办“百鸭祭”民俗活动，祭祀保护神“黄倖三仙”，感恩救人危难的先贤。此时恰逢田禾大熟，故又称“庆禾祭”。

长汀县“闹春田”（张永辉 摄）

龙岩市永定区下洋镇初溪村每年正月初二至初六举办祈福习俗，将村中的民主公王、观音菩萨、杨大伯公集中到大福场（大坪）祭拜祈福，称“做闹热”，牵头人称“福首”。

牛是农耕时代人们的命根子，在客家人心中有很崇高的地位。连城有“犁春牛”习俗，一般在每年的“立春”前后三天，赶真牛上街巡游。

六、内化于心的客家“福意识”

自古以来，“福文化”深植于广阔的中国大地，与中华传统文化渊源深厚，与中华民族同生，与中华民族同步发展。古人认为，富贵寿考齐备为福。“福”是人们对一切美好的过去、现实和愿景的概括，也是人生追求的理想目标。

幸福与客观因素密切相关，但更重要的，它是一种主观感受，是一种意识。“福文化”是一种隐藏的文化，它隐藏在每个中国人的心中。它不像具体的行为规范那样指导人们的思想和行为，而像是一种潜意识，贮存在人们的大脑里。这种潜意识是一种文化基因，融入了中国人的血液之中，随时随地会因外界的环境而被激发出来。“福文化”概括和体现了人们对美好生活的期盼和幸福人生的追求，客家人对“福”有高度的心理认同感和文化认同感。

1. 祈福接福

面对自然、天地、神灵、祖先，客家人在年节习俗、各种活动中盼福、祈福、求福、接福、纳福，以虔诚的心感天动地。

永定湖坑镇的“作大福”，起源是感谢神明驱魔祛疫，赐福民众。一般每三年举行一次，村落间轮流，每次三至六天不等，时节选在秋收冬藏之季，把各种神祇抬至“大福场”集中祭祀，最后把祭神猪肉分发给各家各户，称“分福禄”。

这也就形成了客家人的一个理念，“除灾去祸即是福”。

2. 祝福颂福

面对亲人、朋友，客家人祝福、送福、颂福，把最美好的心愿送给他们：婴儿满月的“聪明健康，茁壮成长”；青年结婚的“天作之合，白头偕老”；老人生日的“福如东海，寿比南山”；读书人“福星高照，金榜题名”；生意人“财源滚滚，富贵吉祥”；耕田人“田

龙岩市永定区湖坑“作大福”福场

禾大熟，五谷丰登”；远行人“脚踏四方，方方吉利”……

这些祝福也融在日常生活的许多仪式中。

3. 惜福造福

面对自己，客家人提出以感恩之心知福、惜福、享福，同时倡导积福、修福、造福，寻求福报。

人们都想得福报，那就要做行善积德之事。俗语说：“善有善报，恶有恶报。”民间流行的善书《文昌帝君阴骘文》讲：“欲广福田，须凭心地。行时时之方便，作种种之阴功。利物利人，修善修福。”民间也常讲：“为人莫做亏心事，举头三尺有神明。”

客家人认为，要有福报，必须感恩父母、知足常乐、福靠自求、修德积福。正如《世说新语》中讲：“小胜靠智，大胜靠德。”

4. 多子多福

“多子多福”作为中华民族传统观念，可谓源远流长，这源自中国特色的宗法制度。家族不仅是中国古代宗法制度的核心，而且还是中国古代基层社会的灵魂。祖先崇拜的根源在于宗族观念强，华夏民族历来敬祖重族。子孙满堂、光宗耀祖成为客家人最强的潜意识。

客家人把对祖先崇拜的信仰贯穿在人生的每一个环节，落实在时间的每一个节点上，通过举办隆重的仪式来表达对祖先的敬意。

中华民族祭祖的习俗源远流长，代代相传，形成了完备的体系。同清明节、中元节（七月十五）、冥阴节（十月初一）这些怀念亡人的专门节日相比，客家人在春节对祖先的祭祀规模最为隆重，对象更为专一，目的更为明确。

闽西永定坎市客家“打新婚”习俗，祭祀卢姓五世祖林婆太，实际是祖先崇拜中希望祖先保佑子孙昌盛、家族繁荣的最典型的“多子多福多寿”意识的体现。

七、融入生活的客家“福形式”

客家人以自身对“福”的感受，把“福文化”融入了人生的每个环节、生活的每个细节中，创造了丰富多彩的“福文化”表现形式。

“福”之建筑。客家民居、祠堂、寺庙、亭台、桥梁等建筑除讲求风水布局以求福外，还设计了“福”字影壁、“福”字窗框、“福”字屋顶等，处处显“福”。“五福”的符号更是处处可见。

“福”之装饰。“福”字窗贴、壁画很多，服饰中儿童的“虎（福）头帽”最为常见。

“福”之器皿。客家人使用的酒具、茶具、餐具不少都体现“福”字。人们念着“福”，吃着“福”，心中祝“福”。

“福”之艺术。“福”的剪纸、根雕、字画、木刻、刺绣等艺术品在客家地区随处可见。

“福”之教育。客家人在日常教育、家族家风家规教育中，引导子孙向善积福、和睦积福、修德积福。如客家沈姓家规中有：“富有命，听自然；非我有，勿垂涎；义与利，须衡权。”

“福”之语言。客家语言中特别多“福气、福地、福相、福运、福田”等语言。谚语有“忍气人留财，受气人得福”“一人有福，牵带满屋”等。

“福”之仪式。客家地区的祭祀仪式、婚诞寿喜庆仪式、岁时节俗仪式，都与祈福有关，隆重而热烈。

“福”之祭品。客家祭祀品很有讲究，全猪全羊、山珍海味、果品茶酒、米粄线面等，无不体现“福”的内涵，特别重视与地方特产结合，与日常生活密切联系。

“福”之春联。过年贴对联、贴“福”，这是中国人典型的祝福、祈福形式，为中国亿万民众所接受。

“福”之饮食。客家人把“福”融入日常生活，与饮食文化结合之“福”比比皆是，凸显了客家人对生活的热爱，对幸福美好的追求。如永定高陂客家人逢年过节必上一道菜“油炸豆腐”，每人都要尝一口，并口中祝福“大福大贵”。凤鸡、红蛋、寿面、芹（勤）菜、葱（聪）蒜（算）、枣（早）子、花生、竹（祝）笋（升）、鱼（有余）等，客家道道美食蕴含着满满的祝福，彰显客家人乐天知命、崇尚自然的乐观精神。客家茶酒文化中也有许多“祈福”“祝福”“喊福”的礼俗。

客家人把精神层面的“福”，具体融入物质文化中，让美好的愿景有感性的体现。

八、客家“福文化”在新时代的传承与发展

传承是手段，发展是目的。

福文化源远流长，影响巨大，它是流淌在每个中国人以及世界华人身上的精神血液，是中华民族世世代代的伟大信仰和不懈追求，是推动中华民族不断发展前行的最强有力的精神动力。

1. 弘扬传统“福文化”，“为民造福”

纵观福文化的起源和发展，都与自然密不可分，它源于人与自然的抗争和融合。我们看到中国福文化旺盛的生命力，也体悟到福文化不仅仅是人们孜孜不倦追求的长寿、富贵、安康，更包含了人与自然的和谐相处，这也是福文化所呈现的时代价值。

习近平总书记在党的二十大报告中指出：“治国有常，利民为本。为民造福是立党为公、执政为民的本质要求。必须坚持在发展中保障和改善民生，鼓励共同奋斗创造美好生活，不断实现人民对美好生活的向往。”

古田之“福”

“为民造福”，这是中国共产党在党的二十大掷地有声的誓言。

执政党顺应民众传统的祈福、求福、盼福的心愿，响应人们祈盼“国泰民安”的美好愿景，将之转化成执政的理念，走一条为民谋福、为民造福的路线，强调“人民群众获得感、幸福感、安全感更加充实、更有保障、更可持续”，“不断实现人民对美好生活的向往”，这是中国共产党幸福观的价值取向。

2. 传承“三不朽”理念，建功新时代

《左传·襄公二十四年》中写道：“太上有立德，其次有立功，其次有立言，虽久不废，此之谓不朽。”立德、立功、立言，这“三不朽”是儒家倡导的最高人生理想，影响了中国社会几千年。

“立德”是指做人，“立功”是指做事，“立言”是指做学问。“三不朽”在中国历史上成为许多人的人生目标和理想，表现在现实中就形成分阶段而又一体化的正心、修身、齐家、治国、平天下的人生理想。

中华民族历史源远流长，千百年来诞生了数不清的杰出历史人物，在他们身上总有说不尽的故事，道不完的话题。

客家人来自中原，“衣冠南渡”、举族迁徙，保留了浓厚的古中原文化传统。客家传承的宗法制度比起现在的北方汉族更加完善，故而，客家人的圣贤崇拜、祖先崇拜的理念也更加强烈。《汀州府志》卷三十《人物》中认定的四类圣贤人士：“其中为接往圣、开来学之人，为黼黻隆盛、霖雨苍生之人，为不避刀锯斧钺、直言敢谏之人，为见危授命、临大节不可夺之人，若是者，盖卓然矣。”《汀州府志》特别指出，圣贤人物如“山中宝玉”“深渊珍珠”，极为稀少，不是每座高山、每处深渊都有的。

历史上有许多英雄豪杰在闽西客家祖地上留下辉煌的业绩，人们崇拜并纪念他们。如宋慈、李纲、朱熹、王阳明等，以及各县志中记载的名人。

客家人为家族有功名的人在宗祠、大楼前立功名柱，流芳百世，勉励后人。

龙岩市连城县塘前乡迪坑村“进士第”门前的功名柱。清朝《四库全书》总编纂纪晓岚曾到此为江氏题写“文明有象”四字，褒扬江氏家族重学之风。

英雄，犹如灯塔，历经岁月变迁，光芒永恒闪耀。习近平总书记指出“中华民族是崇尚英雄、成就英雄、英雄辈出的民族，和平年代同样需要英雄情怀”，“铭记一切为中华民族和中国人民作出贡献的英雄们”。

新时代，我们要将古代“万古流芳”“光宗耀祖”“衣锦还乡”等价值观，引导到新时代建功立业，树立社会主义核心价值观，复兴中华民族，成就中国梦的轨道上来。

从国家层面说，树立英雄形象，授予荣誉称号，让全民敬仰。

从民间角度说，传承优良模式，褒扬家族楷模，引导更多的人建功立业，造福桑梓，造福社会，让子孙膜拜学习。

尤其是要扩大客家宗祠前功名柱的表彰范围，过去只选文武人才，经济商业界不入选，现在则要扩大到各个行业，只要符合现代“三不朽”者，都入选。这一点，龙岩市永定区坎市镇卢氏有新举措，他们为家族入选院士的、政军界的优秀人物立功名柱，也为商业领军人物树功名柱。

马斯洛提出了人的需求层次理论，该理论将人的需求由低到高分为五种类型。

一是生理需求，指维持生存及延续种族的需求；二是安全需求，指希求受到保护与免于遭受威胁从而获得安全的需求；三是社交需求，指被人接纳、爱护、关注、鼓励及支持等的需求；四是尊重需求，指获取并维护个人自尊心的一切需求；五是自我实现需求，指在精神上臻于真善美合一人生境界的需求，亦即个人所有需求或理想全部实现的需求。

中国人的“三不朽”理念更为形象，体现了人对生死的认识及对人在社会中的地位和作用的认识。

3. 与时俱进，丰富“福文化”内涵

客家“福文化”，根植于农耕文明，有时代的局限性。新时代

里，我们要去除农耕文明的糟粕，与时俱进，丰富“福文化”内涵，剔除“福文化”中的迷信、愚昧因素，利用人们都想得福报的心理，倡导新时代的积福、修福、造福理念，引导民众多做行善积德之事。

从前，人们追求幸福往往是被动的，期望“福”从天降，认为“福”是上天赐予的东西。随着时代的发展，中国人的祈福方式发生了变化，由被动获“福”发展为主动得“福”。福文化的现代价值有着更为丰富和多元的体现。

4. 谋福造福，引导“福文化”产业化

崇福、祈福、盼福、知福、惜福、积福、修福、造福，已是全球华人的一种生活状态，“福、禄、寿、喜、财”的“五福文化”已融入华人的血脉里。只要是华人，只要是客家人，无不对“福文化”有着高度的心理认同和文化认同。

新时代里，闽西客家祖地提出了“红色福”“客家福”“生态福”的发展理念，处处是福，处处是商机。我们要加大力度，将优秀的传统文化保护、传承好，并进行活化利用，打造“福文化”品牌，为古老的福文化注入新的时代内涵。

闽西是客家圣地、祖地、福地、侨乡，客家土楼圆福、汀州古城聚福、梅花山麓虎福、龙硿深洞藏福、冠豸奇峰呈福、梁野生态“氧”福、永福樱花献福，闽西是有福之地，处处文旅康养生福。闽西的美丽风景让人饱眼福，丰富美食让人饱口福，奇特民俗让人饱心福，良好生态让人享清福。

新时代里，中华优秀传统文化中的“福文化”仍然具有重要的意义和价值。

福在心田，福在行动。秉持“奋斗本身就是一种幸福”的理念，弘扬华夏福文化传统，以我们的智慧和双手，创造“五谷丰登”“国泰民安”“社会和谐”“人民安康”“民族复兴”的大福景。

第二章　顺天时　富贵福

——客家岁时节俗之福

“福文化”是中华民族世代传承的伟大信仰和不懈追求，成为民族的精神力量，体现人们对物质世界和精神世界的向往、追求和寄托。许多“福文化”通过岁时节日习俗表现。

“岁”，即“年”，《说文解字》：“年，谷熟也。”现指的是时间单位。

“时”，《说文解字》：“时：四时也。”指的是春夏秋冬四时。

“节”，《说文解字》：“节：竹约也。”指的是竹节，引申为“时序中某个节点”，或某个有特殊含义的时间点。从大的说，指二十四节气，是古代农耕文明的产物，是中华民族传统文化的重要组成部分；从小的说，地域辽阔的中华大地上的人们还根据一方水土的实际，创造自己的“节日”文化。

“日”，《说文解字》：“日：实也。太阳之精不亏。”现指时间单位。远古时期没有“太阳”这个词，太阳就是“日”。客家话现在还称太阳为“日头”。

中华民族本着自己的智慧以及对天地自然的感悟，创造了富含哲学意味、蕴含乡土内容、包含情感色彩、形式丰富多样的岁时节日习俗。

客家人一年的岁时节日习俗传承了汉民族的习俗，同时又因地制宜，有所改造。

客家人过得比较隆重的节日有正月初一春节、正月十五元宵节、五月初五端午节、七月十五中元节、八月十五中秋节、九月初九重阳节、十一月初四冬至节、十二月三十（二十九）除夕。

过节的时间上有些不同：如有客家地区端午节是初四过，中元节是七月十四过，时间变化受家族祖先的传说因素影响。

内涵上不同：如二月初二龙抬头节，除了作为敬龙祈雨的日子，在龙岩市连城县璧洲还是祭拜祖先、奉祀历史功勋卓著的名人和英雄游公太（即开闽圣王）的节日，人们点亮“宋灯”，开展祈福活动。又如四月初八浴佛节，在闽西永定陈东，人们祭祀玉封公王（当地客家人卢氏祖先为感谢东晋宰相谢安的救命之恩，奉其为“玉封公王”、一品夫人、郎君舍人和祖师菩萨），民谚称“不重年不重节，只重民间四月八”。

侧重点不同：古代生活条件有限，不能大操大办，故实行“春秋两祭祖先”的村落、家族，中秋节很隆重，因为要祭祀祖先，祭品丰富，但过中元节或重阳节简单，甚至不过节。实行“春祭祖先”的村落、家族，中秋节简单，甚至不过节，而中元节、重阳节隆重。客家人热情好客，往往互相邀请到过节隆重的地方“凑热闹”。

这是中华民族的文化积淀，反映了民族的生存方式和精神文化。

一、欢欢喜喜过大年

过年（春节）是中国民间最隆重盛大的传统节日，它是集祈福禳灾、欢庆娱乐和饮食于一体的民俗大节。

“年”，许慎《说文解字》中解：“年，谷熟也。”据传，仓颉造字时，百思不得其味，偶见田地里部落民众正在收割，大受启发，于是创造了人负禾苗状的“年”字（甲骨文的“年”字写作“”）。故《尔雅》称：“年者，取禾一熟也。”可见，先辈很有智慧地把禾成熟了、收割了，视作一个周期，即过年了。

这是稻作文明的见证。《穀梁传》曰："五谷皆熟为有年。五谷皆大熟为大有年。"从"禾"扩大到"五谷"，即稻、黍、稷、麦、菽。这是历史的发展。

无论是日常生活或是敬神祭祖祈福时，客家人说得最多的一个词就是"田禾大熟"，这是普通民众最朴实最现实的祈盼。

历史上，过年的时间各朝代有所不同。夏以一月为元月，殷商定腊月为元月，秦及汉初以十月为元月，汉武帝定农历一月为正月并延续至今。

到了民国时期改用公历，定公历一月一日为"元旦"，把农历的一月一日改称"春节"。故现在正式的说法为"过春节"，但民间还是叫"过大年"。

称呼上也有不同，《尔雅》称："夏曰岁，商曰祀，周曰年，唐虞曰载。"

不过，不管如何改变，年都是在头年收藏稻谷之后、次年播种之前的时段里。人们利用这段时间形成"岁时节日"，开展各项活动，娱神娱己，祈福纳福，为来年的劳作、生活、收获打下良好基础，这种习俗传承至今。

随着科技、文化、社会的发展，人们不断创新祈福纳福的形式，不断充实"福文化"的内涵。

"过年"有两种说法：

一是特指除夕这一天。这天，活动很多。以笔者老家龙岩市永定区高陂镇睦邻村客家人为例，一大早起来杀鸡、杀鸭、杀鱼，配上猪肉、墨鱼、茶点等，先摆香案焚香，在自家天井前用这些供品敬天地神灵，然后去村头敬公王，再去祠堂敬祖先祈福；贴对联、迎灶君、放甘蔗在门后、准备年夜饭，吃年夜饭、搞好所有卫生（正月初一不能清扫）、沐浴更衣、守岁、开大门。

一是指从腊月二十三“入年假”至正月十五“元宵节”，甚至正月结束。客家话称：“有食冇食，聊（玩）到正月二十。”这期间的活动都叫“过年”。包括：置办年货、洒扫门庭、送接灶君、贴对联、拜神祭祠堂、吃年夜饭、守岁、开大门、拜年、回娘家、走亲戚、开小斋、过人日、春祭祖、过元宵等，目的是拜神祭祖、祈福禳灾、联络亲朋，祈求新一年风调雨顺、五谷丰登、国泰民安。

（一）迟年猪

客家人把“杀猪”叫“迟猪”，这大概源于古汉语。古代有“凌迟”的酷刑，就是一刀刀地割。客家方言保留了许多中古的汉语词汇。在客家地区，过年往往和迟猪分不开。客家俗话说：“有钱冇钱，迟只猪过年”。对于大多数农村家庭来说，养猪就像是储钱罐，一年养下来，过年的各种花费、过完年后孩子的学费甚至过日子的钱都在这猪身上了。

迟年猪的时间不确定，一般是“入年假”后某日的凌晨时分。这是一个家庭乃至一个村落的隆重时刻。

对于孩子们来说，过年的好处很多，但最开心的还是迟年猪。他们平时被家长赶去拔猪草、喂猪食，苦着脸干辛苦活，现在终于苦尽甘来，有收获了，心里别提有多高兴了。往往在家长明确第二天要迟猪后，他们整晚不睡，生怕错过看迟猪的机会。其实，家长们自己往往也激动得睡不着觉，冥思苦想，生怕还有什么事没安排周全。一头年猪，搅动了全家老少的心。

迟年猪的过程繁杂漫长而有趣。迟猪师傅要先将猪心、猪肝、猪肺、猪头、猪尾等完整取下，放进托盘。虔诚的客家人，迟年猪时会怀着感恩的心在大厅堂上点上香烛，以猪的重要部位代表全猪祭拜天地神灵以及堂上先祖，祈求保佑来年五谷丰登、平安吉祥。

小孩最喜迟年猪

迟年猪时，以猪的重要部位代表全猪祭拜天地神灵以及堂上先祖

细心的阿婆还会将沾有猪血的草纸，用香插在猪圈门边，虔诚地祷念，感谢天地神灵的保佑，祈愿新的一年猪大肥多，平安幸福，生活更好。

为了祈求吉利，客家人将猪血称为“猪红”。迟年猪时，猪的主人会煮好一锅猪血，配上猪肠猪肉，每家送一碗；对村中年纪较大的长辈，还会再送上些猪肉，以表尊敬之意。

送猪血的任务，自然落在了年轻人和孩子身上。家长往往要求他们嘴巴要甜，叔叔、伯伯、公公、太太要叫得响亮。对于孩童来说，这是最好的礼仪教育，最好的亲情熏陶。这是几千年中华文化的传承。

对很多客家人来说，迟年猪的记忆就是乡愁的记忆。那种浓浓的亲情、甜甜的年味，让人一辈子回味无穷，感动永远。

（二）贴春联迎祥纳福

1. 贴春联

贴春联是中国传统年俗。大年三十（或二十九），家家户户都要贴春联，将宅子里里外外的门户装点一新。

客家人的对联很讲究，大小祠堂的厅、门，土楼的厅堂、大门、小门，每家每个房间的门，都要贴上春联。处处贴红，处处祈福，寄托了客家人辟邪除灾、迎祥纳福的美好愿望。

春联内容根据所贴的地方写，如老人的房门贴“人寿年丰”“福如东海”，中年人的房门贴“吉祥如意”，年轻人的房门贴“前程似锦”，等等；猪舍贴“猪多肥多”“猪大肥多”，鸡寮贴“金鸡报晓”，兔窝贴“六畜兴旺”，等等。农耕文化的特点鲜明。

2. 客家不倒贴“福”字

在中国，春节贴“福”字的传统年俗迄今沿袭不衰。

春节贴“福”字传说与姜太公封神有关。姜子牙佐周文王、周武王，完成兴周八百年大业，奉元始天尊敕命封神。姜子牙的妻子马氏也上前讨封。子牙说她是“八败命”，封她为穷神，并规定说“有福的地方都不能去”！这事传出去后，逢年过节老百姓便都写了“福”字贴到门窗上，以驱赶穷神。

春节贴“福”字还有一种传说，与明太祖朱元璋的马皇后有关。

马皇后名叫马秀英，能文能武。在以三寸金莲为美、为贵的年代，她坚决不裹脚，以一双天足自豪，故人称“马大脚”。她辅佐朱元璋开创明朝，被封为开国皇后。马皇后善良仁慈，爱臣民如爱手足；足智多谋，对贪官污吏不手软。马皇后深得百姓拥戴，民间有关她的故事特别多。传说明洪武二年（1369）除夕前，朱元璋到京城街头微服私访。他来到城南一处集市上，见不少人围着一幅画指指点点。画上画着一个怀抱大西瓜的赤着大脚的女子。朱元璋心中大为不快，认为是在嘲笑他的马皇后“大脚”。他不露声色，暗记在心，回宫后交代内卫前去访查此画为何人所作，哪些人在围观，并记下住址姓名。同时交代部属，对没去围观哄笑的民众，就悄悄在他们的门上贴一个“福”字，以便翌日军士到没贴“福”字的人家去抓人。这一情况让马皇后知道了，她立即令全城大小人家在天明之前在自家门上贴一个“福”字。马皇后的懿旨自然没人敢违抗，于是每家门上当夜都贴上了“福”字。第二天，军士们奉旨准备到没贴“福”字的人家去抓人，结果家家户户门上都有“福”字，此事只好作罢。

从此，逢年过节老百姓便将“福”字贴在门上，一是祈福避灾，二是为纪念仁慈的马皇后。

“福”字一般正贴，但有些地方喜欢将“福”字倒过来贴，寓“福气已到”之意。倒贴“福”字，还有个有趣的传说。据传，清咸丰年间的一个春节前夕，恭王府大管家为讨主子欢心，写了几个斗大的“福”字，叫人贴于库房和王府的大门上。有一家丁因目不识丁，竟将大门上的“福”字贴倒了。主人欲鞭罚惩戒，幸好大管家是个能说善辩之人，慌忙跪倒陈述：“奴才常听人说，恭亲王寿高福大造化大，如今大福真的倒（到）了，乃吉祥之兆。”恭亲王福晋一听，才转怒为喜。后来，倒贴“福”字渐成习俗。

据笔者的观察了解，客家地区一般不流行倒贴“福”字的习俗，究其原因有二：一是客家人崇正，喜欢正统、规矩，要求“福”字正贴；二是客家人特别重视耕读传家，贴春联的工作大多由有知识的子弟负责，家族祠堂的对联更是由德高望重有文化的人书写张贴。因而不赞同因不识字而歪打正着形成的倒贴“福”字的习俗，认为这样反而不吉祥。

（三）开大门

过大年，客家人很重要的一件事是“开大门”，辞旧迎新，时间一般是正月初一的子时至卯时，具体时辰按皇历所示的良辰吉时。

客家人聚族而居，宗族的祠堂门、居住的土楼的大门小门都提前安排好开门的人，一般由家族中身世好的人负责。尤其是家族聚居的大门，要请德高望重、最有福气的老人主持开门仪式，以求合楼幸福安康。各家庭的门则由该家男主人或男丁负责开门。

除夕夜热闹完，整理清楚，人们关上楼门、家门。待开门吉时到，开门的人要穿戴一新，洗手净脸，准备好鞭炮、香火，打开大门即大声唱诵“大门大开，大吉大利”，踏出大门高声唱诵“脚踏四方，方方得利”；还要按照历书提示的吉利方位，朝天作揖或焚香敬拜，高声唱诵“福禄寿喜，万事顺意”等吉祥语；最后燃放鞭炮，祈福一年万事如意。

以往客家人爱热闹，家与家、楼与楼、村与村之间还会比赛谁的鞭炮长，谁的鞭炮响，古老的田野上，回荡着客家人祈福、盼福的心愿。

（四）人日“七种羹”

不少客家人有一个较为典型的节俗是“人日”吃“七种羹”。

大年初七，古称“人日”，亦称“人胜日”“人生日”“人节”等。此节俗在汉代以前就有。客家人对此节较为重视，此日早餐一家人要吃“七种羹”。“七种羹”指的是七种菜放在一起煮，一般用芹菜、大蒜、葱子、韭菜、米果及鱼肉、猪肉等。所取食材均取其谐音吉祥之意蕴：吃了芹菜更“勤劳”，吃了大蒜“会划会算”，吃了葱子“聪明睿智”，吃了韭菜“久长耐劳”，而吃米果意为“团圆美满”（客家话“米”“美”同音），吃鱼肉意为“年年有余”，吃猪肉意为“富裕丰足”，等等。

江西赣南、福建闽西、广东粤东北等广大客家地区普遍传承了这一节俗。

江西的石城、福建的宁化等客家地区仍称“七种羹”，江西的宁都等客家地区叫“七宝羹”，福建的上杭、永定及粤东北等客家地区则叫“七样菜”。民谚曰：“吃了七种羹，各人做零星。”意味着吃了七种羹，就要开始干些零星活了。

这也是春节后一种特殊的开工仪式，对于已经来临的新的一年时光，客家人借菜谐音寄以美好的祝福。这一节俗与大自然的节气相配合。

（五）春秋祭祖祈福

客家人对于上天和祖先的崇拜普遍而深远，远远超出一般信仰。

我们常说客家人崇宗敬祖的意识特别强烈，他们慎终追远、敬宗睦族。客家地区宗祠遍布，每个姓氏都有明确的郡望，这就是客家人认定的中原根脉地。

客家人祭祀祖先分墓地祭祀、祠堂祭祀、家庭祭祀。最隆重、最典型的是春秋两次墓祭祖先。春祭是指正月祭祀，秋祭是中秋节祭祀。限于经济及其他条件，不少客家人集中在正月里一次性隆重祭祀。

墓地祭祀是指在坟墓上祭祀祖先，客家人称“扫墓”，非常隆重，要杀猪宰羊放大铳。墓地祭祀的对象分近祖和远祖两种，祭祀的形式分全族式祭祀、各分房族的祭祀（其中又可分很多层次）、家庭式祭祀。

全族式祭祀的对象一般从开基祖到后面的几代，是“合族祭”。

各分房族的祭祀又称“支房祭”，参与墓祭的是同一支系传下的族人，农村形象地称为如树“开杈后”的支脉。

家庭式祭祀的对象则是近一两代的先人。各种祭祀的时间一般相对固定，不冲突。

客家人的祭祖活动，除了缅怀祖先外，更多的是祈望祖先的保佑，把祖先转化成神的角色。这使得祭祖活动有了更多庆典的成分，少了悲哀的气氛。

每次祭祖活动，都要由各房族中的一支或几支（人口比较不旺的）牵头，筹集资金（先按人丁摊派，然后由新丁新婚家庭及富裕者自愿多出），操办各种事宜。

墓地祭祀从整个村落的开基祖开始。因有些地方已传至几十代，故墓地祭祀一般要分成几路进行。出发时队伍庞大，往往有几十人、几百人甚至上千人。

墓地祭祀有一整套仪式。先由一批中青年男女清理墓葬周围的杂草；接着由小孩子在墓地上扎上几圈冥纸，墓头上扎血纸（宰杀动物时就预备好）；再摆上各种祭品；然后斟茶、筛酒、焚香、跪祭。

焚香时，由家族带头长老主祭致辞。致辞各地不同。笔者还依稀记得祖父念的家乡致辞是：“某某年（农历年）新正月新正日，某某公太（该墓祖先的名讳）、某孺人（该墓祖先夫人的姓）传下各房人等：某某、某某……（各房族到场的主要代表名字），来此祭拜公太、孺人。备上各色荤牲、果点，请公太、孺人出来享用，淡茶薄酒一杯以表敬意（这时边上的族人要给墓前的茶杯和酒杯再次添茶斟酒）。愿公太、孺人保佑子孙：作田（耕田）者风调雨顺，田禾大熟；读书者聪明智慧，金榜题名；工作者事事如意，富贵高升；生意者财源茂盛，日进斗金；出门者脚踏四方，方方吉利；新婚者早得贵子，香火旺盛；保佑大家四季平安，身体健康。”致辞完，再次添茶敬酒，众人唱喏跪拜。然后是焚烧冥纸、燃放鞭炮，整个仪式才算结束。

笔者幼时常随族人前往祭祀，祭祀场面热闹非凡，至今印象深刻。祭祀时，一般由笔者祖父勳猷公祝辞。祖父讳鸿书，字勳猷，因在兄弟中最小，被称为满公。他毕业于福建省立第九中学（龙岩第一中学的前身），又是老中医，德高望重。在收拾东西时，老人还会给年轻人述说这一祖先的功德、故事，讲解这个墓葬的风水等。如果祭祀的墓地较远，时间又刚好近午，还要在墓地旁生火煮饭，共进午餐。

此时原野新绿，万象更新，溪流清澈，户外埋锅建灶，缅怀先祖，祈福未来，春风拂面，美食当前，共享祭品，其乐无穷。所以虽然很多祖墓路途遥远，但族人们都踊跃前往扫墓。

笔者认为，这也是传承传统民俗文化、民族精神，让后代接受良好精神熏陶的好形式。

龙岩市永定区坎市镇的“打新婚”，更是将祭祖与祈福糅合，寓孝道于娱乐的活动。

在客家地区，有一种“太祖母现象”，即典型的祖婆太崇拜情结。某个时期的太祖母被神化，荫及子孙，后世敬仰的例子在闽西客家地区有不少，笔者称之为“婆太崇拜”现象。

“多子多福”，女性是繁衍后代之人，劳苦功高，尤其是客家女性又全面操持家庭，更受后代敬仰。

闽西永定坎市镇，每年的农历正月十一，有“万丁”之称的卢姓人都要举行“打新婚”活动。

“打新婚”习俗由来已久，大约有500年的历史。有关它的来历，流传着这样的说法：坎市卢姓五世祖林婆太生前为人慈祥和善，平日喜欢跟孩子们一起玩，常常看他们做游戏。临终时她特意嘱咐，以后祭扫时要让她再看到孩子们嬉闹的场面。林婆太百年辞世后于农历正月十一出殡。棺木抬到现在“打新婚”的地点，突然天降暴雨，待雨过天晴，抬棺木的人避雨回来，却到处寻觅不到棺木。大家认为，这里是天赐婆太的“风水宝地”，便在此处修筑林婆太坟墓，又在边上修了祠堂。

这是笔者了解到的墓祭与祠堂祭祀结合的唯一案例。

后代子孙们便将林婆太棺木不见的农历正月十一确定为“打新婚”日，借一年一度的“新婚祭”，模仿《二十四孝图》中老莱子“戏彩娱亲”的故事，通过“打新婚”的活动来让老祖宗高兴，既表示孝道，增添节日的喜庆气氛，又以此祈求家族人丁兴旺、吉祥幸福。仪式重点是由一个“酒醉公”举“面棰”“敲打”上年结婚的本族新郎，从左肩打至右肩，边打边以客家话谐音念道“早（左）生贵子，又（右）生贵子”，还从后背自上而下打一遍，口念“双生贵子”。

龙岩市永定区坎市“打新婚”（张永辉　摄）

二、客家端午习俗

1. 挂艾草、菖蒲和葛藤

在农历的上半年，端午节是客家人最热闹最隆重的节日。勤劳的人们把端午、端阳、重五、端五、天中、地腊、诗人、午日、浴兰、女儿、艾节、五月节等美好的称呼都给了这个节日，以表达他们的喜爱之情。人们包粽子、熏艾草、赛龙舟，欢欢喜喜过端阳。在笔者的家乡闽西，每到端午节，家家户户都会把艾草、菖蒲、桃枝扎成一束挂在门上，以期避毒祛邪求吉祥。福建宁化一带客家人则有悬挂葛藤的习俗。

相传客家人端午悬挂艾草、菖蒲和葛藤的习俗和黄巢有关。

据说唐朝末年黄巢起义，五月进攻河南邓州的前一天，黄巢在城外察看地形，见一妇人一手挎着包袱，一手牵着一个年纪小的男孩，背上却背着一个年纪大的男孩。黄巢觉得奇怪，便驻足询问。妇人回答说："黄巢兵要来攻城，他杀人如麻，我只好带着孩子去逃难。背上的是侄儿，他没了父母，怕丢失被杀，断了香火；年幼的是自己的儿子，所以牵着跑。"黄巢甚为感动，告诉妇人："大嫂快快回去，将艾叶和菖蒲插在门口，黄巢的军队就不会伤害你了。"妇人虽半信半疑，但回到城里后还是将这消息传了出去。第二天正是端午节，攻城后的黄巢看见家家户户都插了艾草菖蒲，为遵守诺言，只好引兵而去，于是全城幸免于难。为纪念这件事，此后每到端午节，家家都在门上插艾叶和菖蒲，沿袭至今。这个传说随着中原汉民南迁而在客家地区流传。

悬挂葛藤的福建宁化客家流传的故事大同小异，只不过故事发生的地点变成了闽赣交界处，黄巢叫妇人回村后悬挂在门上的艾草、菖蒲变成了葛藤，全村因悬挂葛藤而保平安，由此成为节俗，沿袭至今。

葛花飘香

每到端午节，长辈们都要给晚辈讲这个流传了一千多年的故事。在中国，任何一种习俗都有一个悲壮美丽的传说，不管其是真是假，我们可以从中感受到祖先对美好生活的向往，随着岁月的流逝，它们都渐渐积淀成一种文化精神，熏陶着一代又一代的人，成为我们宝贵的精神财富和生生不息的前进动力。

2. 洗浴穿新衣

在闽西连城一带，每到端午节，家人会在中午时分用艾草、桃叶、布荆柴、香茅草熬出来的水给小孩洗澡，然后换上新衣。洗澡是很有讲究的，一定要在正午十二点。在阳光灿烂的客家土楼天井中，坐在飘满药草香的大木盆里，孩子们甭说有多高兴了。他们一边玩着溢满药草香的热水，一边兴奋地哇哇大叫。厅堂上站着的大人们也都乐呵呵地笑着，不时逗着孩子，其乐融融。

清康熙年修的《武平县志》载："午时，采百草，煎汤沐浴，云祛百病。"

三、中元中秋九重阳，冬年过尽又来春

端午节后的节俗，主要有以下几个：

1.乞巧节

客家有关于“七夕乞巧”和“牛郎织女”的传说，有些地区客家妇女会举办“姐妹会”，汀州客家有聚餐请先生的习俗。

2. 中元节

客家称中元节为“鬼节”，俗称“七月半”“七月节”。不少客家人提前一天过节，称“七月十四人过节，七月十五鬼过节”。古时七月节迷信色彩较浓，有不少祈福仪式。

3. 中秋节

传统的中秋佳节，不少客家人举行“秋祭祖先”活动，他们视中秋为“大节”，很隆重。没有祭祖的客家人则把中秋节当作平常节日，或走亲访友到有祭祖的地区凑热闹。

中秋团圆赏月，吃月饼，一些地区客家人开展唱山歌比赛。在闽西的永定、上杭、长汀一些地方，至今保留唱山歌的习俗。

4. 重阳节

九月初九，也称“重九节”“九月节”，是年尾的大节，有“过了重阳无大节”之说。不过，中秋有祭祖的和十一月要举行“作大福”的客家地区，对这个节日并不看重。

现在，重阳节多了敬老的含义。

5. 冬年

农历十一月冬至节气，客家人过“冬年”，很隆重，要吃猪肉、牛肉，做米粿，煮汤丸。条件允许的人家，还要买些鹿茸、人参等营养品给老人进补。有些客家地区冬至这天还有酿米酒的习俗，或者给糯米酒兑井水，据说此日酿的或者兑水的酒更香醇、更易保存，称为“冬年酒”。

冬至过后，接着是过大年及接春。

立春在客家地区是很大的节气，接春仪式隆重热烈。立春有时在年前，有时在年后。这意味着有些年份有两个立春，有些年份没有立春。客家人认为一年中没有立春的年份是不好的，叫“无春年”。客家地区流行“无春不婚嫁”之说。

客家年节历史悠久，在传承发展中已形成了一些较为固定的习俗，有许多相传至今。如大年初一早餐，客家人大都吃斋（素），代表一年吃素，对天地神灵礼敬，祈求福运连年。

龙岩市武平县客家民俗之上刀山（张永辉　摄）

龙岩市永定区抚市镇的走古事（张永辉　摄）

正月初二回娘家，拜岳父母。新婚的女婿首次回娘家要带上各种礼品，在娘家祖先灵前烧香、点烛、放鞭炮祈福。龙岩市连城县民俗，新婿最大，岳父同宗的家家户户都要宴请新婿，实在没时间，就给新婿送酒、红蛋、鸡腿以表祝福。

初一、初二不扫地，意为留住财宝；初三才清除垃圾，叫“送穷鬼”。

正月初五“开小正”，要烧香放鞭炮，以示“出年假”，即过了此日可以祭祀祖先，开始干活了。过年后第一次到田里干活，要带一束香及一贴金纸，祈求免虫害获大丰收。

正月初九“天公生”，客家人会准备丰盛的酒宴，敬拜“玉皇大帝”，有些地方还有“安太岁”习俗，祈望获得神灵福庇。

正月二十称“天穿日”，是客家人才过的节日。许多客家人会给自己放假，认为这一天“天穿地漏”，赚的钱都会漏掉，不如休息。过去有“有食冇食聊（玩）到天穿”“有食冇食聊（玩）到正月二十”之民谚。武术之乡龙岩市连城县隔川镇的客家人会举办舞狮表演，后发展为武术文化节，名为“天穿盛会”，又称“天川胜会”。

正月二十前后，汀州客家人举办“保平安”“保禾苗”醮会，抬着妈祖、观音、定光古佛、伏虎祖师、五谷真仙、真君大帝等菩萨巡游村落天地，祈求风调雨顺、五谷丰登、国泰民安。活动时间各地不一，是个特色的节俗活动，影响巨大。

此外，闽西各地客家人还创造了许多有特色的节俗活动，如连城县的璧洲二月二、罗坊走古事、姑田游大龙，长汀县的闹春田、百壶宴，武平县的上刀山下火海，上杭县的游龙祈福，等等。节俗活动的核心皆为拜神祭祖、祈福禳灾、娱神娱人。

时间如流，岁月有节，人生有福。岁时节令是祖先创造的记住时间节点的珠子，是生命长河中泛着神秘、浪漫之光的浪花。我们数着这些珠子渐渐长大，踏着这些浪花慢慢变老，又把这些承载着丰富文化底蕴的珠子和浪花传给我们的子孙，一代又一代。

第三章 明礼俗 天伦福

——客家生命礼俗之福

风俗是一个民族长期积淀形成的涉及方方面面的行为习惯、生活方式。它流传于民间，是一个民族喜好、风气、习尚和禁忌的自觉行为方式，为民众所自觉施行传承。

客家人传承了汉民族中原风俗，并吸收、融合了南方土著的风俗习惯，在发展中创造，形成了富有个性色彩的风俗。

生命礼俗包含人生的五个重要历程：生、养、婚、寿、死。客家人的生命礼俗是人生的节拍，包含特定的精神与仪式，维护民间的社会秩序，是对自然的赞歌，彰显生命的喜悦、责任和成就，让生命更完整，充满了客家人的生存智慧。

一、诞生礼俗

一个生命的诞生，人们最大的愿望是孩子能平安健康成长、前途远大。在孩子出生的一年内，埋胞衣、报婆娭、送姜酒、坐月子、洗三朝、取名字、做满月、做百日、过周岁，每个阶段的习俗都带着长辈的祝福和祈盼。

（一）“胞衣窟”

胞衣又称“混沌衣”“混元母”，是妊娠时期包裹胎儿和羊水的膜质囊袋。胎儿娩出后，整个胞衣一同排出母体。客家人认为，一个人生下后集“精”“气”“神”于一身，“神”就是人的元神或灵魂。女人怀孕时，元神就存在于胞衣上，即所谓的“胎神”。在客家流行的老皇历，都有标出胎神每日所在的方位。

客家人认为胞衣是生命的先天之根，要藏入土地后才能根深叶茂。基于这样的理念，婴儿出生后，客家人对胞衣的处理是很讲究的，把胞衣用纸包好，埋藏在产房的角落或者厨房的大水缸下面。埋得越深越好，因为这是元神，若被动物吃掉或损毁，会影响婴儿的健康成长。

所以，客家人把自己出生的地方称为“胞衣窟”，无论走到哪里都魂牵梦绕“胞衣窟”。

（二）“洗三朝”与“呼之迪吉”

婴儿出生，一般三日或六日要向外婆家报喜，也称报生、报酒，须宰鸡一头、熟酒一壶送外婆家。外婆家要回赠鸡、酒、蛋等坐月子的营养品以及婴儿用的背巾、衣帽等。

1. “洗三朝”

婴儿出生三日，称“三旦”“三朝”“三诞”，客家人有洗儿、敬神、办“三朝酒”等礼俗。

客家婴儿满月洗浴用的大木盆

婴儿三朝时，家里要置办鸡、鸭、鱼、酒、油饭、果品、香烛等敬拜堂上神灵与祖先，祈求保佑孩子平平安安健康成长。此时敬神的鸡，要把鸡脚捋直，寓意婴儿“脚骨长”，一生有“食福”。

此日第一次给婴儿洗澡，称“洗三朝”。“洗三朝”一般由接生婆或家族中年长有福气的婆太主持。“洗三朝”的汤水是由多种草药熬制而成的。汤水中放入一把锁、一只秤砣、一个圆圆的河卵石和12枚铜钱。锁称“长命锁”；砣叫“千斤砣”；圆圆的石头称“头壳硬”，寓意圆满健康；铜钱寓意“有财气”，预祝孩子财富无穷。主持“洗三朝”的阿婆一边洗一边唱着祝福的歌谣，按照水中所放之物逐个说着吉祥的话语，祝福婴儿“长命百岁”“命运宝重”“富贵双至”。

“洗三朝”后要给家族中的小孩发红蛋分享喜庆，让他们也祝福婴儿。

2.“呼之迪吉”

“洗三朝”后给婴儿取名，称“三朝名”。客家人取名隆重而讲究，一是要排“八字”，看“金木水火土”五行缺什么，取名字时就要补上；二是要按照祖先确定的字辈取名；三是正名要取得堂皇，包含长辈的期许和祝福，小名则要叫贱，越平常越好，如“石头”“石狗子”“榕树头”“芋子粄”等。取了名字要报祖宗和神灵，因此要备好供品到祠堂、厅堂、寺庙祭拜，把名字写在四方的红纸上，贴到祠堂、厅堂、寺庙的墙上，祈求福佑。

龙岩市永定区坎市镇青坑廖氏家庙墙上贴满了新生子孙的“报名帖”

“报名帖”也有相对固定的格式，一般是按照古代从右到左的顺序书写：右上角写“祖父母命新丁取名”，根据实际取名者写，或曾祖父母或父母等；中间是婴儿的正名和乳名；左下角写“呼之迪吉”，意为越叫越吉祥，越叫越有福。

（三）做满月

婴儿出生一个月称“满月”，旧时称“弥月”。客家人特别重视孩子的满月，有许多相关的仪式，要剃胎发、“喊鹞婆”、送满月、请“满月酒”。亲朋好友、左邻右舍都要来给孩子送祝福。

1.“送满月”

外家亲戚要“送满月”，送的东西相对比较多且贵重。有些地方称“送头尾”，即婴儿从头到脚的衣服饰物，包括刺绣镶金银的虎头帽、全身衣服、鞋袜、金锁（挂脖）、银牌（胸饰）、手镯、脚镯等。

2. 剃胎发

做满月时，要请一位手艺高明的理发师为婴儿剃去胎发。剃发前预备12个以上涂红色的鸡蛋或鸭蛋，浴盆里放上12枚铜钱和圆鹅卵石。头发剃好后用红蛋在婴儿头上轻轻滚三下，然后将蛋黄取出，和上葱汁（“葱”与“聪”谐音，寓意聪明），涂在婴儿头上，寓意鸿运盖顶、官运亨通；用圆卵石在婴儿头上比画一下，称“头壳硬，身体健”；将铜钱在婴儿身上比画一下，称“财气到，富贵多”。

现在，有些人家把胎发收集起来，请人制作成毛笔，或将胎发处理后制成饰物给孩子佩带。

3.“喊鹞婆”

婴儿剃发洗浴后，要穿戴上外婆家送来的衣帽。男孩由村中德高望重的老娭毑抱着从村头走到村尾，带着一群孩子一路“喊鹞婆”（客家话“鹞婆”指老鹰）。

笔者的娭毑出生当地大族，慈祥良善，又是“先生娘”（医生的夫人），生养了多个儿子，又有些文化，德高望重，常常被请去当主

龙岩市永定区东华山上的“鹞婆石”

持人，抱着满月儿巡游全村。记得她当时头戴斗笠，斗笠上插着避邪的茶树枝，抱着婴儿，边走边说祝福的话，领着跟随的孩子喊童谣：“鹞婆飞得高，孩子做官高；鹞婆飞得远，孩子做知县；鹞婆飞得快，孩子富贵快。”

跟随的孩子比谁喊得大声，因为结束后，主家会给每个孩子发“鹞婆粄”和红蛋。这在物质贫乏的年代是很诱人的美食。

客家地区“喊鹞婆”还有另一种形式，即老祖母装扮成母鸡，抱着新生儿绕村寨一圈，后面跟着众多孩童，口中高喊“鹞婆”，作保护新生儿状。这架势，颇有母亲护着小鸡的模样。

古人曾送鸡一个雅号——德禽。《韩诗外传》概括鸡的“五德”是：文、武、勇、仁、信。鸡被说成是文武兼备、勇敢仁义且又可信赖的动物，形容为“头戴冠者，文也；足傅距者，武也；敌在前敢斗者，勇也；见食相呼者，仁也；守夜不失时者，信也”。正因如此，鸡在客家人的生活中有着崇高的地位。

4. 满月酒

在客家地区男孩的满月仪礼中，最有特色、最具有戏剧性的要算“开斋”礼仪了。开斋前，婴儿的外祖父要办好开斋的全套物品（有的让女婿代办），即鸡、鲤鱼、猪肉、酒、葱五样，由外祖父或大舅或其他辈分高、有威望的人主持。主持人拿着一双筷子，按次序在各样东西上比画一下，“喂”给婴儿吃，每样东西都不是真吃，只是点到为止。每动用一样东西要大声念一句吉祥祝福的话。顺序是：

“喝酒”——“禄享千钟，量过太白！”

“吃葱”——“中通外通，聪明智慧！”

“吃鸡头”——“头角峥嵘，独占鳌头！”

“吃鸡翅”——“步捷青云，鹏程万里！”

“吃鸡尾”——“凤毛济美，光前裕后！”

“吃鸡爪”——“足踏四方，方方得利！”

“吃鲤鱼”——“鲤跃龙门，名扬四海！”

“吃猪肉”——“永享厚禄，五福俱全！”

满月开斋仪式（简泽华　摄）

隆重热烈的仪式饱含着客家长辈对后代的深深祝福。

满月酒上，家人要把孩子抱给到场的亲朋好友看，以“讨口彩”。亲朋好友则将写有“长命百岁”“长命富贵”吉祥语的红包放到孩子身上，说些祝福的话。

有趣的是，在仪式上，客家人讲的不一定都是吉祥语，不少地方的祝语反而是“贱话”，尤其是老妇人说的。如对孩子说“这孩子长得真讨人嫌”“你这个讨食客，以后去吃百家饭的”等，让不知就里的人听了会感到莫名其妙。其实这是客家习俗，认为把孩子“喊贱”才能平安长大。

（四）过周岁

过周岁客家人又称“对岁”“度岁”“过周”。这是人生的第一次生日，是婴儿出生后最隆重的礼仪。照例要敬神明祖先，请亲朋好友，大户人家还请戏班来凑热闹助兴。

外家要给婴儿送长衫马褂、金牌、金手镯、金脚链等。

古时，婴儿也在这天断奶。

过周岁最有特色的是“抓周”，又称“试儿”。客家人在试盘上陈列象征各行各业的小物品，由婴儿随便取，看他最初拿起的东西以卜其将来之前程、专长或兴趣。物品一般摆12件，各地有差异，男孩常规是书本、笔墨、算盘、秤砣、钱币、刀子、尺子、田土、种子、食物、玩具、葱芹等，女孩一般是针线、锥剪、锅铲等。现在男孩、女孩用以抓周的物品基本一样。

婴儿拿的东西，有常规解读：如抓起书本或笔墨以后可能会成为读书人，抓刀子做武将，抓印章会做官，抓算盘会成为大商贾，抓葱芹预示聪明勤奋，抓食品预示将来有“食福”，等等。

龙岩市上杭县博物馆中婴儿“抓周”塑像

二、婚嫁礼仪

婚嫁是普通百姓生活中的重大事件，也是人们借以表达幸福感的一种形式。客家人婚嫁遵循儒家元典《周礼》记载的婚仪“六礼”，即纳采、问名、纳吉、纳征、请期、亲迎。同时，在迁徙过程中，客家人又因地制宜，对某些仪式进行了创新，赋予新的内涵。

1. “送八字”

古时谓“父母之命，媒妁之言”定终身大事，要将女方的出生年月日时送给男方，称“送生庚”或“送八字”。男方要将男女两人的生辰八字交给算命先生进行“合算”，以决定是否缔婚。

2. “送定”

议婚后，即“定亲”，或称“送聘”“送定”。男方择吉日备聘礼、定金、定帖、婚书等送往女方，同时端详所定之女。女方采纳部分聘礼，其余随女方之定帖和婚书回赠男家。

3. “送日子”

择时迎娶。按男女方的八字，男方择吉日确定迎娶日期，并备好礼品告知女方，俗称“送日子”。

4. “哭好命”

完婚大礼。这是婚姻礼仪中最为繁杂隆重的一个环节。男方要准备新房，准备婚宴酒席。女方也要准备出嫁的东西、送嫁队伍及宴请亲戚乡邻。

吉时至，男方要备好花轿，带着迎娶队伍到女方家。

客家地区不少地方新娘出嫁时有哭嫁习俗，称“哭嫁”或“哭好命”。如闽西连城县北团镇江园村，新娘出门前要上香拜别祖宗，拜别父母时，新娘要大哭以表示舍不得离开父母，感谢父母的养育之恩。新娘哭得越大声越伤心，就表示新娘越有孝心，婚后也越有福禄，因此称为“哭好命”。出门前，在大厅里点一盏灯放在量谷的斗中，前面铺上竹片编成的米筛，米筛上放着新娘的鞋袜，新娘坐着将脚伸到米筛上穿鞋袜，取意为光明在前、百子千孙。上轿时辰一到，燃放鞭炮，鼓乐喧天。新娘由兄弟背上轿，意在不粘带娘家的泥土，以免带走娘家的风水和财气。

客家新娘出门一般都选择夜晚，送嫁的队伍最前面由新娘未成年的弟弟拿着榕树枝或茶树枝（榕树和茶树枝繁叶茂且多子），叫“拖青”，寓意新娘进门后子孙繁衍，兴旺发达。接着是用花篮装着的一只公鸡和一只母鸡，称为“带路鸡”，寓意婚后夫妻琴瑟和鸣、儿女满堂。再后是提一对“新娘灯”的童男童女，接着是新娘轿及女方送嫁的队伍，这些都蕴含避邪、纳福、添丁的祝福。

5. 拜堂

花轿抵达男方家，鞭炮齐鸣，以示吉庆。新娘进门先跨火堆驱邪，然后进门，忌踩门槛。新娘进入厅堂，脚踩红地毯，与新郎并立，“一拜天地，二拜祖先，三拜高堂”，最后夫妻对拜，俗称“拜堂”。

6. “喜酒”

结婚酒称“喜酒”。席位按照尊老敬贤的规矩，年高德劭者坐大位。客家有“天上雷公，地上舅公”之说，新郎的娘舅家最大，要坐首席，再排族中老者。首席尚未落座，不开席；首席没有动筷，不动筷；首席没有散席，不散席。

7. 闹洞房

结婚大事，新娘房的布置讲究。客家的新娘床上摆上贴着红剪纸的柚子，撒满“新娘豆”（彩色的爆米花、黄豆花）、花生、红枣、桂圆等，寓意“有子”“早生贵子”。边上还摆装满大米的红斗、尺子、算盘、秤、剪刀等，象征婚后生活富裕、会划会算。一对从出门后一直跟随的“新娘灯”摆在新房桌中间，寓意“添丁”。

客家人传宗接代的观念很强，新娘床铺好后，会特意抱小男孩到床上去打滚，祈福新娘生男孩。

闹洞房属民间仪式，客家强调“越闹越吉祥”。参加闹洞房的一般是男女青年和小男孩，他们会想出许多捉弄新郎新娘的游戏以活跃气氛，表达对新人早生贵子、多子多福的祝福。如闽粤客家人会以四句客家山歌形式，唱出吉祥、祝福、诙谐的闹洞房歌：

月光光，看新娘，新娘肚子圆丁当，

今日播下好种子，明年八月生出桂子满天香。

每唱出一首，新郎新娘就要表演一个节目，整个新房洋溢着祥和喜庆的气氛。

龙岩市长汀县八喜馆场景

台湾客家人更有意思，把一对"带路鸡"置于新娘床下，不时传出公鸡的"喔喔"声和母鸡的"咯咯"声，寓意"圆房催生"。

8. 回门省亲

完婚后三日，娘家要设宴请女儿、女婿，新人可坐首席。这天新人不能在娘家住宿，无论远近都要赶回夫家。之后，两家人就要择吉日互访，常常走动，即客家人所说的"越走越亲"。

第一年正月初二回娘家，连城县北团镇江园村的习俗，全村同族的家庭都要轮流请"新婿郎"，中午、晚上甚至从早餐开始，一家一户轮着请，非常盛情。若时间没有排上，没请上的家庭会包好鸡腿、红蛋，让"新婿郎"带回去。客家人的热情、亲情可见一斑。

这些婚礼仪程虽然烦琐，但表现出来的民俗文化内涵主要都是围绕着祈求夫妻恩爱、白头偕老，早生贵子、多子多福，家庭和睦、兴旺发达的主题，体现了人们对婚姻的美好祝福。

三、做　寿

生命至上。生命是万福之本，生命不存，福之焉附？中国人自古就将"寿"置于五福之首，"五福中唯寿为重"。人们追求身体的安康无恙、颐养天年，甚至期盼生命无限地延续，祈盼"长生不老"。生活中极多"延年益寿""延年永寿""延寿万岁"等字样的装饰图案。宋代时，寿字已有百种写法，出现了"百寿图"，形成了汉民族特色的福寿吉祥文化。

客家人做寿有特定的含义，即为老人庆贺生日。客家人以60岁为做寿的开始，古时在60岁之前一般不过生日。通过做寿来祈求健康长寿，是中国传统文化中尊老敬老的表现。

客家民间称60岁为“下寿”，70岁为中寿，80岁为上寿，90岁为耆寿，百岁为期颐。民间还称77岁为喜寿，88岁为米寿，99岁为白寿，往往要特别庆祝一番。

客家人做寿男、女不同，俗称“男做齐头女做一”，即以虚岁算，男人60岁、女人61岁开始做寿，以十年为一个单位。客家人特别重视兄弟姐妹关系，出嫁的姐妹要送鸡鸭、红包给兄弟做寿。

女儿女婿向父母祝寿所送之礼最为丰厚，每样寿礼都有一定含义，寄托了后辈对寿星老人的美好祝愿：雕龙镂凤的大红寿烛象征着老人“光耀门庭，光耀后人”的高风亮节；“龙须面”是取其又长又圆的谐音，祝老人晚年幸福“长长源源”；千响爆竹，号称“千子”，夸赞老人子孙满堂，后代连绵，福寿双全；新衣、新鞋，祝愿父母穿新衣、着新鞋，再过新的一岁又一岁。

无论是谁，所送贺礼，须是双数，表示“好事成双”；而且所有东西一律要贴上红纸或染上红色，以示吉庆，寓意“见红大吉”。

各地做寿的仪式大同小异。寿堂上张灯结彩，中堂正中贴一金色的“寿”字或寿星图，两旁高挂红底金字的寿联、寿幛等，香案上点燃香烛，摆满寿桃、寿饼、寿面等。供桌上摆满全鸡、全鸭、全鱼以及猪肉、果品、茶酒等，向神明与祖先祷告，祈求长命富贵、庇佑子孙。寿星坐在披上红毯的太师椅上，接受子孙婿媳的跪拜祝福，俗称“拜生日”。一般由司仪领颂：“一拜寿比南山，二拜福如东海，三拜日月同春。”众宾随声附和。拜寿时，只跪只拜不能叩头。之后放炮祝贺，接着是寿宴。过去大户人家摆酒席三日，请乐队、戏班、狮队表演贺寿，热闹非凡。

客家还有一习俗称“生寿”，即预先为寿星置备棺木，称“寿材”。民间认为，预先做好棺材，是喜事，有助于老人阳寿的延长。棺木前后写有福、寿字样。

一首流行于广西客家问答式的《拆字歌》，显示了普通民众的生活智慧：

问：么个字写来半边衣衫一口田？
　　么个字写来女子亲嘴口相连？
　　么个字写来一人走呀田中过？
　　么个字写来三人跪在田面前？
答：福字写来半边衣衫一口田，
　　如字写来女子亲嘴口相连，
　　东（東）字写来一人走呀田中过，
　　海字写来三人跪在田面前，
　　恭喜前辈（老兄）福如东海万万年！

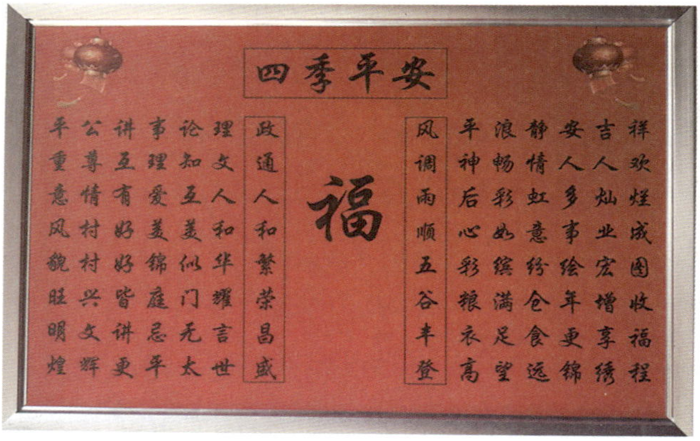

“福”字匾牌，中间竖念为对联，左右念为诗

“福”字左边为“示”，被解为“半边衣衫”，而右边被拆为“一口田”；“如”字被分成“女”和“口”，形象地解为“女子亲嘴口相连”；“東”字是繁体字，被分解为“一”“人”“田”“中”四字；“海”字被分解成“三”“人”“田”（母）三字。

最后连成“福如东海”的祝福语，很有生活情趣和语言智慧，也可以看出人们对养育自己的“田”的热爱。客家人这些文字游戏代代口口相传，有很强的教化功能。

四、“分财食”

生与死，是人生的两件大事，死是人生的终点，丧礼特别隆重，所谓“人死为大，葬之以礼”。

汉族人认为，灵魂不灭，肉身归土，灵魂升天，保佑子孙。故客家人特别尊崇儒家“慎终追远，民德归厚”“事死如生，事亡如存”的理念，强调子孙在老人生前要尽孝，死后要祭祀，祈求赐福。

按照客家规矩，“红事须请，白事自到”。意思是，如果是办红事（喜事），主家要请，而且要三番五次请亲友乡邻帮忙；而遇到白事（丧事），主家不请，所有人必须自觉到位，无论以往有什么恩怨仇恨，无论男女老幼，这时都必须出力帮忙，接受主事人的安排。

客家习俗，凡参加丧葬仪式的人都能领到一份“财食”，叫“分财食”，包括一个蛋、一大块四方格的油炸豆腐。小时候参加完仪式，笔者的娭毑就会把蛋煎了和豆腐一起煮，放点客家米酒，带我到天井，先用筷子夹一点煎蛋敬天地，口中念念有词，说“某某公（或婆）上天为神了，要保佑大家平平安安、吉祥如意”；然后再夹一小块豆腐敬天地，说“某某公（或婆）上天为神了，要保佑大家大福大贵”；最后把剩下的蛋和豆腐让我吃了。那时生活艰苦，蛋和豆腐也是奢侈品。

第四章　敬自然　迎百福

——客家植物信俗之福

客家人居住的地方，大多为南方山区，连绵不断的山峦和南方特有的温湿多雨的气候，为植物的生长提供了得天独厚的条件。

一方水土要靠各种原生态的植物提供食物，来养育一方的人和一方的畜禽。由于丰富多彩的植物与人们的生活生产关系极为密切，与人们的生存息息相关，故客家人在日常习俗中赋予一些特殊的花草、树木、蔬菜某种灵性与神力，体现了客家人对养育生命的大自然的崇敬之情。

长期的生活积累，客家人因生存药用因素、传说象征因素、谐音吉祥因素形成了用植物祈福、盼福、求福、祝福、积福、惜福的习俗文化，充分体现了客家人的生存智慧。

一、芥菜接春福

芥菜旺，芥菜青，
芥菜迎春福满庭。
救困度荒功劳大，
平凡壮美佑安宁。

"立春"在客家的许多地方是个隆重的节日，甚至有无"立春"的年份不能结婚的习俗。

客家人在“交春”（立春）时用芥菜接春

“立春”的习俗很多，比较典型的是笔者家乡闽西永定区高陂镇，有拔两棵连根之芥菜贴红纸以接春的习俗，寓迎春（青）吉利之意。因为在当地客家方言中，“芥菜”念为“贵菜”。芥菜要枝繁叶茂，代表家运旺盛。到“交春”时辰，也就是“立春”的具体时间，客家人设好香案，把已裹上红纸的芥菜摆上香案祭拜，燃放鞭炮，祈求新的一年全家好运。

芥菜，在福建客家被称为“大菜”，是制作菜干和腌制酸菜的最普通的原料，是客家人常年必备的菜，因此也被称为“长年菜”。人们普遍种植，很是平常。由于其旺盛的生命力及其对客家人生活所起的作用，芥菜在客家人的心中有着崇高的地位。

菜干扣肉，有些地方称“梅菜扣肉”，这是流行整个客家地区，深受全球客家人喜爱的名菜。

各地用来制作菜干的菜种稍有不同，最普遍、最好的是以芥菜制作。著名的永定菜干是经过“三蒸三晒”而成，有的加工精细的要七蒸七晒。普通的菜干色泽金黄，香气扑鼻，清甜爽口，不寒不燥不湿不热。多次加工制作的菜干色泽黑亮，充分发酵，吸收了太阳的能

吸收了太阳能量的永定菜干

用芥菜腌制的酸菜是炒猪大肠的绝配

量，产生了特有的酶，营养丰富，香味醇厚。笔者的祖母曾说，要晒到菜干上出现白色的"太阳屎"为佳，虽难听却很形象。

二、艾叶满堂香

春阳生，艾叶香，艾草遍地生命强。

采摘艾叶做米粄，青甜嫩滑满堂香。

客家端阳门挂艾，驱邪避毒求吉祥。

艾草是多年生草本植物，属菊科家族，分布在亚洲东部的广大地区。它的生命力极强，房前屋后，山坡路旁，处处都能看到它绿色的身影；它性温味苦，有强烈的清香。我们的祖先很早就认识了"艾所以疗疾"的价值，把它称作艾蒿、医草。

1. 艾草习俗

每到端午节，客家地区家家户户都会把艾草、菖蒲、桃枝插在门

端午挂艾叶、菖蒲等祥草

上，以期避毒祛邪求吉祥。还记得小时候，每到端午节，家中大人就会密闭房间，焚烧艾草以除虫灭菌。客家民谚说：“五月五日午时火，烧尽百虫除灾祸。”采艾要在早上，挑选最似人形的艾草带回家挂在门口。据说这种艾草用作针灸时特别有效。一般人将艾草扎成虎形，或将艾叶粘贴在小虎形状的剪纸上，在端午时佩带。端午节在农历五月，正是蚊蝇特多、瘴气最重、人易生病的季节，这些习俗活动，有科学据，又有强烈的人文色彩，显示了我们先人的聪明才智。

《诗经·采葛》篇：“彼采葛兮，一日不见，如三月兮。彼采萧兮，一日不见，如三秋兮。彼采艾兮，一日不见，如三岁兮。”二三千年前，祖先们就采集并利用“葛”“萧”“艾”等植物了。

2. 艾叶粄

艾叶饺

最让笔者难以忘怀的，是客家艾叶粄。每到春季，家乡的集市上就有人卖艾叶粄。集市上卖的艾叶粄都是做成银圆大小模样，码成一叠一叠的，样子很是诱人。小时候，一毛钱可以买四个。裹上用碾碎的香花生末拌在一起的白糖配料，又香又甜，让人吃了还想再吃。赴墟时，能吃上艾叶粄是我最高兴的一件事。有时，家里也自己做，我母亲和祖母都是做艾叶粄的高手。采摘艾叶要趁早，带着露水的艾叶香喷喷的。嫩嫩的艾叶摘下来后，先用开水烫熟，再把它和准备好的糯米粉一起放到石臼上去舂碎，然后和水揉成面团，再做成各种形状上锅蒸熟即可。这是标准的绿色食品，这种做法恐怕是其他地方所没有的。

在医疗环境相对落后的过去，艾叶粄是兼顾药补的美食，客家有句谚语：“清明前后吃艾粄，一年四季不生病。”

三、榕树繁茂昌

榕树具有顽强的生命力，四季常青，象征着繁茂、长寿。

客家人对榕树特别崇拜，有将小儿寄拜给榕树的习俗。

寄拜的原因是小儿的“命”特别硬，“八字”特别不好，本身既难养，又会“克”父母甚至被寄拜的人，因此只好寄拜给自然物。其寄拜的方式较简单，如要将小儿寄拜给榕树，则择吉日，小儿随父母到大榕树下，用“三牲”祭祀，边烧香作揖，边对大榕树诉说寄拜的意愿。祭祀毕，在榕树上系上红布条，就算寄拜开始。从此，每年端午节和大年前均须到该大榕树下祭祀，直至小儿十六岁。小儿要以大榕树命乳名，如“榕树头”“榕树子”“榕树根”“榕榕”之类。

一些地区客家人迎亲有“拖青”之俗，即花轿后面有个人拖着一条寓为百子千孙的榕树枝。如遇别的花轿，则互换榕树枝，俗称“换青”。《光绪嘉应州志》载：“一男仆缨帽长衫，执榕树枝，去仰来俯，名曰拖青。榕树取义多子也。”青是生命的表现、生机的象征，客家人以大红大绿来昭示喜庆吉祥。

客家人还把对榕树的崇拜带到各地，为其迁移地带去了客家的习俗，带去了新的福荫。据传，福建、广东人到四川后，十分怀念家乡大榕树特有的景色，为了营造第二故乡的家乡景色，寄托乡情，于是引榕入川。

四、万应茶万福

客家人世居山区，环境较为恶劣，瘴气、蚊虫、毒蛇、猛兽常常危害民众安康。客家人发扬神农尝百草的精神，利用本地的各种植物，发明了擂茶、仙草、石花、万应茶等饮品，防未病、利身体、保安康。这是生存的智慧。

1. 擂茶

擂者，研磨也。擂茶，就是把茶叶、芝麻、花生等原料放进擂钵里研磨后冲开水喝的养生茶饮。擂茶有防风祛寒、清肝明目、润肺健胃、消食利肠等功效。保留擂茶古朴习俗的地方很多，在中国华南六省都有分布。客家人制作的擂茶比其他地方要复杂得多，如在擂茶中加上鱼腥草、藿香、陈皮等，则有防暑作用；加上凤尾草、佩叶兰、铜钱草，则有清热解毒之功效。家家户户都有个擂茶钵，吃擂茶之风极盛。无论贫家富户，不分男女老幼，每每工余课后，总要喝上几碗浓郁香醇的擂茶。要是亲朋登门，更少不了以擂茶殷勤相待。这算得上客家饮食文化中一道独特的风景。

2. 仙草

仙草又名“仙人草”“凉粉草”，盛产于江西、浙江、福建、广东、台湾等省。人们非常智慧地以此草熬制成解暑美食，清热消暑、解毒凉血。浙江、福建一带称为草冻、仙草冻，广东梅州客家人称作仙人粄、仙牛粄、草粄，广东其他地方及广西一带称为凉粉。

武平县种植的仙草

仙草冻

熬制冷却后的仙草冻成黑色胶状物，质韧而软，弹性十足，一般以蜂蜜或糖水拌之，即成暑天的解渴品，冷藏了再吃，更有“凉如衣襟骨有风”的感觉。

现在有些客家县，仙草种植成为产业，成为农民致富的“仙草”。

3. 石花

每到夏季，“石花”是客家人十分青睐的一种凉品。其原材料学名叫“薜荔果”，别名也称凉粉子、壁澄霞、木莲、凉粉果、冰粉子、鬼馒头、木馒头等，永定客家方言叫“pīn pāo子”。用薜荔果做成的凉粉，客家人称为“石花”“石花冻”，清爽可口，

薜荔果

石花

特别适合夏天食用，做法也非常简单。其茎、叶供药用，有活血、消肿、解毒、利湿、通乳等功能。

4. 万应茶

万应茶是客家人用传统中药炮制药饮的典型代表，由清朝嘉庆年间闽西永定的著名老中医卢福山创制。

卢福山，又名万福，字曾雄。他采用高山茶叶和四十多种名贵中药材，经独特中药炮制工艺加工配制而成的“万应茶饼”，具有疏风解表、健脾和胃、祛痰利湿、消积导滞等功能，对外感风寒、腹痛腹胀、红白痢疾、晕车晕船、饮酒过量、头晕恶心等有明显疗效。日常时节作茶饮用，生津止渴、消凉解暑、提神醒脑、促进食欲，男女老少皆宜，是居家必备良药，销售遍及闽粤赣湘及东南亚各地。

据传有一云游老僧患病，服万应茶后即愈，遂赠联“采集名山药，善疗天下人”，卢福山便将药铺改名为“采善堂”。

卢福山逝世后，其子卢宏汉继承父业，将万应茶饼改用钢模压制，每块重一钱（3.125克），剂量更为标准化。清道光元年（1821），翰林巫宜福归省，宏汉赠以万应茶饼。巫宜福回京，适值大疫，即取茶饼施治，活人甚众，于是亲自书写“采善堂”三个大字，并题诗一首，寄赠宏汉。宏汉将其制成金字匾额挂在药店中，传

万应茶制作模具

万应茶饼

诸后代。

2008年，"万应茶制作工艺"列入国家级非物质文化遗产保护名录。2012年，原国家质检总局批准对永定万应茶实施地理标志产品保护。

五、米谷生养人

客家地区大部分保留农耕生活，稻作文化是客家文化的根本。

民以食为天，稻米在客家人的心中有着很重要的地位。"人是铁，饭是钢。"在客家人的固有信仰中，认为米是力量产生的源泉，是家族乃至国家得以稳定发展强大的根本保证。

人们感恩米谷神生养之福。

1. 食新禾——祭拜五谷神

在闽西客家有"食新禾"的习俗。

所谓"食新"就是尝新米，割下新禾，吃新饭、做米粄、打糍粑，举办仪式祭祀五谷神和祖先，感恩并祈福下半年风调雨顺、五谷丰登。具体日期各地不同，一般是小暑过后，逢卯日食新。城镇的人们则买一些新米与老米同煮，加上新上市的蔬菜和酒肉，也谓之尝新。祭祀时的供品主要还有苦瓜、丝瓜、茄子。客家俗称"苦瓜保佑大家，乱绩（客家话，指丝瓜）保佑大细（客家话，指全家大小）、茄子保佑老婆"。

闽西民间五谷庙中供奉的"五谷大帝"

龙岩市连城县客家游大粽活动（张永辉　摄）

2. 游大粽——祈福

闽西连城县北团镇上江村的丰年“游大粽”习俗，就是体现客家人对“米谷神”崇拜意识的典型活动。

据上江村长辈介绍，游大粽的历史可以追溯至清朝康熙初年，距今已有300多年，这一习俗是为了纪念中国农业开山鼻祖神农氏炎帝（民间称“五谷真仙”）。每年农历二月初六，村民就着手准备做大粽，他们用上万片粽叶缝制粽衣，用60公斤糯米裹粽，制作成1.6米高的一公一母两个超级大粽，随后下锅蒸煮三天三夜。蒸熟之后裹上金箔纸，贴上吉祥纸花，另包数百粒指头大小的公母小粽挂在大粽尖端。农历二月十三至十五日，村民抬着这一公一母两个大粽巡游，二月十八日则是分粽，将大粽分到每家每户酿客家美酒，小的“粽子”则撒向田间，以祈求新的一年风调雨顺、五谷丰登、国泰民安。

六、竹报平安福

客家人居住的地方大多为山区，盛产毛竹。毛竹及其制品在日常生活、生产中使用很多。竹材之用，始初是供生活上的实用，后渐被采用为工艺的加工材料。

竹子四季常青，有“节节高”的寓意；竹子春天萌发，“如雨后春笋”，又有家族大发的含义；古代爆竹声响驱邪喜庆，有“竹报平安”意蕴。所以，客家人对竹子的感情很深。

客家许多地方正月闹元宵，灯笼上都要写上“竹报平安”。笔者参加连城县芷溪正月灯会，看到有些家族游行队伍里的引路灯牌，上写“有竹人家”，以家有竹为傲。

过去，不少客家地区，在送新嫁娘队伍的最前面，有一男子用肩膀扛拖着一枝女方家预先准备好的连根带尾的新竹，俗称“拖青”，亦谓之“清秽”，即扫邪清路之意。其竹的每节处要有两枝左右对称的枝丫，寓意成双成对。竹子是四季常青“节节高”的吉祥物，金黄色的竹根又甚能长笋，借以寄望新郎新娘传子带孙。而竹子连根带尾，寄寓着人们希望这婚事有头有尾（善始善终），夫妻百年偕老、生根长叶、代代相传。

有意思的是，竹的前头还用红线索挂一吊大约一二斤重的长条猪肉。传说这是古人以防野外路上遇到豺狼虎豹而备作应对之物。若野兽走来，把那肉丢过去，野兽咬肉，人就能逢凶化吉。同时，挂肉还带“禄”的含义，因“肉”在客家方言中和“禄”谐音。

七、福荫风水林

客家人有保护风水林的俗信，认为风水林可以起到“藏风得水”，保持“生气”的作用，所以客家人喜欢在路口、村后、庙后、祠堂后、坟墓周围等与风水有关的地方种植树木，严禁砍伐。如“伯公树”或神坛后的树是神圣不可侵犯的，任何人都不敢砍伐；房前屋后尤其是寺庙、祠堂前后的“风水树”“风水林”也都没人敢砍伐，如龙岩市上杭县古田镇万源祠后郁郁葱葱、年代久远的树林。

龙岩市上杭县古田镇吴地村崇祯八年立的禁止砍伐挖石碑

龙岩市永定区陈东岩太村林氏祖祠后的风水林

客家人的植物崇拜禁伐风水树、风水林，使客家村村寨寨都保留了一片乃至多片树林，这些树林郁郁葱葱，充满勃勃生机，在某种程度上起到保护环境、保持生态平衡的积极作用。

八、万物皆佑福

无论是平时还是节日，或是特殊的喜庆之时，客家人都喜欢用一些植物来表达吉祥之意。

闽西永定陈东、岐岭一带的客家人，过年时，有在门上、厅堂上挂两棵蒜的习俗，谐音为“听（厅）算（蒜）”，意思是新的一年各种事情都能按自己的意愿进行，有划有算。“听”不单是听从之意，还有能按想法顺利完成之意。

甘蔗也是客家人喜爱的一种植物，因其节节高、节节甜的特点，

闽西永定土楼的“柿柿如意”

故每逢过年，客家人都要在每一个房间的门后放上两根连须带叶的甘蔗，以期望来年生活节节高、节节甜。

作为民众生产、生活经验的累积和心理信仰的表现，客家人日常生活中因对植物的崇拜所表现出来的相关习俗，有其科学、健康的一方面，也有其愚昧、不健康的一方面。但大多数的习俗主要展现人们祈福、求吉、避祸的心理，表达向往健康长寿、家人平安、生活美满、社会安定、家族传承的良好愿望。这些朴实的民间信俗活动，其根基都搭建在农耕作物生态民俗链之上，在民间得到认同并传承下来。

大地是人类的母亲，大自然养育了万物。客家人在长期的生存实践中，积累了谋取生存、与大自然和谐发展的经验，在众多日常习俗中表现出来的对植物的崇拜现象，体现了客家人对养育生命的大自然的崇敬之情。

第五章　和万物　珍惜福

——客家动物信俗之福

人类的动物崇拜，是人类思维演进史的重要一环，它处在整个链环的前端而不是末端。“首先是天，其次是地，接着是动植物，然后是人体，而最后（迄今还远未完成）是人的思维”，哲学家罗素在《宗教与科学》一书中这样概括各门科学发展的次序。

许多保持至今的客家礼仪和民俗活动，都可以看出原始动物崇拜的痕迹，如游龙灯、舞大狮、迎春牛等。

客家人的动物崇拜大体可以归结为以下三种类型：一是基于对传统古老图腾的崇拜，二是基于对生命敬畏的崇拜，三是基于吉祥喜庆意愿的崇拜。

祈福、求福、盼福、祝福，客家人在众多生活习俗中表现出来的对动物的崇拜意识，体现了客家人对生命、对自然的敬畏之情。

一、游龙灯——龙灯入屋，买田做屋

龙崇拜是中华民族特有的文化现象。龙被中国先民当作祖神敬奉，中国人自称为“龙的传人”。龙在中国文化里是“吉祥、高贵、权势”的象征。在节庆、贺喜、祝福、驱邪、祭神、庙会等期间都有舞龙的习俗。

在中华民族儿女的生活中有着太多与龙相关的文化习俗，作为汉民族分支的客家人也不例外，游龙灯、祭龙等习俗贯穿在一年的节庆活动中。客家民谚有言："龙灯入屋，买田做屋。"客家话中，"灯"和"丁"是同音。客家人最浓厚的一个理念是"人丁兴旺"。走家串户的龙灯表演蕴含着"送灯（丁）"的祝愿，广受人们的欢迎，大多数家族都会自己组织龙灯表演。

闽西客家"稻草龙"是在春节、元宵、中秋等传统节日为庆贺或祈求丰收而举行的一种游艺活动。此龙是所有龙灯中形体最小，但资格最老、地位最高的龙。客家人把稻草龙看作吉祥的象征。童谣曰："草龙进屋，买田做屋。"

客家地区的龙，更多为布龙、纸龙或者是板凳龙，比较大型的游龙活动有龙岩市连城县姑田的"游大龙"、上杭县的"游龙赐福"等。

龙岩市永定区高陂镇西陂村的闹元宵活动从正月十五开始，一直持续到正月十七。其形式主要是舞龙灯，三个晚上的舞龙灯活动地点各不相同，正月十五闹宗祠，正月十六闹亲房，正月十七闹天后宫。

"天下第一龙"——连城县姑田的"游大龙"（张永辉　摄）

正月十七日，按照分支房族，每房一条龙巡游到村尾天后宫集中闹龙。西陂是林姓大村，有近六千人，都属一个家族。天后娘娘是莆田林默娘，村民亲切称其为“媄太”。是日，村民广邀亲朋好友，齐聚家中祝福。

习俗是人定的，表达的是一方民众的意念。与西陂村一河之隔的上洋村也是近六千人的大村，最大的陈姓也是一个家族传下的。他们的习俗就是不游龙灯。为什么？因为其祖上有一个称“龙灯公”的，他们觉得祖先不能抬出去游（古代意为“示众”），更不能闹。于是，当正月里周边村村游龙灯时，独有上洋村不游。他们换了另一个方式——闹祠堂。大年三十晚上，在陈氏总祠堂大放鞭炮、高升炮，比赛看哪家哪个分支放得最长久，表示其最兴旺。于是炮声连绵不断，声震数里。有时他们甚至把周边乡镇的鞭炮都抢光了。这些民俗活动，表达的就是一个心愿，即祭拜祖先，祈求“五谷丰登”“吉祥平安”“财丁两旺”。

二、舞雄狮——双狮戏绣球，威镇守平安

狮子是我国民俗文化中最为常见的瑞兽，它是智慧和力量的化身，有吉祥、繁荣、生生不息的寓意，象征地位、尊严、平安、和谐兴旺，尤受客家人喜爱。

客家的寺庙、公祠、大的民宅等大门前，以及神案、桥头前都立有公母双狮，镇守平安，带来祥瑞。

人们把狮子引入生活中，舞狮成了中华汉民族喜爱的一项文娱活动，在闽粤赣客家地区特别盛行。

闽西客家非常流行舞狮，俗称“打狮”，这既是一项文娱活动，又是一种团拜祝福的形式。古时几乎村村有狮队。舞狮队一般由四人

龙岩市永定区大溪乡迎关帝圣君舞狮

组成，一人掌狮头；一人摆狮尾；其余两人，一人扮“大脸”，又称小鬼，一人扮“猴子”。“大脸”“猴子”戏弄雄狮，狮子扑、跌、滚、翻，或前跃或后顾或腾空或滚地，生动传神。舞狮者要有较好的武术功底，特别是当雄狮纵跳腾越几层高的八仙桌时，难度高，危险性大，二人必须配合默契，动作必须准确、劲健而又轻灵。表演舞狮时，必须有打击乐伴奏，鼓声指挥，锣钹相与配合，三器一体，效果极佳。鼓声与狮子动作神态相配合，妙趣横生，动人心弦。狮分青狮、黄狮两种。表演前，锣鼓先行，“大脸”引狮向人礼拜；舞毕，仍由“大脸”引狮向人辞拜。

龙岩市连城县的青狮又称“客家青狮”，是我国传统狮文化中南狮的“三狮”之一，是福建省省级非遗项目，每年都会举办活动。

三、唱大风——虎福一体，避邪趋吉

虎为“百兽之王”，自古以来，老虎是威严勇猛的象征，是“智”“勇”“力”的集合体，是中华民族崇拜的精神图腾。

在中国传统文化中，龙、凤、虎是最为重要的吉祥动物、精神图腾。龙、凤是神话世界的产物，只有虎是现实世界的代表，龙、虎入列中国的十二生肖。民间习俗中，虎成为祈福驱邪的吉祥物。

在长期的生存发展中，中华民族积淀了丰富多彩的虎文化，无论

龙岩市永定区高陂镇西陂天后宫的虎壁画

是诗歌、小说、戏曲、雕塑、绘画、饰物、器皿，还是民间的习俗等，虎形象无所不在，深入人心，成为中华文明不可或缺的一部分。

虎虎生威的老虎象征军人的勇敢和坚强。因虎在丛林争斗中总是处于不败之地，因此在军事上以虎为尊。周朝军事家姜子牙发明的虎符，成为中国古代帝王授予臣属兵权和调动军队的信物。

从汉代开始，我国就流行“画虎于门”的习俗，以镇家宅保平安。

1. 客家虎头帽

虎头帽上藏着王，
孩子戴着能逞强，
妖魔鬼怪都吓退，
走遍天下大吉祥。

传说在宋朝末年，赣南闽西一带瘟疫蔓延，尸横遍野。受当时文化和医疗条件的限制，客家先民们只好祈福于上苍，希望吉祥平安，虎头帽由此盛行。

虎头帽制作十分讲究，程序复杂、绣工精巧；图案以寓意吉祥如意的植物、动物为主；颜色以红、黑为主色，以蓝、绿、黄等鲜亮颜色为点缀。

生活再困难，客家人都要制作最吉祥满意的花帽戴在儿女头上，因此，丰富多彩的虎头帽，藏着长辈深深的爱意和祝福，成了客家孩童逢年过节不可或缺的独特吉祥物。

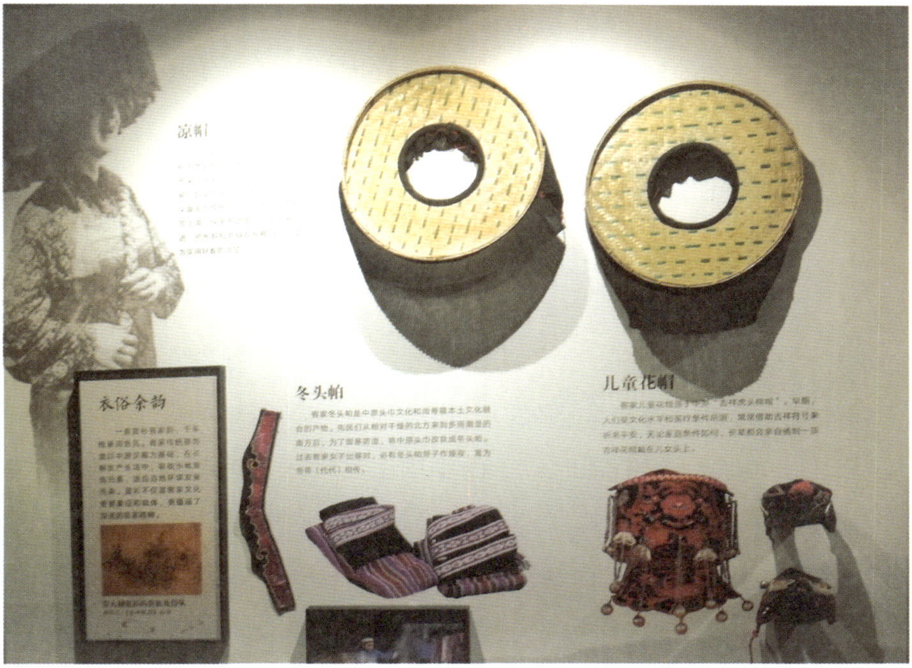

客家儿童花帽虎头帽源自中原虎头棉帽（洛阳客家之源纪念馆藏品）

2. 中国虎园

从古至今，打虎、伏虎者成为人人崇尚的英雄。如今，老虎已由猎杀对象逆转为国家一级保护动物。被称为“中国虎”的华南虎，在野外已经难觅踪迹，存亡已到最后关头。福建省龙岩市率先启动了中国华南虎拯救工程，建设梅花山华南虎园。

华南虎（张永辉摄）

我们呼唤动物世界的“王者归来”，我们更要呼唤中华民族虎威、虎气、虎劲的回归。每个人都涵养好虎的精神，为中华民族的伟大复兴贡献力量。

四、带路鸡——如凤如凰，祛邪纳福

1. 鸡崇拜

鸡与人类的历史非常悠久。专家考证，人类养鸡的最早有史记录是公元前8000年（旧石器时代）的中国南越地区。鸡与人类休戚与共几千年，至今，走进乡村，鸡鸣狗吠仍是人烟所在的象征。

鸡，历来被视为吉祥物，对鸡的崇拜古已有之，人们以鸡为牺牲献祭，并用以禳灾祛邪。客家人把它看成是凤凰的化身。汉代应劭《风俗通》记，除夕“以雄鸡着门上，以和阴阳”。鸡的形象成了保护神，其避邪的资历要比钟馗老得多。《荆楚岁时记》中有载：每逢元旦（正月初一）在纸贴上画只鸡，贴于门上，把苇索悬挂在鸡画上面，桃符树立在纸贴两旁，各种鬼都会害怕。

雄鸡报晓，意味着黑暗（阴）的结束，新一天（阳）的开始，所以人们认为雄鸡具有驱邪的灵力。每逢年节或黑白喜事，客家人杀雄鸡并把鸡血洒在血纸或涂于门户上，以驱逐瘟疫、祈福辟邪。尤其重大事件如建房、迁居、修地，都要杀雄鸡涂血纸祭祀，以禳解有可能出现的邪气。

在重大的祭祀活动中，雄鸡更是不可缺少的吉祥物。

2. 带路鸡

直到现在，不少地方的客家女出嫁时都有一头“带路鸡”，除了有期祝美好、顺遂平安的祝福，同时又有安抚使的作用。古传凤

浙江云和县长汀村农耕文化展示馆中的带路鸡模型

（即鸡）有护魂安魄、驱邪镇鬼祛秽之作用，带路鸡可洁净新娘行嫁之路，防止路上中蛊及避毒邪。新娘出嫁从一个安全圈转向另一个生疏的安全圈，行嫁之途则脱离了家庭保护神范围，容易受孤魂野鬼惊吓、伤害，而带路鸡可以收煞一切鬼祟，又可收生人三魂七魄，所以它可安保新娘入夫家。

闽西客家习俗，新婚之夜，新郎新娘要在洞房内吃鸡，称为“财食鸡”，表达的是有财有食的祝愿。

3. 红鸡蛋

每逢结婚、生子、做寿、升迁、上学等喜事，涂上红色的鸡蛋是必不可少的，红红火火表示喜庆和祝福。《荆楚岁时记》记有“镂鸡子”习俗，即在鸡蛋上染画颜色后，用以朋友间相互馈赠、食用。客家人还保留此习俗。

闽西客家喜蛋

4. 送“鸡髀”

“鸡髀”，就是鸡大腿，现时在广东香港等地的饭馆里写成“鸡比”。鸡在中国人的生活中占了很重要的位置，鸡腿因肉多，因而在客家人的习俗中就有特殊的含义，它是孝敬长辈、爱护幼小的体现，逢年过节，鸡髀就是给餐桌上最长者或是最幼者吃的。平时家中杀了鸡，即使长辈没来吃饭，也一定要留一个大鸡髀给他。我印象最深、最为典型的是，每到过年，出嫁了的女儿会专门剁下一个大鸡髀，等到年初二回娘家时，把这个大鸡髀送给亲生父母吃。如果这些老人不在了，就送给自己的兄弟。很小时候，我就提着“鸡髀”去外婆家，这个传统一直延续至今。小小一个“大鸡髀”的习俗事象，体现了客家人对父母养育恩情的反哺之行、回报之情，体现了客家尊老爱幼的淳朴民风。

五、燕双飞——双燕带春归，好运爱相连

1. 家燕筑巢

客家人有着很深的家燕情节。客家人建房时，喜欢用竹片钉在大厅的墙上或者是厅正中的屋梁上，让燕子做巢，即使燕子的粪便弄脏

满是燕窝的客家厅堂

了墙壁厅堂，也从不发出怨言。俗信燕子在民房里做巢，兆示全家平安、财运亨通。

客家人把家燕视为“家鸟”，源于其勤劳与智慧。燕子为了筑巢，每天来回穿梭数百次，这种勤劳是客家人最崇尚的品质。燕窝由一些树枝、草秆参差交错和泥土筑成，虽然外部凹凸不平，里面却极其光滑整洁，其圆润程度是泥瓦匠的手艺很难比拟的。

客家人的民居土楼，不管是圆楼、方楼、八卦楼，还是五凤楼、围龙屋，其建筑特征都与燕窝相似。客家土楼用树木、竹片为骨干，以泥土、沙石为肌肉建筑而成。充分利用大自然的材料，建筑舒适实用的栖身之所，是客家人与家燕共通的理念。而且土楼也和燕窝一样，不注重外观的华丽，而是追求坚固与实用；不讲究外部的好看，而是注重内部的舒适。

2. 新婚燕尔

客家是比较重感情的一个民系。在朋友之交上，讲究真情相待，热情好客；在夫妻之分上，追求荣辱与共的理想伴侣，用客家话说是

永定客家现代婚嫁箩筐上的双燕图

“一根棍子插到底”。作为候鸟的燕子不断迁徙，这和客家人“千里漂泊”的历史命运如出一辙。而燕子在艰难奔徙途中双飞双宿、相濡以沫的深情特别能够引起客家人的共鸣。客家人最常见的婚礼对联的横批是“新婚燕尔”，祝福新婚男女像燕子一样相亲相近、形影相伴、比翼双飞。

六、迎春牛——岁岁勤耕作，年年谷满仓

牛是农耕社会的重要角色，是古代的主要耕畜，是农家的重要财产。殷商甲骨文常见“犁”字，像牛牵引犁头启土之形。

客家人平时对耕牛很重视，爱护耕牛。客家地区立春时有迎春牛仪式，“迎春牛”又叫“打春牛”或“鞭春牛”。

1. 迎春牛

一年之计在于春。闽西汀州的立春迎春牛活动更具热闹、喜庆的色彩。清代以前，长汀的官吏每逢立春都要穿戴一新，前往郊区罗坊进行迎春牛仪式。由一官员扮春官，手持竹木鞭鞭打纸扎的春牛，一次抽三鞭，边抽边高声喊道：“一鞭风调雨顺，二鞭五谷丰登，三鞭国泰民安。”抽完将牛鞭交给旁边的农夫，农夫挥鞭赶真牛犁田，这

龙岩市客家博物馆中“犁春牛”活动塑像

客家迎春牛活动

就标志着春耕的开始。

龙岩市连城县有“犁春牛”的游乐活动，是赶真牛上街游行。牵牛者打扮成戏剧中的丑角，滑稽可笑；另一个是犁者，也装扮成邋遢的丑角模样；还有一个是送饭者，多为女性，挑着一头装饭菜、一头装青草的担子，既送农夫午饭，也送耕牛草料；第四个人肩上扛锄头，充当管水和干水田杂活的角色。这四个人的装扮都是下田劳动的角色，反映了一年一度春耕繁忙的劳动情景。

龙岩市永定区的立春迎春牛的仪式则富有教育意义。村头有迎春牛的大队人马，队列中有乐队、水牛、一老一少两位丑角，年老者用木棒敲击牛角，高喊：“少壮不努力，老大徒伤悲！”少年把算盘珠子摇得哗哗响，同时高喊：“一年之计在于春，莫待秋来斗无情！”一唱一和，可以说是很好的民俗教育活动。

最隆重的当数永定高陂镇西陂村的迎春牛仪式。它不但有400余年的悠久历史，而且规模宏大，有上万人参加。

2. 耕牛节

客家人敬重牛，不少地方有给牛过节的风俗。闽西地区客家人的耕牛节，有的在农历四月初八日，有的在清明节。当天早晨，煮稀饭、米酒加上5个鸡蛋喂耕牛，并在牛头、牛脖、牛背、牛尾等处贴圆粄，边贴边唱：“圆粄贴牛头，上山食草唔使（不用）愁；圆粄贴牛脖，明年五谷熟；圆粄贴中央，预祝明年谷满仓；圆粄贴牛尾，朝放出门晚自归。”

闽西连城姑田镇在每年的四月初八都要举行以各自村落为单位的农家赛牛。这天一大早，牛主人煎煮好牛伤药，配上米酒、稀饭喂牛，接着把牛的全身冲刷干净，在牛角和牛尾间圈上红花红布。早饭后，各户就把耕牛牵到村落的开阔地带，评比谁家的耕牛长得膘壮健美，优胜者由村中长辈在牛角上戴上大红花，以示奖励。获奖的牛牵回家时，牛主还要鸣炮迎接以示庆贺。同时，各户主要清除牛栏内的垫草牛粪，换上新鲜稻草，让辛苦了一个春天的耕牛过个舒适的节日。

从这些习俗中可以看出客家人以德报德的情感，以及对牛的理解与尊重。

其他动物信俗还有：客家人对勤劳的蜜蜂有着好感。古代人工饲养蜜蜂以木为器，蜜蜂繁衍了就要分房，春天分房，一房只一个王。到现在养蜂方法还是如此，几千年未变。客家人家族观念强，同姓族居现象较普遍，家庭繁衍后要分支，都以“分房”称。分房之说大概源于蜜蜂的“分房”。闽西连城县北团镇“十二公王”俗信，就是最为典型的蜜蜂崇拜。

广东梅县一带的客家人，在婚嫁礼仪方面，有送一公一母两只兔子的习俗，俗谓“过了兔子礼即可吐子吐孙”。

此外，还有“鲤跳了龙门”的鲤鱼，闽西长汀等地客家人有“猪来穷，狗来富，猫来着麻布”的民谚，把龟、蝙蝠、仙鹤、仙鹿作为长寿的象征，等等。

在长期的生活中，客家人形成了尊重生命、敬畏生命的意识，将这些动物融入“五福”文化中，表达美好的愿望。

第六章　重香火　子孙福

——客家特色建筑之福

建筑是历史文化的物质载体，是社会文明的集中体现。建筑源于生活实际需要，随着社会的发展，人们将建筑活动与民族文化的发展紧密相连，相互影响。

客家建筑文化，源于中华民族的传统文化，同时因迁入地环境、材料等因素影响，又有所改造创新，有着深厚的历史文化内涵。故曰：千姿百态、各式各样的客家建筑，反映了一种生活方式、一种文化，体现了客家人的历史，构成了客家地区传自中原又有发展的中国生土建筑艺术史和蕴含客家人生存理念的创业史。

一、崇宗敬祖建宗祠

参天之木，必有其根；怀山之水，必有其源。

客家人崇宗敬祖的意识特别强烈，客家地区宗祠遍布，密度之广、规模之大、数量之多，令人赞叹。每个姓氏都有明确的郡望，这就是客家人认定的中原根脉地。客家人热衷建祠堂遥拜祖地，怀念先祖。定居后的客家子孙又感念南迁先祖筚路蓝缕、创业艰难，于是又建开基祖祠堂祭祀，祈望先祖庇佑后世子孙。

有专家认为，祖先崇拜就是华夏民族的宗教信仰。这种祖先崇拜，因客家人的特殊文化背景显得特别典型，故而客家人的祖先崇拜

福建省宁化县石壁镇客家公祠

浓厚而独特。

客家人把对祖先崇拜的信仰贯穿在人生的每一个环节，落实在时间的每一个节点上，形式多种多样，时间随时而定。客家人祭祀中的祠堂祭祀、墓地祭祀、家庭祭祀，丧葬中的相关礼仪、二次葬、负骸行习俗，日常节俗中的子孙命名、节俗仪式、教育理念、牌匾堂联、家族谱牒的整修等，都表现出强烈的祖先崇拜意识。

全球客家人在福建省宁化县石壁镇建立了客家公祠，每年举办祭祖大典，都会有各个国家、地区的客家人组团前来参加。

客家人在民系形成的闽粤赣地区慎终追远、敬宗睦族、艰难创业、重视耕读，传承汉民族优良传统，牢记祖训，将中原文明在南方地区发扬光大。

（一）客家大宗祠

“祠堂”这一名称早在秦汉时就已出现，当时就用于祭祀贤德之士。

客家聚居地都建有祖祠。客家大家族分开叫“分房散支”，分至外地的在外建宗祠，留在村落的建分祠。有些村落，有开基祖的总祠，还有各分支的分祠堂。如龙岩市永定区高陂镇西陂村，一个村落林姓六七千人，有一个总祠，好几个支祠。

1. 龙岩市上杭县稔田镇李氏大宗祠

李氏大宗祠又名敦叙堂，建于1836年，为纪念李氏入闽始祖李火德而建，被誉为“客家第一祠”。祠堂占地面积5600多平方米，内设有大厅3间、客厅26间、住房104间，分封各地宗支脉系房号，供远地裔孙回来祭祖时用。其造型结构为前方后圆，融客家方楼与圆楼为一体；前低后高，融宫殿建筑和客家农舍式建筑为一体；集土墙与青砖砌体于一身，用青砖作为宗祠外围的保护墙，具有防风雨侵蚀的科学性，属土楼与“洋”楼的混合体。2013年5月被国务院公布为第七批全国重点文物保护单位，为国家3A级旅游景区。

龙岩市上杭县稔田镇李氏大宗祠外景

邵武市和平镇黄氏峭公祠

2. 邵武市和平镇黄氏峭公祠

黄氏峭公祠，坐落于福建省邵武市和平镇坎头村上井自然村。峭山公是晚唐五代的一位历史人物，他创办书院，造福桑梓，培育人才，教育子孙不靠祖荫、自强自立、开拓创业，精神可嘉。其《遣子诗》（亦称《认祖诗》）最受迁徙族群的客家人喜爱，传诵不已，成为客家精神的重要组成部分。各地版本不同，现将黄氏峭公祠中的《遣子诗》抄录如下：

信马登程往异方，任寻胜地振纲常。
足离此境非我境，身在他乡即故乡。
早暮莫忘亲嘱咐，春秋须荐祖蒸尝。
漫云富贵由天定，三七男儿当自强。

峭山公还作《训子诗》“十戒十一嘱”，强调富贵幸福靠自强不息得来。

3. 龙岩市永定区福梓村陈氏祠堂

祠堂不仅是祭祀祖先的地方，也是讲述本族历史、教育后辈的场所。宗祠里悬挂的牌匾、楹联很讲究，要能体现历史和家族的价值观。笔者老家龙岩市永定区高陂镇睦邻村福梓自然村因建设拆迁，陈氏祠堂重建，受族老委托，笔者拟制了几副楹联。

祖先牌位边柱联

颍川源，贡川脉，迁永福，开基睦邻墩上；

实公祖，雍公宗，裔云峰，肇族翁太维忠。

（注：笔者的家族原在颍川郡，入闽后迁永安贡川，后迁漳平永福，再开基永定高陂睦邻村福梓自然村，称墩上。）

大厅中柱联

尊祖敬宗，贵户户贤忠俭孝；

光前裕后，当家家礼乐诗书。

大厅前柱联

先人有德有功流世泽，

后辈能文能武振家声。

门厅柱联

祖德馨香传万世，

宗功浩大惠千秋。

龙岩市永定区高陂镇睦邻村陈氏新祠堂揭牌上供仪式

宗祠是客家人的精神寄托，心灵港湾！

客家人的寻根意识非常强烈，无论迁往何处，他们不单把祖宗神位、各种民俗文化带去，还把家乡名称带到他乡。如，清初迁往浙江云和的客家“长汀村”，据《云和地名志》称“于明代自闽汀州武平县徙居，移用闽长汀县之名为村名长汀村”。

日久他乡即故乡。赣西北的客家人被称为“怀远人”，他们所说的客家话被称为“怀远话”。“怀远”，一个意蕴深厚的称呼。他们重视编修族谱、修建宗祠；定期组团回到闽西祭祖寻根，尽管来回要一个多月，也乐此不疲。他们把客家祖地“崇文重教”之风发扬光大，大建书院、学堂、私塾，以读书光耀门庭。以从福建省上杭县来苏里（今中都镇林坊村）迁往江西省九江市修水县的陈宝箴家族为例，“一门四代五杰”：陈宝箴、陈三立、陈衡恪、陈寅恪、陈封怀，个个贤杰。修水客家人把客家精神总结为很有特色的“五崇”：崇正忠义、崇宗睦族、崇文尚武、崇和好客、崇实耐劳。

（二）字辈排定理根脉

客家宗祠总是和修族谱、办教育联系在一起。

古时候家族起名，一般是按照“姓＋族辈＋名”的方式，即讲究“字辈”。这是族谱上的约定俗成，除了表明家族纵向的血缘关系外，还寓含祖先对后人的期盼和祝福。

字辈，名字中表示家族辈分的字，俗称“派”。使用辈分字不仅便于在同族中排行辈，认辈分，也便于修宗谱。

据考，最正式的字辈起源于宋朝。

字辈选字有讲究：一是选美德或吉祥的字，如：德、仁、福、禄、吉、祥等；二是选希望宗族延续和昌盛的字，如：永、传、昌、盛、兴等；三是选纪念先祖或歌颂恩德的字，如：泽、祖、显、荣、恩等。

字辈的字，大部分放名字中间，也有一些放最后，这要看房族的规定，有时上下辈的字在中间、最后两个位置交叉使用。

辈分的排列体现在人名中，其意均与修身齐家、安民治国、吉祥安康、兴旺发达有关。从积极意义上看，这有利于一个家族血缘宗亲的凝聚以及文化上的传承。客家人崇正统，名礼序，虽受城市化等因素影响，这种传统有所变化，但大多姓氏都还讲究排字辈。

（三）家风家训与《勉学歌》

客家人重视教育，认为教育才能让家族兴旺发展。他们设立族田制，奖励后学，发展教育。

修家谱是敬祖先的表现，谱牒是记载同宗共祖血缘集团的世系、人物和事迹等方面情况的历史图籍，蕴藏着大量的资料，所以谱牒具有诸多的文化意义。福建省上杭县客家族谱馆收集了大量的客家姓氏族谱，成为全球客家人寻根认祖的平台。

1. 家风家训

家谱族谱中有一个很重要的部分是家法族规，其表现的内容许多是有关崇尚正义、爱国守法、崇文重教、敬祖睦宗等方面的，这可以称得上是谱牒文化的精髓。它能够规范人伦，导人向善，是对社会法律和制度的重要补充。

每个家族还以族规族约、家法、惯例等管理族人，其作用巨大。

龙岩市永定区洪坑村著名的“土楼王子”振成楼边上有一座叫“庆成楼”的土楼，“永定客家家训馆”就设在这里。这是全国首家客家家训馆。在这里，人们可以找到客家不同姓氏的家训，聆听祖宗的叮咛。

永定客家家训馆石刻

客家人认为，好家训出好家风，好家风才有好福气。

家训中“先国家，敦孝友”“干国家事，读圣贤书”“百善孝为先”等格言振人心志，展现了客家优良传统，体现了客家的核心价值观。

龙岩市长汀县严婆田村是一个由客家林姓延传的文化古村落，明朝万历初年发轫留存下来的严婆女性文化暨家风家训是其独特的遗产资源，是全国唯一由女性号令引教的家风家训。始建于明代的严婆故居（林氏宗祠）大门两边，至今还保留着“闽粤家教当自振，安忠文德孰为承”的石刻对联。

严婆信俗文化及严婆家风家训内容系统全面，对子孙的教育是全方位的，被评为非物质文化遗产。其中的《严婆醒世言》值得一读：

严婆醒世言

乐善得万心，乐施积万福，乐仁戒万恶，乐警避万失，乐礼立万仪，乐义结万缘，乐勤兴万业，乐苦成万愿，乐严促万省，乐正行万里，乐诚树万信，乐宽受万敬，乐亲享万和，乐友引万助，乐闻知万事，乐询解万疑，乐学承万智，乐思出万机，乐平舒万安，乐天远万愁……

2.《勉学歌》

客家人特别重视诗书继世、耕读传家。民谚称“生子唔读书，不如养头猪”“细时唔读书，大哩白目珠”（意为：小时不读书，大了就目不识丁），而且，客家人很早就倡导终身学习了，“食到老，学到老”，这在信息时代尤为重要。

客家地区劝学的故事、格言很多，流传广、影响大的当推龙岩市永定区坎市镇青坑的《勉学歌》。

青坑廖氏了不得！一个家族出了6个进士、7个举人，其中5个进士进入翰林院，创造了“五代五翰林”的奇迹，被誉为“独中青坑”“翰林之家”，远近闻名。

《勉学歌》便是青坑廖氏首位翰林廖鸿章所撰：

东方明，便莫眠，沉心静气好读文。
盥洗毕，闭房门，高声朗读不绝吟。
食了饭，便抄文，一横一竖要分明。
听书后，莫撄情，书中之理去推寻。
过了午，养精神，还要玩索书中情。
沐浴毕，听讲文，书中之理须辩明。
食了夜，聚成群，不是读书便说文。
剔银灯，闭房门，开口一读到鸡鸣。
后生家，这般勤，何愁他日无功名。

（四）宗祠功名柱，客家光耀石

客家人崇文尚武，耕读传家蔚成风气，考取进士、举人、贡生者众多。功成名就，衣锦还乡后的第一件事就是祭祀祖宗。族人则在宗祠前为其树立功名碑，流芳千古，以光宗耀祖、福荫后代并激励子孙成材立业。

据考，封建社会考取了秀才、举人、进士以及担任四品以上官职者，便可在石旗杆上雕凿上姓名、生平和主要事迹，并雕龙凤呈祥或狮虎相争等吉祥的纹饰。立杆有等级区别，秀才底座为四角，举人为六角，进士和四品官以上为八角形状。

清朝的功名碑，又分文武：文官功名碑由四块条石合二为一，分立祠堂门前左右，又名旗杆石；武官功名碑为两根方形的石柱，又名功名柱。及至后来有捐官制度，科举文武标识与捐官来的文武标识又有区别。

有些地方把石旗杆称为“石笔”，笔是科举应试的象征，又是晋升的阶梯；因又貌似船上的桅樯，故又名“石桅杆”。

在古代，客家地区有人考取了秀才、举人、进士，当了文官武将，不管出在哪家，都被视为全村、本宗族人的荣耀。

《左传》提出了为人处世的最高标准，即“立德、立功、立言”，并称“此之谓不朽”。“立德”，即树立高尚的道德；“立功”，即为国为民建立功绩；“立言”，即提出具有真知灼见的言论。有此三者之一，虽久不废，流芳百世。

华夏五千年来诞生了数不清的杰出历史人物，他们造福大众，为我们树立了积福、造福的榜样，其思想、操守、业绩，是我们宝贵的精神财富。

随着历史的发展、人们认识的提升，竖立功名旗杆的资格也与时

龙岩市永定区坎市卢氏祠堂前为现当代家族名人新立的功名柱

俱进了。笔者在调研中发现，龙岩市永定区坎市镇卢氏人，在祠堂前为现当代宗族中在行政、科技、商贸等行业有突出贡献的人才树立新功名石，有开国将军、中国科学院院士、商会会长、企业家等。这是新创举，新思想！凡为民众立功造福者都应成为家族子孙的榜样。

二、土楼世遗美名扬

客家民居建筑最奇特的就是土楼、围龙屋、碉楼。

福建土楼，又称“客家土楼”，于2008年7月6日在加拿大魁北克城举行的第32届世界遗产大会上，被正式列入《世界遗产名录》。这是对客家人建筑智慧与艺术的最高肯定。

土楼有方形、圆形、不规则形，因势而立。它们都是客家人栖息的港湾、精神的家园！

龙岩市永定区初溪土楼群

一座土楼繁衍生息着一个客家家族，是一个和谐的小社会；一个土楼就是一部客家家族史、乡村史。

民居建筑特色的形成，都是受地理环境因素及相关生存法则影响的。

土楼是客家民居的标志性建筑，是客家历史文化的一个载体，集中反映了客家文化的重要特征。客家建筑土木结合、外闭内敞、聚族而居的三大特征是汉文化的集中体现。

土楼的世俗空间充分显示了客家人的生存智慧和建筑艺术，是人与自然和谐、人与人和谐的典范之作。

1. 做屋仪式

建房，客家人称“做屋”。

建造土楼选址上崇尚“风水说”，特别讲究地理方位，追求人与自然的和谐统一。最好后有山前有河，没有河也要挖池塘。

土楼民居建设过程中讲究程序和仪式感，在众多仪式中，升梁仪式是最隆重的，各种工匠要按自己的工种唱吉祥赞歌，要敲锣打鼓、杀雄鸡，举行祭酒仪式。

土楼建筑结构上，强调汉民族“天圆地方”和聚族而居的理念。客家人有强烈的祖宗崇拜意识，因此，在“做屋”时要先设计大厅，设神位、祭家神，安好祖宗的灵牌。

客家民居中必建大厅堂。这是大家族或分支族房举办大型家族活动、红白喜事的地方，是一个村落家族或分支族房的文化核心，与一个村落中的宗族祠堂有着同样重要的地位。

龙岩市永定区“土楼王子”振成楼圆楼中心中西风格融合的大厅正堂

家族的男丁出生，要在这里举办仪式，将命名的红纸单贴在墙上，人人呼叫“大吉大利”，预示着家族未来的兴旺。家族的青年结婚、出嫁，要在这里举办典礼，迎来送嫁，连接着浓浓的乡情。家族的老人过世，也要在这里出殡，本族人们不请而至，安慰亲属、料理后事，寄托深深的哀思。逢年过节，族人们都在这里祭祀天地神灵。隆重的“迟年猪”活动自然也在这里进行。

2. 祥瑞楼名

凡居住的土楼皆有名，名有讲究。与小孩取名，尤其小名不同，小孩之名要贱，而楼名，强调吉祥福气，表达楼主人的意愿，有祈福、祝福之意。如遗经楼、敦本堂、福智堂、振福楼、侨福楼等。

3. 风水塘

客家人在土楼民居、宗祠前必建一口半圆形的池塘，远远看去就像是倒映在地面上的半月，十分美观。

客家人称池塘为“风水塘”，认为“塘之蓄水，足以荫地脉，养真气”，所以，池塘有养人蓄财的寓意。对于注重聚族而居的客家居民来说，门前有塘至关重要。同时，客家人对水的运行很讲究，往往是池塘两侧有沟渠，以形成活水，是典型的“风水塘”。

客家人认为，门前的池塘越大，家族储积的财气就越旺，出的人才就越多。此外，池塘的功能还有很多，比如方便生活用水、妇女洗涤，还可以养鱼，到了夏天有凉爽的过塘风，最重要的是安全防火的需要，若遇火灾，“风水塘”就成了救命塘。这些都是实际生活的需要。人们对水的依赖性很强，最主要的原因是客家人认为门前有水就是有“风水”，因此，建房都会在门前挖一口池塘。

大的客家土楼里还要挖井。一为生活，二讲风水，三防火灾。

被誉为“东方建筑明珠”的振成楼，楼内的东西两侧设有两口水井，是依八卦图中的阴阳二“鱼眼”而设，代表日月。最让人赞叹的是，东西方两口井水的水位高低不同，东高西低而且水温也有所不同，但井水都清凉可口，取之不尽，用之不竭。也有人说，对应的两口水井，如人之两肾，藏精蓄水，寓意楼房兴旺发达。

广东省大埔县泰安楼内的“长寿井”

广东省大埔县客家民居泰安楼内有长寿井，井水冬暖夏凉、清甜爽口，喝此水的楼民90至105岁者达二十几人，久而久之，人们便称之为“长寿井”。

三、风雨廊桥遮风雨

客家人多居山区，山高水深，交通不便。故客家人认为最大的功德就是架桥铺路，客家精神也表现在迁徙、定居过程中“逢山开路，遇水搭桥”的行动里。

1. 逢山开路，遇水搭桥

广东省兴宁浮南山歌《唔怕山高水又深》，被改造为以客家历史文化为题材的大型交响音诗《土楼回响》中的《客家之歌》。这部由刘湲作曲的交响乐获得2001年首届中国音乐金钟奖。著名女指挥家

龙岩市连城县璧洲永隆桥

郑小瑛，龙岩市永定区客家人，中华人民共和国第一位交响乐女指挥家，爱乐女乐团的音乐总监和创办人之一。她率领厦门爱乐乐团把《土楼回响》推向了全世界，让全世界了解客家精神。

《客家之歌》充分展示了客家人“逢山开路、遇水搭桥”，团结一心、勇往直前的精神。

你有心来我有情呐
唔怕山高啊水又深啊
山高自有人开路喔
水深还有哇造桥人哪

——《客家之歌》（节选）

桥，在客家地区比比皆是，其中有一种特别的桥叫“廊桥”。廊桥是一种有屋檐的桥，能遮阳避雨，还能供人休憩、交流、聚会、看风景等用途。有的桥上还供奉神佛，祈求神灵保佑平安、幸福。

2. 一道飞虹，人在青云路上

以前民间修造大型的桥都靠募捐，有钱出钱，有米出米，有力出力。因此架桥修路是最大的积福、造福之善事。

以龙岩市永定区高陂桥为例，原名深渡桥，横跨于永定河上游，是旧时龙岩经永定通往广东大埔连接闽粤两省的必经之地，三度冲毁，三次重修。其建造工艺独特，宛如长虹飞架、巨龙凌空，气势雄伟，至今数百年仍巍然屹立，为闽西廊桥建筑史上的一朵奇葩。

第三次重修是在清乾隆二十年（1755年），编修县志的翰林庶吉士王见川决意募集二百余万金修建。

建桥之初，秀才苏挺秀题募捐序："天有缺，炼石以补之；地有陷，架桥以渡之。炼石者何人？女娲氏也；架桥者何人？芳名列左……"这是极具感召力的募捐词，虽然短小精悍，但认为修桥功比女娲补天，乡人及过往行人见后纷纷慷慨解囊。捐赠者有留名的，有不留名的，甚至有用简陋箩筐装巨资留下就走的商贾。

修桥史上还流传"高陂一篓盐"的故事。据龙岩江山镇《吴氏族谱》记载，其开基祖仰万公到广东做生意，发家巨万，常过高陂桥。清顺治康熙年间，那时还叫深渡桥的高陂桥被冲垮，时任太平巡检司巡检的郭天福募资欲重修为石桥。仰万公将白银藏于竹篓，覆盖以盐，回来经高陂桥，见乡人在毁坏的桥头募资，便随口问能不能以一篓盐代捐。对方答"千金万两不嫌多，一丝半毫不嫌少"，仰万公便放下一篓盐，对方问大名，仰万公不留姓名就走了。募捐者后来打开看，是整篓筐的银子，深为感动，千方百计打听捐者并至下吴村致谢。"高陂一篓盐"的故事遂在闽西各地流传开来。

在明成化十三年（1477年）首次修此桥时，据龙岩东肖《罗陈文

龙岩市永定区高陂桥

安族族谱》记载，其五世祖竹庭公也捐千两银修桥。

专家考证，王见川在设计桥面与屋顶建筑时，将天文地理融合一起，深藏玄机。按天罡、地煞、十三太保、十二生肖、二十四节气、一年十二个月、三百六十日等内涵设计，浓缩了中国五千年的历史文化，是廊桥中绝无仅有的、极具特色的廊桥文化。

桥成后，王见川赋联：

一道飞虹，人在青云路上；

半轮明月，家藏丹桂宫中。

这绝妙楹联的传神描述，把高陂桥升华到了一种超凡脱俗的境界。此联成为我国桥文化史上一道靓丽的风景线。

四、客家凉亭施茶福

亭，作为一种小型的建筑物，最早出现在东周时期，建在边境线上，十里一亭，是士兵放哨的场所，也是边防线上的交通站。秦汉时，官方又在十里长亭中间建一座传递邮讯的短亭，这就是诗句“长亭连短亭”的来由。后来，长亭与短亭演变为行人避风躲雨、歇脚休息的地方。

客家祖先从中原扶老携幼，长途迁徙，路上亭子给他们带来的种种慰藉，让他们难以忘怀。客家人感念这种亭子的重要性，于是在交通线上普遍建造，称凉亭、风雨亭、茶水亭，形态多种多样。

在靠步行翻山越岭、长途跋涉、肩扛手提的艰苦岁月，风雨亭供人们遮风挡雨、歇脚休憩，其重要性不言而喻。客家山区一条条山径上的凉亭大多是由邑绅、有科举功名人士和殷实人家独资或通过民间筹款捐建的，为积福、造福之举。许多县志、客家族谱、茶亭碑文都有记载此类善举。

客家人坚信布施钱财、造桥铺路、建造凉亭，这是修福德。

铺桥修路功德碑

清康熙年间修的《武平县志》记载官民所捐亭子二十几处。他们不但捐建凉亭，而且购买山林、田地，然后捐出作茶资，请人煮茶。如“甘泉亭：县北十五里。李方晟建。又捐亭近鸡麻窝蛟湖田三十秤，延僧岁食烧茶，以饮行人，往来称羡”。

建造者会给亭取名、写对联，歇脚

的一些路人，也会在墙上题警世良言、打油诗、小笑话等，形成了独特的“凉亭文化”。

五、客家会馆和乡情

客家人勇闯天下，特别重视各地会馆的建设。海内外的客家会馆，除了乡亲联谊、团结互助、共谋福利、奖励教育、资助学子、促进经济、排除纠纷、助困扶危、弘扬客家文化外，还有自保功能，团结众人保护财产，甚至处理客死异乡乡亲的丧葬事宜。

客家会馆一般都设有神祇。有些是先建庙宇而成会馆的，有些是建会馆后再供奉的。一般供奉客家迁出地的神祇：妈祖、关帝、定光古佛等，以妈祖为多。

明末清初之际，四川遭受了几十年的战乱、瘟疫之灾，许多地方可以说是十室九空，甚至人烟断绝。清朝廷制定了移民入川的措施。在这被称作“湖广填四川”的浪潮中，一批批来自福建、广东、江西的客家人也进入四川谋求新的发展。他们为了能在新的地方生根发芽繁衍，为了消灾祈福，也为了寄托对祖籍地的思念之情，纷纷以祖籍地所信奉的神祇为对象兴建庙宇，亦作为会馆，作为祭神、聚会的场所。单单成都的客家小镇洛带就有四个客家会馆：广东会馆、江西会馆、湖广会馆、川北会馆。

闽北崇安县（现武夷山市）的汀龙会馆（现为武夷天上宫），清光绪年间由汀州的茶商、茶农和航运界人士所建。门额上刻有“鄞江聚秀”字样，“鄞江”即汀江别称。天上宫两边紧连的两栋高大的楼房，是崇安县汀州会馆。每逢妈祖诞辰日、升天日，当地汀州、龙岩籍人士就聚集在会馆内举办祭祀活动。汀州会馆成为汀州、龙岩籍人士朝拜妈祖的圣地。

四川省洛带客家古镇湖广会馆（陈慧钰 摄）

广东潮州的汀龙会馆，是汀州、龙岩两地在潮州的商人合建的，其春、秋两祭的形式与汀州天后宫如出一辙。

北京汀州会馆位于北京前门外崇文区长巷，始建于万历十五年（1587年）。正院天后宫，雕刻精致。馆中妈祖圣像前有一副经典的对联，作者是廖瑛，字璞完，福建省龙岩市永定青坑人，乾隆二年（1737年）进士。

酬尚义之功，北阙盍簪，风雨攸宁歆俎豆；

丽同人之泽，南天连袂，梓桑必敬集冠裳。

汀州会馆遍布海内外，主要有北京汀州会馆、上海汀州会馆、温州汀州会馆、嘉兴汀州会馆、苏州汀州会馆、潮州汀龙会馆、福州汀州会馆、崇安汀州会馆、台湾嘉义汀州会馆、台湾彰化汀州会馆、马来西亚汀州暨广东会馆等。会馆既是联络乡情的地方，又是祭拜妈祖、传播妈祖文化的重要场所。

树有根，水有源。有根则安，安则有福。

华夏民族讲究寻根问祖，问所从来。客家人尤其重视，无论迁徙何处，都执着传承自己的血脉和文化。

1971年9月28日，香港乃至亚太地区极具影响力的“香港崇正总会”借成立50周年庆典之际，邀请海内外47个客属社团与会，并一致决议本次活动为“世界客属第一届恳亲大会”，一个国际性的民间盛会从此开端并延续至今。

世界客属恳亲大会是国际上具有广泛影响力的华人盛会之一，是海内外客属乡亲联络乡谊和进行跨国跨地区交往的重要载体，也是各国各地区客家人开展经济合作和文化交流的重要舞台。大会每次必设学术专场，探讨客家源流、客家精神，这是与其他联谊会最大的不同点。中国大陆的梅州、龙岩、郑州、赣州、成都、西安、三明等地客家人先后举办过此活动，今后将有更多的内地城市承办这一客家盛事。客家人坚信有根之木、有本之人是幸福的。

笔者参加在马来西亚举办的第二十九届世界客属恳亲大会学术论坛

第七章　崇神明　祈盼福

——客家民间信仰之福

客家民间信俗存在于民众生活、生产的各个方面，贯穿于一年的春秋更替、人的生老病死之中，丰富着人们的物质生活和精神生活，代代相传。

客家民间信仰的特点就是泛神泛灵、随意随性、包容混杂，形成了包含天地崇拜、自然物崇拜、祖先崇拜、圣贤崇拜、鬼神崇拜、巫术信仰、生活禁忌等大杂烩的民间信仰体系。

客家人生活中表现出来的民间信俗，有着汉民族的特色，又受南方百越族的影响，故保留了不少原始宗教的东西。有来自中原的佛教释迦牟尼、观音菩萨、弥勒佛等，道教的玉皇大帝、各种祖师等，儒家的孔子、关帝、各个圣贤等；有来自外地的妈祖、开漳圣王、保生大帝等；也有自身塑造的如定光古佛、伏虎禅师、何仙姑、各种公王神祇；以及有功圣贤如“琀瑚公太”王审知、朱熹、李纲、王阳明、宋慈、文天祥等与闽西客家密切相关的人物。

其祭祀祈福之意义很多，若以公众模式祭祀，则重点落脚在“风调雨顺、五谷丰登、国泰民安”上；若是家族或个体，则重点落脚在求子、升学、平安、康健、长寿、发财、除灾、祛病等上。这些都凸显了耕读文化的特色。

即使是寺庙的签文，也特别多“福禄寿喜富”的字眼。如龙岩市长汀县河田根溪天后宫第三十三签：“福从心善得，喜得人人欢。

做事天理道，自有福泽来。"龙岩市新罗区龙门龙潭圣母宫第一签："国家将兴，必有祯祥。福喜并至，地久天长。"

尽管客家人的神灵系统庞杂烦琐，但是对于民间信众来说，一言以蔽之即"敬神"。

敬神祈福，虔诚求福，求福消灾，造福报恩。

这是客家民间信仰的整个思维方式。过去也许有不少迷信的成分，随着科技发达，许多信仰演变成只是人们祈福向善、精神寄托的一种仪式。

客家地区的绝大多数民俗活动都是敬天地神灵的。

一、家家奉观音，村村祭公王

家家奉观音，村村祭公王。
祈福风雨顺，佑倕大吉祥。

1. 观世音菩萨

据专家考证，佛教传入闽西汀州有千余年的历史，第一座佛寺为开元寺，创于唐开元二十四年（736年）。当时唐玄宗诏令天下各州均须建一寺一观，以"开元"命名。

佛教中对客家地区影响最大的是观音菩萨，又作观世音菩萨、观自在菩萨、光世音菩萨等，从字面解释就是"观察（世间民众的）声音"的菩萨，是四大菩萨之一，全称是"南无大慈大悲救苦救难广大灵感观世音菩萨摩诃萨"。

根据民间传说，观音原是男性，后世的女性形象也可能与观音菩萨能够"送子"有关。观音被认为是大慈大悲的化身，能现三十三化身，救十二大难，她主张"随类化度"，对一切人救苦救难，不分贵贱贤愚，遇难众生只要念诵她的名号，“菩萨即时观其声音”，前往拯救解脱。

客家地区有许多观音殿，几乎座座土楼民居、每个家庭都敬奉观音菩萨。在自然界的灾变与人间社会祸难不可能消除的情况下，观世音菩萨就是人们心中永远的信仰希冀，“慈眼视众生，福聚海无量”。

观世音菩萨圣诞在农历二月十九日，客家民间有庙会活动，善众以各种形式祈福，也成为乡村亲朋好友聚会、交往、相亲、贸易的大盛会。

龙岩市上杭县泮境三面观音雕像

龙岩市永定区振成楼后堂的观音龛

2. 客家公王

在客家民间信仰中，有一个最为典型、最纷繁复杂的信仰，那就是“公王崇拜”。俗语有云“县有城隍，乡有公王”。“公王”是客家地区民众最为常见最为信奉的神灵。只要有人群居住的地方，几乎都设有公王坛或公王庙，公王信仰及相关活动成为客家民众日常生活的重要组成部分。

公王崇拜还随着客家人的播迁，流传到港澳台等地区，以及马来西亚、印度尼西亚、泰国等东南亚国家。

关于公王的职掌，人们希望的是：镇疆守土、捍患御灾、赐福求财、长驱厉疫，护佑民众四季安宁、五谷丰登、六畜兴旺、百福隆临、事事顺意。这从公王神位前常用的对联可以看出：“赐福隆康求财福，御灾捍患感必通。”

公王是什么？有许多说法。从字面上看，应该是并列合成词，“公”与“王”，来自古代的“王”“公”封号，民众以此表示对神灵的尊称。

公王的原型各地不同，原型来历也不同，形式多样，显示客家人多神崇拜的特性以及造神运动的丰富性。

有以人为原型：如梅州客家人心目中一个地位很高的“梅溪公王”，据考原型是汉代破秦有功封于此地的梅绢；又如闽西长汀县濯田同睦村有座“三将公王庙”，据传是唐代都统使、汀州刺史钟翱于唐末为纪念其祖父钟全慕身边屡立战功的三位家将所建，历经风雨沧桑已有千年历史；再如闽西连城县姑田镇的“民主公王庙”，供奉“东山福主民主公王”，传说他是明代保民一方、为民除害的武举人明福。

有来自传说中的神或某种概念：如中国南方广东、福建、江西、台湾、澳门等地重要的民间信仰“五显公王”，民间俗称“马王爷”“马天君”；再如闽西武平县有一个村落的公王称“得胜公王”。

有以动物为原型：如连城县北团镇“十二公王”是蜜蜂。

大多数的公王只是一座小石神龛，立于村头。

公王这一民间信仰给人们带来精神慰藉的同时，也极大地影响了

龙岩市连城县姑田第一公王庙

客家人的世俗生活。这种影响既体现在客家人的醮会庙会和节庆祭祀活动中，也体现在人们的行为习惯和日常生活中。

二、凡有水口处，必有妈祖佑

妈祖，又称为“天上圣母”“天后”，本名林默娘，福建省莆田湄洲人，被我国民间奉为救苦救难的海神。

早在宋代，汀州就建造了全省内陆规模最大、最早的妈祖庙，即长汀三圣妃宫。经笔者调研统计，现龙岩市的妈祖宫庙殿及祭祀点超过516个，密度之大、数量之多，全球罕见，妈祖信仰已成为客家传统文化的重要组成部分，妈祖“立德、行善、大爱”的精神深入人心。闽西妈祖信仰分别从汀江、梅江、闽江、九龙江传入，传播模式多种多样：移民传入、经商传入、官宦传入、当兵传入、华侨传入、还愿建庙等，彰显了龙岩人对妈祖的敬仰之情。

龙岩市长汀县天后宫（陈慧钰　摄）

龙岩市永定区高陂镇天后宫（陈慧钰　摄）

龙岩妈祖信仰的兴盛始于汀江航运，天后宫是航运发展推动商贸繁荣的产物。而汀江航运繁荣，要感谢宋慈。

据有关史料记载，南宋理宗绍定年间，著名法医学家宋慈任长汀县令，为缩短运盐路程，沟通汀潮经贸往来，打通了汀江、韩江间的商业航道，接受了沿海一带崇祀盛行的妈祖信仰。从此，妈祖信仰就融入汀州民众民俗信仰的大潮，成为民间十分崇敬和信仰的“妈祖娭哩”（客家方言“娭哩”即母亲）。

汀江通航后，千百年来，妈祖文化在这里一路传播，经600里汀江河，穿过闽粤赣边界，汇入广东梅江、韩江再进入南海，直通海上丝绸之路。妈祖护佑这里上三千、下八百的船只，在滩多流急、礁石密布的艰难海路上，在往返闽粤赣三省乃至海上丝绸之路的国家和地区的漫长行程中，常逢险化吉、庇佑呈祥，留下了无数可歌可泣的传世奇迹。

随着时间的推移，海内外客家人对妈祖的信仰已远远超出了消灾纳福的意义，他们把妈祖看作一种具体的中华民族传统文化，当作寻根问祖的纽带；天后宫成为朝拜、谢神、集会的中心，也成为不忘祖根、思念家乡的场所。

“清河祭祀”是清末至民国年间汀州客家人祭祀妈祖的仪式之一。所谓“清河”，即端午节前后，恭迎妈祖神像登上精心装饰的祭祀船队，从天后宫山门外的汀江出发巡江，以此祈求妈祖清除汀江上一切影响行船安全的障碍和凶险，求得河清海晏、舟楫平安。它与我国各地祭祀妈祖的方式截然不同，为汀州所独创，是汀江上举办的独一无二的妈祖祭祀仪式。

三、定光古佛，护佑客家

定光古佛信仰是客家地区特色的民间信仰，影响很大，有人称其为客家“保护神”。

定光古佛俗姓郑，法名自严，同安县人，在汀州出家，得道后在汀州地区传法。因为他为百姓做了许多好事，人们都亲切地尊他为“和尚翁”，视他为“现世佛”。在其去世后，闽西百姓收集其遗骨及舍利，“塑为真像”，顶礼膜拜，形成了客家地区独特的“定光古佛”崇拜。

从平民到“圣人”、从凡人到万人膜拜的“定光古佛”，其间总是伴随着许多的传说事迹。民间传说他苦修得道，非常人所能比肩，法力无边，造福民众：除蛟伏虎、疏通航道、警示官府、息战惠民。特别是传说他能“赐嗣送子”，祈求定光古佛后，“无男得男，无女得女”，这在过去倡导“多子多福”的年代特别受重视家族传承的客家人喜爱。

定光古佛信仰在福建传播后，还随着客家人的迁徙，传至江西、浙江、四川、台湾等地。

闽西客家祖地第三届海峡两岸定光文化旅游节（张永辉　摄）

四、土能生万物，地可发千祥

客家人有着强烈的土地崇拜意识，这种意识根源于中华民族历史悠久的农耕文明。

从古至今，中华民族在土地崇拜中形成了“皇天后土”“天圆地方”“天南地北”“天阳地阴”这些古老的词，反映了汉民族浓郁的天地崇拜意识。而土地生长万物的功能，使之逐渐成为一种权力和财富的代表，也使人们在利用土地资源的时候，会爱惜它，合理地利用它，为子孙留下长久的财富。

土地的人格化，滋生了汉民族的许多相关文化，最典型的就是中国人的传统伦理——“敬天敬地敬父母”。天地如父母，父母如大地，而天地是所有人共同的父母。这种伦理，实际也就是汉民族形成的哲理，它饱含了人们对土地一脉相承的尊崇和珍惜之情，凸显了中国农民对土地的赤子真情。这种思维形成了中华汉族的土地崇拜体系：国家有国家的土地神，州有州的土地神，县有县的土地神，村有

龙岩市永定区湖坑镇的土地庙

龙岩市永定区第一高峰赤岩头山顶古老的山伯公小神龛

村的土地神，各家各户里都有小土地神。

从国家统治层面看，古时汀州府及各县有设立土地神。汀州府志记载，汀州府治所在地及各县治地都设有“社稷坛”“风云雷雨山川坛”等。祭祀土地神的仪式隆重热烈。《汀州府志》卷十一《典礼》中有专门记载祭社稷礼的内容。

民间的土地神崇拜，变化比较大。由原始崇拜中的土地大神，慢慢变为后来的小土地神、土地庙，也诞生了“土地公”“土地爷”“土地婆”的概念。土地公的形象，有的是手持如意，有的是手持拐杖，而手持元宝的土地神则被客家人称为“财神土地”。

客家民间土地神崇拜的设施及场所更为普遍：祠堂、墓地、山岭、山口、村落、户宅中、古树下，处处皆有，称田伯公、山伯公、石伯公、福德正神、后土龙神等。

闽西连城、上杭客家人，在客厅神案下或角落里设立土地神位，不时烧香祭拜。笔者首次做客连城时，被告知：席间第一杯酒，客人喝酒前，先要把酒洒些在主人家的地上，意为敬土地，也是尊重主家之意。这是很好的一个习俗，喝酒前先敬土地，有仪式感。

大地能生万物，力量神秘，故客家人为了孩子能健康成长，往往给孩子取名“土养”“土生”“石头”等，甚至将孩子过继给石头，以期孩子如石头坚固，生命力旺盛。

五、上天奏善事，下地降祯祥

灶神又称“灶王爷”“灶君”“司命菩萨”或“灶君司命”，全衔是“东厨司命九灵元王定福神君”。

汉族民间祭祀灶神的历史十分悠久，古代立户即立灶。魏晋以后，灶神有了姓名。隋朝杜台卿《玉烛宝典》引《灶书》称，“灶

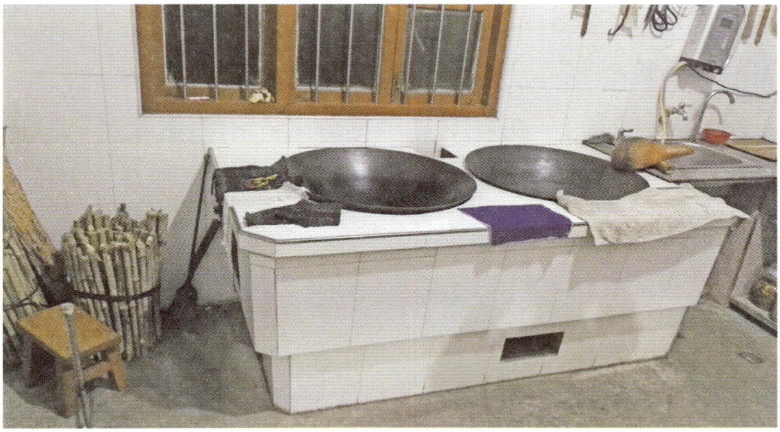

客家传统柴火灶

神，姓苏，名吉利，妇名博颊”。史书中有关灶君的记载不少，有称祝融为灶神的，有以火神炎帝作灶神的。灶君崇拜就是火神崇拜。

灶神之所以受人敬重，除了因其掌管人们饮食，赐予生活上的便利外，还因为传说灶神是玉皇大帝派遣到人间考察一家善恶的官。

灶君上天称为“辞灶”，家家户户要送灶君。一般没有特别的仪式，闽西永定高陂一带就是把墙上贴的灶君的牌位及对联撕下烧化。有些地方隆重些，在牌位前摆上一些又黏又甜的祭品，目的是讨好灶神，让他上天述职时多说些好话，所谓“吃甜甜，说好话”。因此，祭灶君象征着祈求降福免灾的意思。

“辞灶”往往和年前大扫除联系在一起，全家动手，清清爽爽过大年，是对后代一次很好的劳动教育。

关于“辞灶”，即祭送灶君，汉族民间有所谓“官辞三”“民辞四”“邓家辞五”之说。“官”指官绅权贵，后扩展到有知识的医生、教师等，习惯于年二十三谢灶；“民”指一般平民百姓，在年二十四谢灶；“邓家”即指水上人家，在年二十五谢灶。

闽西客家人大多选择年二十三辞灶，希望有贵气，取其彩头。辞灶还有讲究，称“忘了辞五，别辞六”，就是说，年二十三、二十四日没辞，就二十五日辞，但千万不要二十六日辞。

迎回灶君的时间是在除夕日。笔者老家闽西永定高陂镇的客家人，除夕日大人们杀鸡宰鸭，先敬天地，再去祠堂祭拜祖先，然后准备年夜饭。孩子们当日最大的任务则是贴对联，这时要将灶君牌位贴于灶君台架上，家庭主妇则会点上一炷香以示迎接。灶君画上面附有对联“上天奏善事，下地降祯祥”。客家人的灶君神位一般固定在厨房的某个地方，或做个专门的架子钉于墙上，或在建造厨房时就设计好一个墙洞。

灶君与人们的生活息息相关，日日相伴，被尊为“一家之主”。灶神祭祀寄托了汉族劳动人民祛邪、避灾、祈福的美好愿望。

客家供奉灶君

客家人认为，火是在天地分开时产生的，来自“天火”。火是纯洁的象征，是神灵的化身，因而火能祛秽辟邪、阻吓鬼魅，保佑平安。

闽西连城一带逢年过节时，要在家门口燃起一个火堆，以辟邪祈福，烧火的材料往往用松树最赤的根片。还有一些地方，晚上有客人来时，要在门口点上一堆松脂火让客人跨火进门，俗意也是辟邪祈福，消除客人经过荒野之地时粘上的邪秽。几乎所有的客家

闽西连城等地客家人至今保留年节晚餐时在大门口燃火堆的习俗

人，结婚时，新娘进新郎家门时都要跨火堆。古时，客家地区新娘出门大多是晚上，她与陪嫁送嫁的人群走过荒郊野岭，需要火堆驱邪祛秽，开始新的生活，融入新的家族。

六、汉字惊鬼神，华夏文脉长

“福”，一个古老、吉祥、深入人心的字。

造字的仓颉也许没有意识到，一个“福”字产生如此大的力量，形成的“福文化”具有如此旺盛的生命力。但人们记住了这个为中华民族造“福”之人！

仓颉因造字被尊为神，许多地方都有祭祀仓颉的习俗。

《淮南子》有“昔者，仓颉作书而天雨粟，鬼夜哭”的记载，汉字的产生是一件惊天地、泣鬼神的大事。中国人认为汉字是有灵气的东西，于是产生了文字崇拜心理。人们对汉字的崇敬、热爱，是与生俱来、不能泯灭的。

1. 仓颉崇拜

仓颉是中华民族的文祖。仓颉因创制汉字而名垂千古，深得人们的尊敬、爱戴。

在客家地区，最典型的是福建省龙岩市永定区高陂镇的西陂天后宫。西陂天后宫塔共有七层，一层大殿供奉天后圣母（妈祖），中间几层供奉孔子、关帝、文曲星等，最上层供奉仓颉。其他被供奉者都有塑像，只有仓颉无像，因为想象不出仓颉的形象，就只立了个牌位，表示人们的敬重之心。

上有对联：

百代人文渊薮

千秋书艺本源

横批：始制文字

闽西永定高陂西陂天后宫塔最高层供奉的仓颉牌位

人们时常祭拜，祈求功名。民间信仰中，对仓颉供奉祭祀是比较少见的，这是客家人对造字之神的崇拜。

国内外有许多“客家村”“方言岛”，很多客家人移居国外几百年了，他们还写汉字、讲客家话、过客家年节习俗，南美洲苏里南甚至视客家话为国家法定语言，将春节作为法定节日。笔者认为这种现象是客家人的母语和汉字崇拜意识所致，“宁卖祖宗田，唔卖祖宗言”，客家人对语言文字执着的文化心理，是不断迁徙的族群执着葆有民族核心文脉的誓言。这在倡导文化自信、文化多元化的今日尤其可贵。

2. 惜字习俗

语言文字是一个民族的血液和乳汁，是一个民族精神的根与魂。

人们对汉字怀有虔诚敬重的情感和神秘敬畏的心理，产生了敬惜字纸的信俗。有学者提出敬字塔起源于宋代，但未发现实证。此俗兴盛于明清时代，目前我国南方遗存的敬字塔也多为清代建造。

汉字惊鬼神，客家人认为汉字能驱邪避秽。故客家人有走夜路时带上一本书、在小于三岁的小孩床头放字典的习俗，祈求保平安。

敬惜字纸的信仰随着客家人的迁徙进入台湾，也传至四川、广西等地。

四川省成都洛带客家古镇保留完好的敬字塔（陈慧钰　摄）

以往的客家地区，常会有人背着写有“敬惜字纸，尊古圣贤”的字纸篓，自愿做“捡字纸”的工作，相当于现代的“志愿者”。他们捡拾被丢弃在路旁的字纸或到各家各户去收集不用的字纸，洗干净之后，统一拿到附近的敬字塔或庙前的“字炉”，焚香膜拜，虔诚地将字纸烧化。这个过程叫作“过化成神”，意思是借着火焚的洁净效果，保留文字的神圣性并传达对文字的崇敬之情。

敬字塔逐渐成为文字和文化的载体，受到人们的顶礼膜拜。人们在此祈求金榜题名，富贵双至。

汉字文化是中华传统文化的核心，葆有汉字就是葆有中华民族的文脉。对汉字的崇拜，体现了客家人尊崇文化、敬畏先贤、恪守儒家教化的古风。

七、玲瑚公王，福建有福

客家人把有贡献的圣贤当祖先祭祀，最典型的是“开闽圣王”王审知。王审知入闽，先到汀州府，后至福州，封“闽王”，被福建人敬称为“开闽圣王”。

福建祭祀“开闽圣王”王审知的地方不少，但以祖先之礼祭祀的，恐怕就只有客家地区了。据传王审知在汀州期间有恩于民众，客家人于是把这位有恩之人、圣贤之人当作祖先祭祀。

古汀州府长汀、连城的“河源十三乡”，每年农历二月初二举行“迎公太”习俗活动。客家人的“公太”，是对血亲先祖的尊称，而这里的“玲瑚公太”指的是“开闽圣王”王审知。玲瑚公王祭祀是汀州府长汀、连城一带客家人祈福的特殊习俗。

闽西连城县莒溪镇璧洲建有“永兴庙”，塑立“开闽圣王”王审知夫妇圣像，常年祭祀，香火不断。庙中有联赞曰：“开海禁富山林功盖八闽，避战乱施廉政福建有福。”

闽西连城县莒溪镇壁洲永兴庙中的“开闽圣王”王审知夫妇圣像

闽西连城县莒溪镇壁洲永兴庙中的张焯奎像

这个“永兴庙”还供奉一位清代连城县令张焯奎，他以“慈易爱民”而受民众祭祀。

这是客家人的感恩文化。懂感恩者有福。

八、至圣先师，富贵功名

“富贵书中求”“书中自有千钟粟，书中自有黄金屋，书中自有颜如玉”。作为特别重视耕读传家的客家民系，与汉民族其他民系一样，“寒窗苦读，考取功名”是每个家庭、家族信奉的价值观。

国家重视教化，则县县建“文庙”，地方官员要定期参谒，以示

汀州文庙

浙江松阳县大东坝镇客家古村后宅村感应佛堂供奉的“四眼孔子”，村民于清康熙年间由福建省上杭县迁此居住

重视。客家人倡导耕读传家，重视教育，则家族都供孔子牌位，孩子入学、成年、升学考试都要祭拜。

儒学是中华传统文化的集中体现，创立者孔子，生于公元前551年，名丘字仲尼，是春秋时期著名的思想家、政治家、教育家、伦理学家，具有至善、至美的人格魅力。经历代统治阶级的晋封，孔子达到了无与伦比的至尊地位，被尊称为“大成至圣文宣王”。孔子也因此成为君子人格、文化昌盛的象征，被民间敬为“至圣先师”。现在的一些公办、民办学校兴起入学礼敬拜孔子像的仪式，表达对“万世师表”的敬意。

朱熹说：“天不生仲尼，万古如长夜。”

九、忠义勇智信，轿上读书郎

在民间，孔子被尊为“文圣”，而关羽则被尊为“武圣”，形成了中华民族“文拜孔子、武拜关公”的传统文化格局。

闽西连城县壁洲永隆廊桥中间布满香灰的关公财神像

在民间信仰中，关公被作为村落保护神和家庭保护神，还是一些行业所崇拜的神圣，尤其在中国南方和东南亚地区，关公还被尊为商业的保护神，视为“武财神”，居于文武财神之首。

“儒称圣、释称佛、道称天尊，三教尽皈依”，关公是儒释道共尊的唯一神圣。

关公成王成帝成圣，是因为千百万民众对关公道德精神的崇尚，是因为儒释道诸教对关公的追奉，更因为历朝皇帝想借助关公忠义思想教化臣民而一次又一次地追封关公，从而共同创造出一位中华民族“忠、义、仁、勇、礼、智、信”的道德偶像。

1. 巡游“轿上读书郎”

龙岩市永定区大溪乡，有史以来，最大的民间信仰活动就是祭拜关帝，后来还设立专门的“关帝文化节”。永定大溪“关帝巡游”（或称“扛菩萨”），属于大型的祭拜关帝活动。

当地的传说：明万历年间的一天，关公腾空巡察江南，途经福建永定金丰，得闻百姓啼哭不休，叫苦连天，一问方知乃因旱魔作祟，禾稻歉收，疾病流行，民不聊生。关公铁心驱邪除魔，治病消灾，造福众生，便在古大溪司署之南侧上空降下一只靴，消除灾魔，于是百姓建庙感恩。

龙岩市永定区大溪乡“关帝巡游”活动

关公手握书卷的形象，很符合客家人耕读传家的思想，武将读书，文武双全，对人们更有激励效果，大溪人亲切地称其为“轿上读书郎”“读书不倦的关帝君”。有趣的是，笔者在调研中发现，不少民众并不知关公手握的书是《春秋》，也不知《春秋》的含义，以为关羽读的是兵书。

大溪是侨乡，在海外的乡亲很多。关公文化的交流开阔了大溪人的眼界，也联络了海内外大溪乡亲的感情，其中交流最多的是东南亚。

2. 长汀“闹春田”

“闹春田”是龙岩市长汀县童坊镇的奇特民俗。

每年元宵前夕，童坊镇举河村在正月十二日、举林村在正月十四日都会举行“闹春田，迎丰年”或称“抬烂泥菩萨”的民俗活动。

当地村民每年按姓氏轮流，由四个青壮年抬着上百斤重的关帝圣君像巡游。沿途礼花怒放、万炮齐鸣，家家杀鸡烧香照烛虔诚祭拜。之后，抬到本族当年收成最好的一块水田中，疯狂奔跑、打转、角力。随着加入的人越来越多，泥浆四溅，互相追打，个个均成“泥人”，场面壮观。这一民俗已流传数百年，目的是祈求风调雨顺、五谷丰登、合境平安。

“闹春田”已经演变成“客家乡村狂欢节”，青壮年以参加狂欢活动为荣，感恩大地的赐福。

孔子与关帝合奉，称“文武庙”。如闽西连城县培田的文武庙，上下两层的楼阁式建筑，上祭孔子，下祭关公，即上为文庙，下为武圣庙，一文一武合称“文武庙”。

十、此心光明，人生光明

赣南、闽西这块孕育了客家民系的福地，也成就了一个“旷世大儒”——王阳明。

王守仁，别号阳明，浙江绍兴府余姚县人，明代著名的思想家、文学家、哲学家和军事家，陆王心学之集大成者。

他的学说：“知行合一”的“心学”体系。

他的名言：“破山中贼易，破心中贼难！”只要为善不作恶，“虽凡夫俗子，皆可为圣贤”。

“龙场悟道”后，正德十一年（1516年）九月，王阳明被任命为南赣汀漳御史巡抚，临时行台也曾设在闽西的长汀、上杭、永定。主政一方，王阳明终于有了“知行合一”的实践机会，这次任命造就了一个完整的、千古唯一的王守仁。王阳明剿灭山匪，关心百姓疾苦，任上奏请朝廷增设了福建平和县、江西崇义县、广东和平县三县治，造福一方。驻扎期间，王阳明为上杭民众办了多件实事：在汀江上建造浮桥；为久旱的福建西南部设坛祈雨，天公作美，连降三场大雨，王阳明为此写下《时雨记》并赋《上杭喜雨》诗三首；亲临书院讲学，为人师表。

王阳明认为，节制自己的欲望，减少心中的杂念，做些有价值的事情，才能获得真正的快乐；人生要想获得幸福，需“凝思静虑，凝形于心”，经常在脑海中形成美好、幸福的心理图像。

王阳明巡按赣南、闽西，是客家人之福。他的思想学说影响着汀州府客家人。

上杭县为他建了阳明祠、阳明门、阳明书院，把他亲手书写的

闽西上杭县城阳明亭和《时雨记》石碑

《时雨记》勒石为碑立于瓦子街阳明亭，供世人永久敬仰、怀念。古汀州府衙西面建有“王文成祠”，祭祀这位被誉为做到“立德、立功、立言”之“三不朽”的圣人。

十一、精益求精，造福黎民

行业祖师崇拜是民间信仰中的一大分支。这一名人崇拜现象，愈到后世，演化愈烈，以至三百六十行，几乎行行都有圣人这一保护神。正所谓“三百六十行，无祖不立”“行行都有祖师爷，业业都有守护神”。如医圣张仲景、药王孙思邈、书圣王羲之、画圣吴道子、酒圣杜康、茶圣陆羽，还有木匠奉鲁班、纸业奉蔡伦等。目的都是祈求守护神护佑自己在本行业里精益求精，造福大众。

笔者家族世代行医，特别推崇药王孙思邈，家族大堂中设立“药王仙师”牌位。逢年过节，作为医生的祖父、父亲总要虔诚地焚香祭拜药王仙师，祈求保佑自己医术精进，看好病人，造福民众。

孙思邈，唐代医药学家，被后人称为“药王”。

孙思邈出生贫民家庭，博览众家医书，研究古人医疗方剂，一生致力于药物研究，边行医，边采集中药，边临床试验。他是继张仲景之后中国第一个全面系统研究中医药的先驱者，为祖国的中医发展建立了不可磨灭的功德。他一生勤于著书，著书多达八十多种，其中以合称为《千金方》的《千金要方》和《千金翼方》影响最大，两部巨著60卷，药方论6500首。它是唐代以前医药学成就的系统总结，被誉为我国最早的一部临床医学百科全书，对后世医学的发展影响深远。

《汀州府志》记载，在登俊坊建有“药王庙”。

客家民间信仰经过长期的演进，一部分已转换为极具韵味的民俗文化现象。它丰富了民间的文艺活动，是民众的精神家园。它们以独具魅力的内涵和雅俗共赏的形式，吸引着越来越多的人。活动的各种内容不仅展示了民间信仰与民间生活、经济、劳动、文艺之间的内在关系，而且作为民间文化的重要组成部分也具有一定的美学和艺术价值。它在民间起到了规范道德、扬善抑恶、和谐乡里的作用，不再是“封建迷信”“愚昧”“落后”的代名词，而成为美好、幸福、希望的象征。

第八章　修养身　常积福

——客家日常生活之福

中国“福文化”的发展，融入老百姓日常生活中，产生了丰富多彩的表现形式。数千年来，人们对福的追求生生不息。客家人以自身对“福”的感受，把“福文化”融入人生的每个环节、生活的每个细节中，创造了丰富多彩的“福文化”表现形式。可以说是处处见福、时时有福、人人祝福。

一、“讲彩头”

客家人重视“讲彩头”，即讨好彩头。彩头，即兆头、预兆。无论是年节喜庆，或是日常生活，凡事都希望有个好预兆。这个预兆可以是好天气、好景象、好事态、好语言、好举动等。好兆头让人心情高兴，事情自然就顺。

逢年过节，或有重大事情，客家人特别强调“讨口彩”，只讲好话、吉祥话，不讲坏话，更不能打人骂人。

大人常常教育孩子：过年节，不能吵架、骂人，不能说不吉利的话，如“没有”“很少”等，要说“有”“很多”“好”等吉祥话。实在有不懂事的孩子说了，大人要赶紧说“童言无忌”，甚至要用纸擦小孩的嘴巴。

追求吉利是好事，把好愿望、“好彩头”作为精神上的慰藉和干实事的鼓励是可以的，但过于强调与计较“彩头”，显然就成了唯心的观念，具有迷信的色彩。

客家人也嘲笑过于迂腐的追求，常用笑话善意批评。

有个故事，说永定有一位生意人出门很讲究“彩头”。有一日正逢墟天，要出门做生意，他心中祈祷开门有个“好彩头”，开门后刚踏出去，邻居经过，和他打招呼：“早啊！去赴墟啊！”客家话的“墟”与“输”同音。此人一听，觉得不是“好彩头”，赶紧回去重新开门。但第二、三次都遇上了不好的彩头，眼看就要出不了门了，再一次开门时，遇见邻居叔母挑着屎尿去浇菜，他无奈，急中生智，想起一句好话，赶紧连声说：“屎财尿利，屎财尿利，屎财尿利……”转“坏彩头”为“好彩头”，自我安慰。

二、“好自然”

一位好友曾和笔者探讨客家文化，他的一个发现让笔者相当佩服。他说，客家人的日常语言中最能体现中华传统智慧的一个词，就是“自然”。

客家人，特别是福建、广东等地客家人，日常生活中有个很奇特的用语——“自然”。奇特之处在于客家人基本把“自然”这一名词作为形容词使用。如处于一种最佳的、最舒适的状态，整个人的感觉非常好时，客家人就说“哇，好自然”；把一件事情处理得圆满、让大家满意，也是说“好自然”；几个知心朋友在一起喝茶聊天，或一起郊游，情感融洽、气氛很好时，人们也会赞叹道“太自然了”；当一个家庭和睦、兄弟友好、家庭成员的关系融洽时，人们也会以赞叹的口气说“很自然嘛”；到一处风景地，感到整个环境赏心悦目，人们也是一句“好自然”；等等。

相反，当一个人头痛脑热身体不舒服时，就说“人唔（不）自然”；两个人关系闹僵了，就说“两个人唔自然”；在单位里气氛不好，工作不顺也说“唔自然”。总之，处处都用上了“自然”。

一个用作形容词的“自然”，把人们对自然、对社会、对自己的所有美好感受表现得淋漓尽致。

“自然”这一名词被客家人作为形容词在生活中普遍使用，是一种很独特的语言现象，是中华汉民族追求和谐与圆满的理念在生活中的具体体现，是对幸福最实在的体验。

客家语境中“好自然”是和“好福气”“有福气”同意蕴的。

三、福言福语

客家人的“福理念”体现在日常生活里，表现在客家人的日常语言中。如果按照“福禄寿喜财”五福来看，语言很丰富，随处都可以让人感受到浓郁的“福”气息。“福”字的词语、谚语、民谣相当多。

深圳福墙（陈慧钰 摄）

1. 词语

祈福、盼福、祝福、惜福、造福、赐福、请福、接福、纳福、摸福、幸福、托福、多福、鸿福、万福、艳福、眼福、口福、耳福、洪福、祐福、贻福、吉福、折福、发福、清福、后福、享福、同福、飨福、载福、保福、厚福、养福、有福、种福、崇福、散福、大福、修福、成福、永福、起福

福气、福分、福相、福音、福田、福界、福身、福神、福利、福祉、福将、福地、福星、福人、福佑、福根、福功、福泽、福基、福昌、福荫、福祚、福用、福报、福事、福庇、福慧

2. 谚语

种田得谷，敬老得福。

树盼春天人盼福。

食苦在前，享福在后。

买唔起子孙田，买唔起子孙屋，子孙自有子孙福。

待人宽三分系福，处事让一步为高。

福大量大，量大福大。

人在家中不知福，船在河中不觉流。

人生本多福，平淡也知足。

牛耕田马食谷，各人自有各人福。

一人有福，牵带满屋。

3. 童谣

月光华华

月光华华，点火烧茶。茶一杯，酒一杯，嘀嘀嗒嗒讨新妇。讨个新妇矮墩墩，蒸个饭子香喷喷；讨个新妇高喃喃，担担谷子好清闲；讨个新妇笑哂哂，三餐唔食肚唔饥；讨个新妇嘴嘟嘟，

欢喜食甜也食苦。食得苦，唔怕苦。唔怕苦，脱得苦，有福享。有福享，要回想。

勤俭布娘[1]

勤俭布娘，鸡啼起床。梳头洗面，先煮茶汤。灶头锅尾，光光张张。煮好早饭，刚刚天光。洒水扫地，担水满缸。漫[2]有食朝，洗净衣裳。山上砍柴，急急忙忙。田头地尾，种菜种粮。讲究养猪，煮汁拌糠。纺纱织布，唔[3]离间房。针头线尾，收拾柜箱。家头角尾，顺理有方。唔生是非，唔敢荒唐。有鱼有肉，唔敢先尝。开锅铲起，先奉爹娘。爱子爱女，惜肝惜肠。推砻踏碓，唔声唔响。留心做米，冇[4]谷冇糠。捡柴割草，山歌飞扬。出门讲伴，在家守房。人客来到，细声商量。欢欢喜喜，拣出家常。鸡蛋鸭卵，豆豉嫩姜。备好酒肉，让客先尝。有米有麦，晓得留粮。粗茶淡饭，朴实衣裳。越有越俭，唔贪排场。老公出门，家事敢当。就[5]冇米煮，耐雪经霜。捡柴去卖，唔蓄私囊。唔偷唔窃，辛苦自当。唔怪老公，唔怪爷[6]娘。此等妇女，正大贤良。能粗能细，有柔有刚。能够这样，得福冇疆！（真好布娘）

（流行于上杭、永定版本）

［注］①布娘：客家对媳妇的称呼。②漫：没。③唔：不。④冇：没有。⑤就：即使。⑥爷：父亲。

四、“越食越有”

热情好客是客家人的传统。客家先祖远徙他乡，开枝散叶，为客天下，在这过程中尝尽了为客之苦。于是，善待他人、热情好客成了客家人骨子里的一种特质。只要你遇到困难，客家人总会主动为你提供帮助，不遗余力、不计付出。

客家人以特有的淳朴和热情待客，让许多外来人感触颇深。

客家人热情好客，也更注重亲友感情的维系。客家人认为“亲情在于走动”“越走越亲”。逢年过节，尤其是搞大型的“作大福”“扛菩萨”“游大龙”等活动时，更是广邀亲朋好友到家热闹，甚至不管熟悉不熟悉，朋友带来陌生朋友更开心，以来客多为荣。

有客总要招待。客家人总是热情大方地将家中的东西拿出来待客。当客人说破费时，客家人就说“越食越有”。客家人酿的是糯米水酒，请客时总劝客人多饮，谦虚地说“酒很淡，井水近，挑得有的”。

五、“有钱施功德，冇钱捡开簕”

客家人强调积福、造福，而且认为“人人可以积福，处处可以造福”。

客家人有句俗语很形象，“有钱施功德，冇钱捡开簕”，也就是说，有钱出钱，有粮出粮是积福；有力出力也是积福；哪怕力气不大，做力所能及的好事，看见路中间有石块、带刺树枝，把它捡开也是积福。

积德修善，必有福报。

《菜根谭》有云：“立百福之基，只在一念慈祥。”又说“天薄我以福，吾厚吾德以迎之”，即命运使我的福分浅薄，我便加强我的德行来面对它。

《菜根谭》中称“处世让一步为高”“待人宽一分是福”，并说，仁慈之人心胸宽阔，便福禄丰厚而长久；浅薄之人心胸狭窄，所以福禄微薄而短暂。

汉代思想家贾谊在《新书》中说："爱出者爱返，福往者福来。"意思是，你把爱给了他人，别人也会以爱回报你；你给别人带去了福音，别人也会给你带来福音。这也成了后来佛教的禅语："一叶一菩提，一花一世界；爱出者爱返，福往者福来。"

《菜根谭》还说："惟气和暖心之人，其福亦厚，其泽亦长。"做个热心之人、对社会有用之人，福泽无疆。

佛教讲行善与福报，有"广种福田"之说，以敬三宝（佛宝、法宝、僧宝）之德为敬田，报君父之恩为恩田，怜贫者之苦为悲田，认为广种福田，来世才有福报。

六、愉快求福，去怨避祸

如《菜根谭》所称，福分不可强求，只有保持愉快的心境，才是追求人生幸福的根本态度；祸患不可逃避，只有排除怨恨的心绪，作为远离祸患的办法。

客家人有"苦中作乐""黄连树下弹琵琶"之俗语，劝解人们即使在艰苦的环境中仍要保持乐观的态度，就能感受到生活的喜悦，感受到幸福。生活是选择。选择开心你便开心，选择痛苦你便痛苦。当你面对挫折、困难时，好的心态有助成功，差的心态则有可能毁灭自己。

《菜根谭》有言："人有恩于我不可忘，而怨则不可不忘。"记住别人的好，忘记别人的错，以责人之心责己，恕己之心恕人。

人们给健康的定义是："健康不仅是没有疾病的表现，而且是个体在身体上、精神上、社会上完全安好的状态。"

塑造阳光心态，点燃向上之火，敞开仁爱胸襟，福禄自会到来。

这些都是处世求福的至理名言。

七、勤俭有福

勤劳致富，勤劳致福。中华民族勤劳勇敢，带着农耕文明的深深印记，走到世界的每个地方，最重要的事情之一就是“开荒种地”，被戏称为“种菜民族”。

客家家训处处教“勤”。无论是农耕时代、工业时代，还是今日的信息时代，每个行业的人都要“勤”，“勤劳”“勤学”“勤政”“勤奋”“勤恳”；每个人都要“勤”，“脑勤”“眼勤”“手勤”“腿勤”“嘴勤”。“勤”是一种美德，一种修养，一种优良的习惯！

我们说，幸福是一种主观感受，是一个人自我满足后的情绪。真正的幸福生活不是一夜暴富得来的，更不是通过歪门邪道、损人利己甚至违法乱纪的行为得来的，而是通过勤奋学习、努力工作、遵守法纪等正当途径获取，是通过自身努力实现的。

“幸福都是奋斗出来的”“奋斗本身就是一种幸福”，造福就是奉献，就是谋福，只有造福才能享福。在当今新时代里，每个平凡个体在参与创造伟大时代的同时，也在创造自己的美好人生，在享受奋斗而来的幸福。

客家人的理念“节俭即是惜福”。

客家人大多居住山区，面对的生存环境恶劣且贫瘠，为求生存，客家人艰苦创业，形成节俭持家的理念。客家人日常注重对后代进行节俭教育，倡导开源节流、勤俭持家、智慧理家。“一粥一饭当思来之不易，一丝一缕恒念物力维艰”“赚冇（无）省快”“食唔穷，着唔穷，冇划冇算一世穷”，还说“早起的鸟儿有虫吃”“早起三朝当一工”。闽西连城四堡“龙足家训——尚节俭第四”中指出：“人生不能一日而无用，即不可一日而无财，然必留有余之财，而后可供不时之用。……盖自古民风皆贵乎勤俭，然而不勤则无以开其源。凡为吾族者，各宜遵之。”

八、民间禁忌

客家人长期生产生活的经验积累，积久成俗了许多民间禁忌。在过去，林林总总的民间禁忌，大多是一个社群的民众为“求福消灾”而设置的层层“关卡”，是为避灾求吉、引导子孙讲礼向善而设置的。

学者们把民间禁忌分为生产禁忌和生活禁忌两大部分。

福建汀州素以竹造玉扣纸、毛边纸和连史纸著称于世。宋代《临汀志》就有纸的记载，清代《临汀汇考》亦载“汀地货物唯纸远行四方”。纸厂规定每天早晨开工时，不能说不吉利的话，否则就有可能发生事故。

客家人蒸糯米酒时，手脚要洁净，不能随便说话；封酒缸后要用菜刀或柴刀压缸盖；吃酒饭时不能用筷子，要用汤匙，意为越舀越多。

忌用手指向正在生长的各种瓜类，否则会使瓜未熟透即掉落，或使瓜长不大，导致歉收。

生活中，忌向火中或者燃烧中的柴炭等有火的地方小便，因为火中有火神。如果犯了禁忌，会使生殖器和膀胱感染肿痛。这是对火神的崇拜，也是为小孩的安全着想。

闽西永定客家人任何时候都忌用筷子敲碗，因为碗是用来盛饭的，用筷子敲碗，会把“米谷子”（谷神）敲走，敲碗者就会招来“穷气”——只有乞丐才会这样敲碗沿街乞讨。饭盛好后，不能把筷子竖插在米饭上，因为只有祭鬼时才将筷子插于米饭上。忌将饭碗翻盖于桌上，更不能翻盖于地上，这是驱邪时的动作。小孩不小心打破碗，大人忌大声斥责，而应说“碎碎（岁岁）平安”。

不能抖脚，会把财运抖掉。

午时不杀祭祀用的牲畜。午时阳气盛，这时杀生，意味着这个灵魂会永世不得超生。既然是祭祀，就是要讲福报的。

走路的时候不能踩井盖，否则会倒霉，影响运气。

一大早骂人咒人，损家运。

早上买东西赊账，会财运不济。

一大早吵架，会损家运。

倒茶不能倒满。

……

民间禁忌很多，林林总总。大凡婚嫁、孕产、丧葬、居家、出行、交往、宗教祭祀、民间艺术等方面都保留着禁忌习俗，涉及日常生产生活的方方面面，覆盖整个客家民俗系统。

这些禁忌都是千年来口口相传的，为的是祈福避祸，其中有不少是礼仪和人文关怀的体现。

九、感恩得福

客家人的感恩融于各种民俗活动、礼仪中，时时处处感恩，而且感恩的对象极为广泛。

感恩天地神灵，客家人敬天敬地敬神佛。每年各地的“游大龙”“扛菩萨”是为感谢天地神灵护佑风调雨顺、五谷丰登的，永定“作大福”感谢保生大帝降瘟疫保安康，汀江“清河祭祀”感谢妈祖护佑航运平安，长汀“闹春田”感谢关帝圣君除鼠疫保丰收，等等。

客家人感谢有恩之人，“滴水之恩当涌泉相报”。龙岩市永定区陈东乡“四月八”祭祀东晋名相谢安。陈东卢姓人为什么会对谢安敬若考妣、奉若神明呢？传说他对陈东这一支的卢氏有活命之恩，因而永定陈东卢氏称谢安为“玉封公王”，每年祭祀。这是非常隆重的感恩民俗活动，把中国人的仁慈宽厚、感恩报德思想交织融合在一起。还有许多圣贤的造福之举，都是客家人感恩的对象，客家地区建立了许多圣贤祠。

客家人感恩父母祖先，家族繁衍恩深似海。谚云“百善孝为先”，孝道文化是中国传统文化的主流之一。忠孝一体，尽孝是尽忠的基本前提。看一个家庭是否幸福，关键就看儿女是否孝顺父母。孝是衡量中国人幸福感最基本的因素。客家人祖先崇拜形成的众多习俗，都是其感恩的形式。

对一个人来说，人生所有的福报，皆来源于自己的感恩之心。

第九章 食为天 民生福

——客家饮食文化之福

一方水土养一方人，一方之人创造一方文化。一方人的衣食住行等民俗文化中，“衣”“行”文化会比较快地随时代的发展而变化，而“食”“住”却能较持久地保有一个地方的文化特色，显示一个地方的文化意蕴。“民以食为天”，作为生存基本的“食”，平凡中蕴含非凡。

客家饮食文化中的风味菜肴、特色小吃、酒茶果品，往往兼具物质文化和精神文化的双重特性。这些作为客家人喜爱的食品，特别是作为年节和喜庆之日的食物，体现了客家人强烈的趋吉心理，表现出他们祈求平安幸福、吉祥康健的价值取向，反映了客家人将祈福、盼福、求福、祝福、惜福、造福、享福融入生活细节、乐观向上的生存智慧。

客家发粄寓意“年年发”

一、客家饮食文化

“民以食为天”。饮食，是文化，是艺术，更是生存智慧。

闽粤赣是客家民系形成的重要区域，闽西龙岩是核心区，被称为

“客家祖地”，是客家文化的发祥地，也是客家饮食文化的发源地。随着客家人的播迁，客家饮食文化也传播到海内外，并且因地制宜进行革新，形成丰富多彩的客家菜系。而各地的客家美食仍保留客家祖地饮食文化的许多共性，这是崇宗敬祖的客家人对传统味道的坚守与传承，是祖地的记忆。

客家竹木用具

客家人无论迁往何处，基本菜品大都保留了下来，如干蒸鸡或盐酒鸡、菜干扣肉、油炸豆腐或酿豆腐、猪肉笋干、长寿面等。同时，又能因地制宜，吸收当地民众的饮食经验，如迁到四川的客家人适应四川盆地空气潮湿、人容易湿气过重的环境，学习川菜加辣；迁居港澳台的客家人，在基本菜品不变的情况下，增加海鲜菜品；等等。

闽西客家菜品丰富，每个地方都有本地的特色，有本地的“四大盘”“八大盘”之说，这是客家人宴请亲朋好友的常备菜品。“客家八大盘”主要利用猪、牛、羊、鸡、鸭、鹅、鱼等主荤食材辅配素菜加工而成，这是因为客家人聚居地多为山区，重山珍，轻海味，故有“无肉不成宴、无猪不成席，无鸡不清、无鱼不鲜、无鸭不香、无鹅不浓”之说法。

闽西客家菜烹饪技术独具一格，以蒸、炖、煮、煲、酿、焖、烧、煨为主，讲究原汁原味、新鲜纯正、香醇厚实。

客家饮食重视康养，有丰富的药膳传统。客家人筚路蓝缕、以启山林，为预防和去除在从事生产劳作过程中产生的疾病以及南方山野的瘴气，相当部分的客家菜品在制作中会以药草入膳，通过炖、煮、炒、煸等制作方式，做成健体强身的康养药膳美食，充分展现了客家菜肴养生保健的特征和预防各类疾病的功能。如山苍子树根蒸猪脚、中草药炖白鸭、葛根排骨汤、益母草鲫鱼汤、铁皮石斛肉汤、石橄榄鸭汤等，举不胜举。

山苍子树根蒸猪脚

客家特色菜——麒麟脱胎（猪肚里包着鸡肉一起蒸熟）

客家人利用山区自然条件，以药草入膳、注重养生的饮食文化，在倡导康养生活的今日显得更有价值。

客家饮食文化重视礼仪，与日常风俗文化结合。客家人相当部分的宴席有团结的寓意，宴席摆设也以圆造型为特征，美食品种以圆为形，蕴含团团圆圆、相互协作的意义。客家人宴请亲朋好友叫“做酒席”，而酒席上以多少盘、多少钵、多少碗来体现酒席圆满程度和主人的盛情。团圆造型还体现在宴席的摆设上，圆盘拼菜，八大样、八个圆盘盛菜等，凸显团圆美满的意蕴。

客家宴席的名目繁多，有“暖轿酒”“三朝酒”“满月酒”“过周酒”“暖寿酒”“上梁酒”“搬屋酒”等，最多的是民俗活动的宴请。这些基本与祈福、求福、祝福、惜福相联系。

二、客家菜系

客家菜是传承中原饮食文化，汲取迁徙途中各地饮食精华，扎根于南迁后新居地、新环境、新食材、新习俗，通过传承、创新和发展形成的具有鲜明个性和独特风味的地方菜系，是中华饮食文化的重要组成部分。客家饮食习惯与客家人居住分布区域密切相关。

客家美食文化是客家文化的重要支撑，客家美食蕴含了丰富而优秀的中华文化元素。“舌尖上的美食”，承载的是“舌尖上的乡愁”，齿颊间萦回的是故土的记忆，寄托着海内外客家人慎终追远、期盼团圆的乡思乡情。

因客家人居住各地，历史上没有形成独立的“客家菜系”，而是分散在“八大菜系”中，成为“闽菜”“粤菜”“川菜”等菜系的一个小分支，都以小地方命名。如“闽菜”中的长汀菜、连城菜；粤菜中的“东江菜”，也称“客家菜”，包括梅州、惠州、河源、韶关、深圳等地的菜品。同时，客家菜也受居住地本土菜系的影响。如台湾客家菜受闽南菜的影响，港澳客家菜受粤菜的影响，海外客家菜受定居地饮食的影响，等等。

在国家强调文化自信，推动“一带一路”建设的大背景下，客家祖地闽西要加大客家菜品牌名称打造力度，主动联合广东的梅州、惠州、深圳、韶关，江西的赣州、赣西北，以及四川、港澳台等客家地区，整合资源、凝练特色，将各地“客家菜”脱出原属菜系体系，力争成为独立、响亮、有特色的“客家菜系”。

三、“吃什么补什么”

随季节而饮食，顺应自然，是中华民族饮食的一大特色。

汉民族尤其是其中的客家人，有一种饮食观念最具特色也最受争议，那就是“吃什么补什么”。意思就是说，吃动物的某个部位就能补人体的某个部位。如猪肝补肝气、猪肺清肺气、牛鞭壮阳气、猪脚健脚气、鱼眼能明目、猪肾补腰力，等等。

不管这是否具有科学依据，在一定程度上体现了客家人将人类身体与自然界相对应的理念，这是“天人相应”“天人和谐”“天人合一”的思想在客家饮食文化中的体现。

四、大福（富）大贵

豆腐存在的历史悠久，相传是公元前164年，汉高祖刘邦之孙淮南王刘安发明的。这实在是饮食文化中一个伟大的发明。豆腐的蛋白质含量丰富，老少皆宜，在中国形成了豆腐文化。

客家人在豆腐文化上的成就是独树一帜的，油炸豆腐、酿豆腐、豆腐丸、豆腐干，长汀还能用豆腐包饺子，让人吃惊不已。在客家，用豆腐做成的菜据说有百种之多。

客家人为豆腐赋予吉庆富贵的意蕴。豆腐，闽西永定高陂一带客家人的方言念成“大富”，故有“大富大贵”之意。有些地方则谐音为“头富”。过年时节，各种酒宴，“煮油炸豆腐”是永定客家必上的四大盘之一。桌中长者往往以此作为重要菜品，招呼大家：“来来来，先吃豆腐，大富大贵。”最经济的日常菜肴蕴含满满的吉祥祝福，让人心中暖洋洋的。

金黄的客家油炸豆腐

笔者到闽西连城莒溪璧洲调

研，当地上一道“油炸漾豆腐”，据说也是年节或宴席必上之菜，其意也是祝福“大富大贵”。

客家酿豆腐

广东客家人的“酿豆腐”，将豆腐切成约一寸见方的小块，投入油锅中炸一会儿，取出沥干油分，再下入调有八角、五香、辣椒等佐料的肉汤中用温火慢慢煨煮，待到品尝时再撒入葱花、胡椒面等调料，美味无比。孙中山先生到广东梅县松口看望同盟会会员时，特地吃了这道菜，赞不绝口。

中国自古以来对豆腐都很重视。客家人的日常生活中还有一些与豆腐相关的俗语，如说一个人没用，就说“豆腐提不起”；骂一个人无能时就说“那么没用，自己找块豆腐撞死算了”。

五、团团圆圆

历经磨难的客家人，最祈盼安定、团圆，因此也喜欢找理由相聚，大部分宴席是蕴含团圆、团结寓意的。

由于客家话“丸”与“圆”谐音，客家人喜欢把许多食品都做成圆形，称“丸”，蕴含团团圆圆、吉祥圆满。各种禽、畜、鱼等肉类，大米、芋子、南瓜等植物类食材，客家人都能制作成一个个美味的圆形丸子，表达祈福、祝福的意愿。

1. 高陂芋子粄与肉丸

芋子在客家地区的种植较为普遍，俗称“芋卵”。由于芋子有冬藏价值，加上实用价值高，因而深受客家人的喜爱，常常被用于许多节庆中。

闽西永定高陂“芋子粄”和“肉丸”的做法最为奇特，可以说是这个地方的一绝。它以黏性很强的小芋仔为主原料，蒸熟后剥皮，放在簸箕中拍烂，配以木薯粉和洋芋粉，用盐水搅和。木薯粉和洋芋粉比例要适中，才能确保芋子粄的柔软可口。搅拌好后，搓成条，然后切块，如同一块块灰白的银圆。

芋子粄的煮法也不复杂，先用开水将芋子粄焯起，然后在大锅中煮好配料，配料往往以牛肉、墨鱼、香菇、葱为主，最后撒上胡椒粉，就是一道富有特色的主食。

在芋子粄的基础上，将炒香碾碎的花生、剁碎的肥肉、冬瓜糖、香葱等配料与芋仔粄糅合，做成饼状，上锅蒸熟，就成了香喷喷的“肉丸”。味道咸中带甜，香嫩可口。肉丸能保存，其意为“团团圆圆”。在过去，这是笔者家乡年夜饭中必上的一道菜，也是大年初二回外婆、舅舅家必带的一件礼物，同族每家每户送两个。

逢年节、各种喜事，永定客家人围在一起用芋仔做芋子粄

永定用芋子做成的肉丸，加入猪肉、花生、冬瓜糖、葱等配料

2. 客家糖丸

糖丸又称“糖枣”。逢年过节，客家家家户户的厨房都会飘出阵阵茶油的香味，这是在炸糖枣。其食材以糯米粉为主，配以粳米粉，加入适量煮好又放凉的红糖水搅拌，放置发酵十几分钟，然后将米团揉成一个个鸡蛋大小，一一放入锅里烧开的茶籽油中，待表层泛黄即可捞起，就成了一个个金黄金黄的糖枣。清流一带的客家人称“麻蛋”，因其揉团后表层会滚上一层芝麻再炸，故得此名。

油炸糖丸是许多客家地区敬神的好供品，祈福日子圆满、甜甜蜜蜜，家人团团圆圆、和和美美。糖丸又香又甜，深受孩子们的喜欢，也是待客的好食品。糖丸存放后在锅中加热，味道又不一样。

四川省成都洛带客家人保留这一美食，他们称之为“天鹅蛋”，不同的是天鹅蛋里面有夹心。关于天鹅蛋，还有一个美丽的传说。几百年前，有一群美丽的白天鹅飞到了洛带李家大宅栖居，给主人带来惊喜。在淳朴的洛带客家人心中，白天鹅和天鹅蛋是吉祥、幸福、安康的象征，于是把客家祖地传来的油炸麻蛋称为“天鹅蛋”，希望越来越有福气。

客家油炸糖丸

四川省客家古镇洛带大厨制作天鹅蛋（陈慧钰 摄）

六、“福禄寿长”

客家人年节、喜庆、来宾宴席上必有一道主食——线面。取材各地不同，闽西永定客家人“四大盘”的线面来自高陂镇上洋村。这是个有着六千人的大村，全村姓陈，历史悠久，人才辈出。这里的手工线面闻名闽西，其味道好，含义深，是方圆几十里酒宴必不可少的主食。有个夸张的说法，要扛个梯子或者站在二楼来吃线面，可见线面之长。

当地客家人吃线面，讨的是“福禄寿长”的好彩头。线面煮法也很讲究，先将干面在开水中焯熟捞起，然后用猪油热爆香葱、墨鱼、丰鱼干、冬笋丝，以此拌线面即成。

这一带的客家还有“物语”，称“合适焯面，唔（不）合适煮粉”。

古时相亲，男的要到女方家，让亲朋好友见面。男方家的相关情况媒人已经说很多了，此次见面是最后拍板。如果女方家的父母亲戚觉得满意，那么，吃饭时就会端上客家线面，表示认可、满意，可以继续进行婚姻大事的后续议程；如果女方家的父母亲戚觉得不行，那

永定高陂上洋村产的手工线面

永定客家的长寿面（张永辉　摄）

么，吃饭时就会端上米粉，表示不同意，让男方今后不要再来了。

菜品中含有很深的意思啊！

七、鸡头酒

生活中，客家人是特别看重鸡的。逢年过节，鸡头对着谁是很讲究的，一般对着最尊贵的人。相对而言，闽南一带的人比较看重鱼头，鱼头一般对着最尊贵的人。

客家重要宴席上必备的菜肴——鸡

在许多客家地区，依旧保留着“鸡头酒”的习俗。在那里，从正月初一开始，酒宴上一直有鸡头，代表“凤”的吉祥。鸡头对着最年长、最尊贵的客人，只有这位客人动筷了，其他人才能动。这是很典型的客家宴席礼俗。

八、“伤心凉粉”

“伤心凉粉”是四川洛带客家的美食，据说是因为“吃的人都会被辣得流下眼泪”而得名。这是标准的客家人为适应环境而创造的美食。四川客家人迁出地粤闽地区是不吃辣的，后为适应四川盆地多雾潮湿的气候而改变。“伤心凉粉”还有一个更具情怀的说法，说是居住在洛带镇的从福建、广东来四川的客家人，因思念家乡而伤心时做的凉粉，故得名。从客家文化研究的史料看，客家人家乡情结重，经

四川洛带客家的“伤心凉粉”（陈慧钰 摄）

常回老家祭祖，实在没时间和经费了，就从老家宗祠、祖坟上带点东西葬于新居地以求心安，“心安即是福”。这是客家人深深的家国情怀。

九、“全福寿来，福禄福禄”——客家酒文化

“福”字在甲骨文中是“两手捧酒浇于祭台之上”的会意字，是古代祭祀的形象写照。这说明“福”文化与“酒”有密切的联系。

中国制酒历史源远流长，名酒荟萃，品种繁多，享誉中外。勤劳智慧的中国人利用各地盛产的植物果实酿造各种各样的酒：青稞酒、高粱酒、糯米酒、粳米酒、地瓜烧、甘蔗酒，等等，以此娱人娱神、祈福享福、丰富人生。

1. 客家糯米酒

黄酒是世界上最古老的酒类之一，在三千多年前的商周时代，中

国人独创酒曲复式发酵法，开始大量酿制黄酒。

客家糯米酒，又称“水酒”，是黄酒中的一种。

糯米酒制作很简单，客家女子几乎人人会酿，是客家女子独有的技艺。因其普遍，故在客家地区有一句耳熟能详的谚语：“蒸酒磨豆腐，冇（无）人敢称师傅。”

一年到头都可以酿酒，尤其是丰收过后，进入冬季，人们就开始准备过年、正月祭祖及招待亲朋好友的美酒了。

客家糯米酒制作方法如下：

准备阶段：准备上好的糯米，须是糙米，大多是夏季时自家种的；买好酒曲；洗净并烘干酒缸。

蒸制阶段：客家人郑重其事选日子，将糯米放在水桶里洗净浸透，而后倒进饭甑，架上火将糯米蒸熟（这要由客家妇女按经验处理，不同于平时蒸饭），倒在簸箕上摊凉到一定程度，然后盛入坛中，将“酒饼”（即酒曲）研调磨碎，用冷开水淋洒于糯米饭上拌匀，中间挖一“酒井”，并用棉被之类覆盖酒坛，包裹严实加以保温。酿酒如同做好事，有许多禁忌，不能说不吉利的话，糯米蒸熟后要先盛起一些捏成团敬神和祖先。小时候，我们眼巴巴地等敬完神后的糯米饭团，这是美好的回忆。

发酵放水阶段：一般来说，一个对时就“来娘”——也就是说在24小时左右即可见酒井中有“酒娘”渗出。客家人称的“酒娘”，是还没放水的酒之精华。一般要发酵五六天，清流、宁化一带客家的酒缸要密封，发酵时间长些。有经验的客家妇女隔着包裹严实的棉被能听见酒缸里发酵的扑扑响声，仿佛是酒的精灵在歌唱。这时候满屋飘荡着酒香，十分诱人。

发酵好后，客家人会把一些“酒娘”装进罐子置于阴凉处保存，越陈越香，经年不坏。

然后，将早早准备好的井水按比例倒入酒酿中，接着用竹篾斗过滤出酒，舀于锡制壶（酒海）中炖开，俗称“水酒”。笔者的祖母曾说，放水的比例根据主人的意愿，以古时十六两一斤的规制进行，一般是一斤糯米放十两水，称“十格酒”；放八两水，也就是半斤水的，称“八格酒”，这是比较酽的。如果要淡就多放水，这就有了客家妇女热情招待客人，劝客多喝酒时的谦虚话“我家井水很近的”，其实她的酒可能是又好又醇的。如果能得到客人的夸奖，那么主妇会很开心，因为这说明她酿酒的技艺好。

“酒海”炖开酒后（不能大开），要用酒瓮装好，用烫熟的芥菜叶封于瓮口扎紧，静静等待使用。酿得好的酒可以保存好几年，这样的酒呈金黄色，味道甜香醇美，让人喝后难以忘怀。闽西长汀一带的客家人还有将整瓮酒置于米糠中点火慢慢焖烤的技术，酒会更为醇厚，保持更久。梅州娘酒则是添加釉种，用大酒坛封装好，使用谷壳、布荆柴灰等进行暗火火炙。

永定一些地方的客家人，在糯米成“酒娘”后，不是放水，而是放粳米酿的二三十度的白酒，过滤出来的为乳白色的米酒。兑水的糯米酒可以温热，这种酒是不能温热的。这种酒很黏，入口香甜如糖水，但喝下后容易醉。有不知深浅者，连干几大碗，结果醉了几天。当地人形象地称此酒为“老虎尿”。

随着时代发展，客家人对糯米酒的酿造精益求精，并将糯米酒生产产业化了，在工艺、包装上也进行了改进。长汀的“客家酒娘”改用罐装模式深受欢迎，永定的酿酒公司则设计了土楼造型的古色古香的艺术酒瓶。

客家人也用粳米酿制白酒，还有用地瓜酿的地瓜烧等。

客家人善于接受新事物，著名客家实业家张弼士学习西方制酒技艺，创办了中国第一家葡萄酒企业——张裕酿酒公司，“张裕”成为驰名商标。

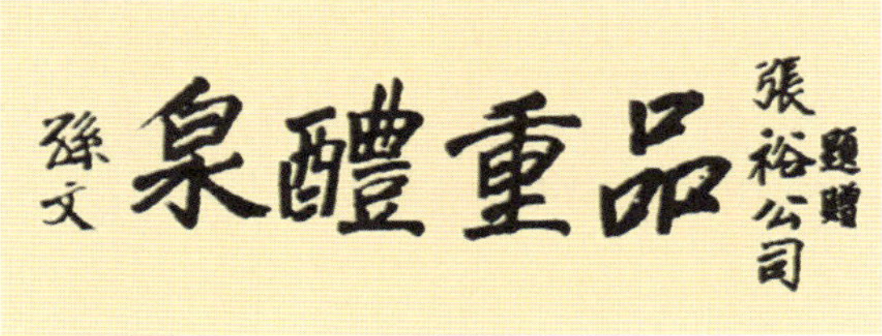

孙中山先生为张裕题词

2. 客家酒文化

古人云“无酒不成礼”“无酒不成欢”，可见酒在中国传统文化中，特别是在各种礼仪交际、聚会场合，充当了重要的角色。

酒礼主要开始于周代。周代大力倡导“酒礼”与“酒德”，把酒的主要用途限制在祭祀上，于是出现了“酒祭文化”。周代酒礼成为最严格的礼节，周代乡饮习俗，以乡大夫为主人，处士贤者为宾。饮酒，尤以年长者为优厚。中国的饮酒礼仪体现了对饮酒人的尊重。

闽西客家祖先背井离乡，身在南方，心系中原，时时刻刻期待与远方的亲人团聚。一些客家地区小家庭，为表达对逝去亲人的思念，逢年过节也在桌上留上空位，摆上相应空碗筷碟，然后倒上点酒让逝去的亲人一起过年节，以表感恩。这是客家人崇宗敬祖、热爱故土的真实写照。

客家人几乎所有的喜庆筵席都叫酒席，办宴席请客俗称“做酒”或“请酒”，这是很独特的酒文化现象。

三碗客家糯米酒敬神

客家酒文化丰富，有许多习俗和礼仪，如“鸡头酒”“鹅头酒”“鱼头酒”等。延续传承三百多年历史的长汀濯田“百壶宴”，设在农历二月二“保苗节”，村民为祈愿当年风调雨顺、禾苗粗壮、五谷丰登，以数十张长桌摆放百余个盛满米酒的酒壶和年糕制品，举行一系列祭苗礼仪，四方八邻、三姑六姨、高朋贵友前来庆贺，场面蔚为壮观。

闽西长汀客家“千壶（福）宴”（张永辉　摄）

许多客家地区宴席喝酒，前三杯全桌共饮，第一杯祝“一定高升”，第二杯祝“好事成双”，第三杯祝“三星高照”，然后开始自由敬酒。

实际上，酒渗透于整个中华五千年文明史中，从文学艺术创作、文化娱乐到饮食烹饪、养生保健等各方面，在中国人生活中占有重要的位置。

3. 客家划拳

传统的客家人不管男女老幼都喜饮水酒，一般农家一年四季都饮自酿水酒。酒是他们平时交际待客的必备用品，至于逢年过节、喜庆寿诞，捋袖划拳、推杯换盏的场景更是司空见惯。

划拳也叫“猜拳”，是客家人席间固有的重要节目。在各种喜庆酒宴中，客人往往还会主动猜拳，说是为主人“喊红”“喊福”，即祝福之意，尤其是在乔迁新居时。

猜拳讲究节奏、双方的协调。长汀猜拳如唱歌，十分动听。

各地客家的酒令不同，但都是吉祥祝福之词。永定客家人“划拳”，开题的“戴帽语”即是“全福寿来福禄福禄”，如乐曲之过门，响亮、吉祥、欢快，猜拳二人同唱之后才正式进入比赛。每次决出胜负，输家喝完酒后又重新开始“全福寿来福禄福禄”，满场都是祝福声。

客家通用的酒令有：一品高（升）、两相好或双喜到、三星（高）照、四季（发）财、五魁首或五子登科、六六（大）顺、七个巧或七子双杯、八福（仙）寿、九久长或快快来、十满堂或满堂红。客家人特别喜欢数字“十”。

客家猜拳有一些规则：出一时，大拇指要侧向，不能往上翘；出二时，拇指和食指不能像驳壳枪一样指向对方；出三时，拇指、食指、中指不能一起出（闽南拳规定拳不离拇，则相反）等。猜输之人一般喝一杯，但对方猜七时，要是叫“七子双杯”，输家必须喝两杯。

古城长汀的酒文化更丰富，有种猜拳称“抢杯（筷）”，复杂烦琐，规矩极多。

十、“一碗姜糖茶，祛邪助安康”——客家茶文化

“无山不客，无客不山。”客家人生活在山区，田园沟圳、山场荒崖，有土有水皆有种植，形成了种茶、做茶、食茶一整套系统，而

且融入生活习俗中，形成了独具特色的客家茶文化。

这里所称“茶”，包含油茶、茶叶、用各种植物制作的茶。

植物茶主要是用于养生的草药茶，是客家地区农村群众常用的一种传统保健饮料，也被称为凉茶。客家地区地处山区，可以用来制草药茶的原料很多，制成的草药茶品种繁多，药用功效各异，如消暑去痧的“布荆柴茶”、去积止泄的“萝卜苗茶”、清热开胃的“柏子叶茶”、清炎止痢的“葫芦茶”等。若伤风感冒，则喝红糖姜茶，客家有言“一碗糖姜茶，一盆滚水浴”，它是客家人保健的良方。还有祛病保健的“擂茶”“万应茶”，前面已作介绍。

客家祭祀、日常生活中形成了特色茶文化，客来敬茶是客家人的传统礼节。

客家人出门要带上一包茶叶，每到一地，先泡一壶家乡茶叶，说是更能适应陌生地方的环境。

客家人的乐观精神、对茶的热爱以民间艺术来表现，如形成了《采茶舞曲》。客家山歌中以茶为意象表达对美好生活的向往、对幸福爱情的追求的歌曲有不少，如永定客家山歌《八月十五看月光》：“八月十五看月华，郎出月饼妹出茶。妹食月饼甜到肚，郎食细茶开心花。”

客家人茶亭施福、以茶积福的例子也很多。

十一、客家饮食文化的发展与产业化

客家各地美食与丰富的地方农副特产是紧密结合的。在目前乡村振兴战略背景下，客家美食产业化发展得以推进。饮食是人们生存的必须，同时，将特色美食产业化，给人们带来财富即是福。

闽西五个客家县有各自的对策思路及举措。

永定区主打“牛系列”美食品牌，拓展永定菜干、长寿面、泡鸭爪、芋子包等配套美食产品。

上杭县主打“槐猪系列”“萝卜干宴”、上杭红军饭套餐美食宴席品牌，拓展提升烧鱼白、肉圆、通贤乌兔、湖洋蒸鸡等美食产品的知名度。

武平县主打“岩前黑山羊系列”美食品牌，拓展提升象洞鸡、猪胆肝、簸箕粄等配套美食产品的知名度。

长汀县主打“河田鸡系列”美食品牌，大力宣传麒麟脱胎、豆腐干、泡猪腰、拌面、素烧鹅、汀州鸡肠面、汀州千层饼等配套美食。古城长汀以客家文化为核心，提出打造“非遗一桌菜”。

客家白灼牛肉百叶

连城县主打新泉美食品牌，拓展提升“白鸭系列”“涮九门头”“猪八脆”“新泉河鱼豆腐”“闷香肉”“芋子饺”“地瓜制品”等配套美食产品的知名度。

十二、万千祝福尽在饮食中

客家人把“福”融入日常生活，与饮食文化结合之“福”比比皆是，凸显了客家人对生活的热爱、对幸福美好的追求。

客家道道美食蕴含着满满的祝福，彰显客家人乐天知命、崇尚自然的乐观精神。

据传因久孕不育，吃后得子而诞生的长汀名菜“珍珠海参”；

因元世祖忽必烈之女襄加真公主在长汀而诞生的“八宝饭”；宁化初一和立春必吃，吃后一年都轻轻松松的“松丸子”；武平的“双龙戏珠”“珍珠粉”；上杭的“凤凰珍珠”“养生九转大肠”“吉祥三宝”“富贵千层槐猪肉”“金玉粮缘”“白玉镶金”“凤凰投胎”；长汀的“山龟献寿”“麒麟脱胎”“东坡豆腐”；永定的“红运当头”“八脆醉仙”“牛肉丸”；连城的“涮九品”“八品豪门”“麻菇献瑞”“金枝玉叶”；等等。还有全球各地客家人的菜品，内涵丰富，文化意味深厚，让人有一睹为快、一品为快的欲望。

随着人们生活质量的提高，客家美食菜品也越来越丰富。人们给新菜品取吉祥的名字，甚至给传统的老菜品重取个有福气的名字，以表达对幸福安康生活的追求。

当然，现在有些菜品的名字只是追求祈福、祝福的意愿，图吉祥。相比较而言，传统菜名有真故事、有与当时生存环境相融合的传说，这些菜名更有灵魂，更能表达人们祈求幸福的愿望。

第十章　全福寿　处处福

——客家饰物用品之福

“福”是客家人的一种生存状态，福文化已融入客家人的血液里，浸润在客家人的生活、生产的方方面面。人们在求福增寿过程中，把“福”的理念形成特色符号，具体表现在人们的饮食、建筑、服饰、艺术、行为、礼仪以及器具之中。

福文化无处不在。“福”字深深影响着每个客家人的人生观和价值观。

一、“福”见符号

客家人以自身对“福”的感受，把精神层面的“福”具体融入在物质文化中，让美好的愿景有感性的体现。这就诞生了无数与“福、禄、寿、喜、富（财）”五福相连的文化符号。

客家人把一切可以转化的东西通过谐音、象征、双关、借喻等多种方式形成“福”意愿的表达元素。如植物元素有桃子、葫芦、葡萄、牡丹、竹子、竹笋、莲花、灵芝、花生、枣子、莲子、并蒂莲花、石榴、蒜、葱、芹菜、芥菜、松树、茶树、榕树等，动物元素有龙、凤、狮、虎、蝙蝠、大象、仙鹤、仙鹿、鸡、鱼、羊、麒麟、貔貅等。

这些表达客家人“福、禄、寿、喜、富（财）”五福意愿的文化符号以各种形式存在于民众的日常生活中，建筑、服饰、器皿、饮食、语言，以及绘画、雕塑、剪纸、刺绣等艺术形式都成为福文化的载体。如“五福捧寿”“葫芦万代”“瓜瓞绵绵”“太平有象”“竹报平安”“花开富贵”“花好月圆”“物阜民丰”“五谷丰登”“子孙满堂”的意象，给人温馨的美感。为躲避不吉利的“晦气”“煞气”，建造房屋时往往在燕墙接口处加挂“福鱼”板作为配饰，既增加房屋的美观度，也增加房屋的安全系数。

客家人还能根据意愿智慧地创造，形成富有特色的“福文化”符号体系。

福文化融入了人们生活的一切领域。“福”，自古以来就是中国人祝福道吉的绝妙佳词，也是中国人共同追求的人生目标之一。

二、“福”见建筑

“福地福人居，福人居福地”。客家民居、祠堂、寺庙、亭台、桥梁等建筑除讲求风水布局以求福外，还设计了“福”字影壁、“福”字窗棂、“福”字屋顶，屋脊、翘角加饰石雕、灰雕材质的脊兽（鳌头、鸱吻），门楼两侧安放石狮、石象拱卫，处处显“福”，处处昭示客家人祈福、盼福的愿望。

“五福”的符号在建筑中更是处处能见。

1.“福”字影壁

影壁，是建在院落大门外或大门内以作屏障的墙壁。相传影壁是由“隐蔽”二字的谐音转化而来，有些地方称“照壁”。

影壁因有内外之分，作用也有所不同。门内影壁用以遮挡外人视线，防止偷窥；门外影壁距大门有几米以至十几米远，可使门前齐整，显示院落的庄重高贵。客家祠堂或民居的影壁常常因风水而建，

闽西永定高陂镇西陂林姓大宗祠“福”字影壁

如大门的朝向不能和整座建筑或大堂的坐向一致时，就在大堂前建影壁。古时人们相信鬼神之说，据称影壁有驱鬼神之作用。

影壁的“福”字朝外，是祝福众人，让人人见福；“福”字朝内，是让门里的人“出门见福，福在眼前”。

在影壁上书“福”字的习俗，几乎遍布我国所有的汉民族地区。“福”字均书写在影壁正中，以取“祈福呈祥，迎福到堂”之意。

2.“福”字窗格

窗格即窗棂，是中国传统建筑的框架结构设计，传统建筑中最重要的构成要素之一，成为建筑的审美中心。透过窗子，可以看到外面的不同景观，好似镶在框中挂在墙上的一幅画。

客家地区的建筑在外墙上镶嵌各种“福”“喜”“寿”文字及吉祥植物图案的窗格。一为采光，二为挡外面视线，最重要的是表达祈

古田会址之“福”“囍”窗格

福、祝福的意愿。

闽西永定湖坑古民居屋顶上的“福”字装饰

3.“福”字屋顶

客家建筑是中华文化的瑰宝，在建筑美学视野中，客家建筑具有千姿百态的造型。客家建筑重视“风水”，处处都要突出“福”文化的元素，尤其在民居和祠堂之中。

三、“福”见装饰

“福”在处处。客家人在墙上、服饰打扮、装潢、装饰物等方面都体现福元素。

连城四堡雕版博物馆展示的写有吉祥话语的儿童颈兜

客家人把以文字谐音寓意的各种纹样，镶嵌在各种物件中。

“福”字窗贴、壁画很多，服饰中有儿童的“虎（福）头帽”等。

印制糕点的“福”字模具

盛行于明清时期的“五福捧寿”，图案为五只蝙蝠环绕“寿”字飞舞，以此来彰显以寿为中心的“五福”观念。

客家人使用的酒具、茶具、餐具、道具等不少器具都体现“福”字。尤为典型的是印制糕点的工具都刻着“福”，印制出来用于孩子满月、老人做寿的米粄上都有“福”字，人们念着“福”，吃着“福”，心中祝“福”。

四、“福”见艺术

“福”的剪纸、书法、绘画、木刻、刺绣、根雕等艺术品在客家地区也不少。

1. 剪纸

剪纸艺术是最古老的中国民间艺术之一，用最简单的剪刀将最经济的纸剪成各种各样的图案，如窗花、门笺、墙花、顶棚花、灯花等，以表达自己的心愿。正所谓，一把剪刀一张纸，就可以表达生活中的各种喜怒哀乐。

大多数的剪纸，是在逢年过节或喜庆好事时进行，人们将美丽鲜艳的剪纸贴在家中窗户、墙壁、门和灯笼上，烘托喜庆的气氛，表达祈福、盼福、祝福的好愿景。

剪纸在客家地区基本是妇女必备的手艺。她们善于运用夸张变形的手法，将不同空间、时间的物象进行组合，形成各种艺术化的图案以表达情感。

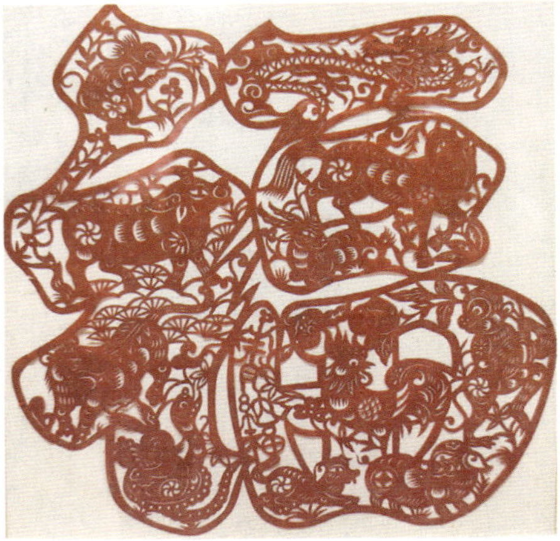

客家民间的“福”字剪纸作品

2. 书法和绘画

中华民族独特的汉字造型、绘画艺术在“福”文化中起了重要作用。客家人将吉祥字画描绘于民居、祠堂、寺观和会馆等传统建筑物壁面上，祈福、盼福、祝福，弘扬福文化。

客家传统村落建筑上的字画大多表现耕读文化的题材和内容，包含了普通民众祈愿求福的审美需求，具有审美、教化等功能。

“福文化”中的汉字都是做了艺术化处理的，有些形成图案，有人称之为“字画”。民间流行将多字合写为一体的书写习俗，名为“斗方”“方字”，这在表示吉祥喜庆方面特别多，尤其是在商贸、节庆以及婚嫁、寿诞等喜事的对联字帖中常有出现。如“黄金万两”“招财进宝”“日进斗金”“斗大金元宝”等，它使文字更接近于符箓，在心理上加强了祈祷的语言力量，以表达祈福、祝福意愿。

3. 木、石刻

客家人喜福、盼福、祈福、爱福，把“福”念在嘴里、记在心中、刻在木石上。这些珍贵的“福”元素体现了客家人对“福”的追求向往。

客家“福”字木刻

上杭旧县祠堂的“福”字石雕

五、“福”见经济

“福文化”是中华民族对美好生活的追求，福文化深入人心，在生活中处处存在，影响力巨大。人们便把“福”理念融入经济界，用于生意中。

福文化的产业巨大，衍生应用产品的覆盖领域广阔。

1. 以“福”之名

中国人取名讲究吉利，也就是客家人所说的“讨口彩”，越叫越响，越叫越有“福”。无论是自己的品牌、店铺、企业，都喜欢取带“福”元素的名称。如“金大福”“周大福”“家乐福”“福特”“大福源”“福满楼”“福临门”“六福”“万福”“口福居”“福满多”，以及福建省龙岩市的企业“福龙马”等，将中华民族对“崇福”“盼福”“祈福”“纳福”的理念融于品牌，表示对“福”的尊崇，展现了中华民族的生活观及价值观。

2. “福文化”产品

“福”是一种心态，是人们对生活百味的理解。人们口中念“福”，心中想“福”，希望天天见“福”，处处有“福”，手中握“福”，身上穿“福”，家中用“福”……故“福禄寿喜富（财）”的“五福”用品用具深得人心，商机无限。

“福”字彩票

彩票可以造福大众，又可以给彩民带来刺激和欢乐，成为世界第六大产业。中国“福”字彩票应运而生，最早出现在广东，在全省发行印有“福”字的中国社会福利奖券，称“广东福字券”。1990年中国社会福利有奖募捐券发行中心发行的福字奖券，设计独特，“福”字占据整个画面，每一笔每一画都分别由五谷丰登、年年有鱼、彩蝶牡丹、珍珠元宝、鲜亮水果组成，充满喜庆色彩，饱含“福”之意蕴。

“福”字邮票

“虎福一体”，中国人喜爱虎。2010年虎年，国家发行了“福虎”迎春邮票。

陶瓷器物“福”

陶瓷器物是中国传统文化的重要载体，其纹饰有特别多“福文化”的题材，如“三阳（羊）开泰”“群仙捧寿”“平（瓶）升三级”“六六大顺”“五福捧寿”“马上封侯”“吉庆有鱼”，以及民间烧制的陶瓷玩具“四喜娃娃”等。因使用广泛、用量大，陶瓷器物作为“福文化”的载体，将吉祥文化传播到社会的各个阶层，对“福文化”的发展、价值观的形成起到重要作用。

奥运“福娃”

2008年的北京奥运会举世瞩目。

奥运吉祥物设计什么？众多人苦思冥想，绞尽脑汁！

一位设计者梦见中国传统文化的“金木水火土”五行元素以五彩形象飞扬到自己身边，于是灵感顿现，这个设计者就是著名艺术家韩美林大师。最终，他将荟萃着中华优秀文化和奥运精神的北京奥运会吉祥物——“福娃”，展现在世人面前，轰动世界。2008年北京奥运会胜利举办，作为奥运会吉祥物的“五福娃”把中国人民的祝福送给全世界，也把中华民族的福文化传播到全球。

此外，根雕、头饰、茶具、玩具等各种用具和纪念品都融入了“福”元素，成为福文化的产业。

福文化来源于人们内心深处对幸福生活的渴望，并把这种渴望寄托在一切物质上。福文化的物质存在，是人们孜孜不倦地追求美好生活的结果。

后　记

“客家”，一个颠沛流离的代名词。“客家人”自诩为“衣冠南渡”的中原客，根脉在中原，有着浓厚的中原情结和正统意识。“客家”的渊源来历及其繁衍生息发展壮大的履历充满神秘色彩。

“人生天地间，忽如远行客”。

客家人筚路蓝缕、艰难迁徙，因而更珍爱生命，更珍惜平安、稳定，更知道“福”之含义，更懂得“惜福”“作福”，更懂得感恩自然、亲人、友人，更懂得与自然、社会、他人的和谐相处。他们把“福”大大地写在能看到的所有地方，把“福”深深种在心田。

“福”是客家人心中满满的信念。

国泰民安是福，五谷丰登是福，健康长寿是福，富贵吉祥是福，平安顺利是福，和谐兴旺是福，事业成功是福，财源茂盛是福。

客家人崇福、祈福、盼福、知福、惜福、积福、修福、造福，把善良的理念洒遍大地。

“只要有太阳的地方就有客家人”。

客家人遍布世界，人数多，影响大。

客家人在从中原迁徙到南方，再走向海外的过程中，也把客家文化带到世界各地，成为东西方文化交流的一个窗口。客家人也就把中华民族的“福文化”带到了全世界。只要有客家人的地方就有红彤彤的“福”！

“福”像空气，看不见，她围绕在我们周围，吐故纳新，是“福气”；“福”如水，看得见，她滋润着我们生命，上善若水，是“福泽”。

“福”是中华民族对美好生活的期盼祈求和表现形式。

中华传统福文化的创造性转化、创新性发展是时代赋予我们的大命题。感谢福建省社会科学普及出版资助项目立项资助出版，感谢龙岩市政协副主席、闽西客家联谊会会长刘友洪以及众多同仁的鼓励和支持，正是有了他们，此成果才得以面世。感恩祝福！

三星高照！福佑客家！

福星高照！福佑中华！

陈弦章

于奇迈山校园

2023年1月